L'Art de la conversation

L'ART

de la

CONVERSATION

Yvone Lenard

UNIVERSITY OF CALIFORNIA AT LOS ANGELES

Ralph Hester

STANFORD UNIVERSITY

HARPER & ROW, PUBLISHERS

NEW YORK, EVANSTON, AND LONDON

L'Art de la conversation

Library of Congress catalog card number: 67-11642

CONTENTS

ABOUT THE USE OF
THIS BOOK...

This text, with its accompanying set of tapes, has been designed specifically for use by intermediate students.

We recommend its use in either of the following class situations:

1. IN THE CONVERSATION CLASS

Conversation classes are usually offered in addition to regular second-and/or third-year French classes. They are generally held twice a week, are essentially oral in nature and have a limited enrollment. *L'Art de la conversation,* with its accompanying set of tapes, is exactly suited to these classes, their reality, and their purpose.

2. IN THE REGULAR SECOND- OR THIRD-YEAR COLLEGE CLASS (*or, as the case may be, in third- or fourth-year High School classes*)

Many instructors who have been using this text in its preliminary edition, tell us that they have found it to be extremely valuable to their regular second- or third-year classes. In that case, they use it in addition to a review grammar and literary readings. They devote an average of two hours a week to it and find that it enables the students to keep the development of their oral proficiency abreast of their progress in the reading and composition skills.

Y. L.
R. H.

PREFACE

*La conversation satisfait un besoin essentiel
chez l'homme... et chez la femme.*

CONVERSATION IS AN ART

Of the many ways in which two or more persons may communicate, conversation is undoubtedly the most direct and the most frequently used.

Conversation takes place everywhere, and covers all subjects, all situations. Casual or intent, friendly or hostile, open or guarded, formal or informal, commonplace or intellectual, it is the voice of all human relationships; conversation is always a challenge to the richness of expression, a stimulant to thought, a chance to express and justify facts, opinions, ideas, and emotions.

Through conversation one learns and tells, friendships are born, and quarrels arise. Contemplative orders forsake it and prisoners are deprived of it in the extreme rigor of solitary confinement. The need to converse with other members of his species is inherent to man. Conversation satisfies a basic need, and civilized people have made of civilized conversation one of the greatest enjoyments of their lives.

Just as they have done with food and dress, the French have evolved an art of conversation. Language is culture, and culture is language, and this is all the more true in the case of conversation. Nowhere are the characteristics of the French mind and culture more in evidence than in conversation: challenging, animated, witty, highly subjective, French conversation touches on all subjects, never dwells an instant too long. It is a true art, with its amateurs and its virtuosos, with its recognized failures as well. From the seventeenth-century Paris **salon** to the **terrasse** of a small café in, say, Limoges, conversation varies, indeed greatly, in brilliance and refinement. But its rhythm, its laws remain the same, for the **terrasse** does not, any more than the **salon** ever did, tolerate boredom. Tolerant of most eccentricities, the French will shrug them off or comment on them delightedly. Their tolerance does not, however, extend to the bore who wastes time on meaningless silences or harps dully and endlessly. Many terms have been coined to condemn the bore, of which **un casse-pieds** is one of the kindest.

WHAT MAKES A CONVERSATION INTERESTING? IS IT THE SUBJECT?

Certain subjects may lend themselves to a better exchange than others. But it is absolutely certain, on the other hand, that in the mouth of certain people, any subject may become fascinating: images are created, feeling is projected, interest is born and sustained. It is equally certain, alas! that other speakers will just as surely kill the most promising subject. We all know speakers of both kinds and hope to be counted among the first.

Yet, conversation is not a lecture, nor is it a monologue. It is an exchange, in which all speakers show equal interest in what the others have to say. They will ask questions, challenge a statement, require an explanation, venture a judgment and pounce upon the reaction it evokes. A fruitful conversation need not reach a conclusion, but should always end regretfully, with the feeling that there was a great deal more to say and hear and the wish that there had been more time.

UNDER WHICH CONDITIONS WILL A CONVERSATION TAKE PLACE?

First of all, there must be the desire and the willingness to converse. He who remains tight-lipped and reserves his thoughts for some other better moments may pass as a strong silent type. The French, **eux**, are more likely to assume that: **Il ne dit rien et il n'en pense pas plus.** As in all human exchange, there must be the willingness to take upon one-self the gracious effort to keep conversation going. This is one of the demands of elementary courtesy and one will not see a French host walk away from his guests and turn on the television set. Conversation assumes a desire to participate in the others' interests, not necessarily, indeed, with approval, and will thrive on argument, while it will surely die on the rocks of a haughty or boorish indifference. Everyone knows, of course, how the French have perfected the art of romance through conversation. **Faire la cour** is an art, related to the "fast line" in just the same terms as the chunk of half-raw meat of the caveman is related to Maxim's Tournedos Rossini. . . . But it *is* conversation, and every woman knows that unwelcome attentions are much more easily discouraged by lack of conversational response than by wordy declaration of virtue or righteous anger. . . .

There must be sufficient command of the language, and the speakers must also be prepared to inform, challenge, entertain. How could one expect others to wait patiently—and attentively—while he thinks of what to say next, or how to say it? There must be present the desire to learn from others, while using at all times what has been learned previously.

THE CONVERSATION CLASS

TO THE TEACHER

We will assume that your class is composed of students who have completed at least one year of French in satisfactory conditions, and that during that year they have heard and spoken that language and practiced it regularly in the laboratory. It is evident that a Conversation Class is designed as a complement to the basic language classes rather than as a replacement.

Here are a few indications about the *suggested* use of the materials. While they are the fruit of our own classroom experience, you may well have different views on the use you wish to make of the book, and follow only some or none of these indications. In any case, let your own initiative and personality, as well as your awareness of the needs and context of your class, be your guide. You will probably find it profitable to establish good-natured, but firm and definite rules from the very beginning, rather than let things become too casual.

About four hours of class time should be devoted to each lesson, with the exception of **Leçon préliminaire,** a matter of only two class hours.

1. First hour   This will involve the first part of the lesson, in which usage is stated. A major part of the vocabulary used in this section of the lesson is already familiar to the student. We will review this briefly as we go along and concentrate on what constitutes new language.

We recommend the following:

You, the teacher, make the statement, for instance: **On est étudiant de 1ère, de 2ème, de 3ème, ou de 4ème année.** Students are asked to repeat this chorally. Then, and depending on the importance and/or the difficulty of the term, ask one, a few, or all of the students to answer the question: **De quelle année êtes-vous étudiant?** You will not accept **Première année,** which is not really French. You want: **De première année,** or, if you feel that the student needs this added vocal effort, insist on: **Je suis étudiant de première année.** This insistence on a complete, well-enunciated sentence is often profitable to the chronic mumbler who will try to get away with as few words, and as sketchily pronounced, as possible. Terseness is not necessarily a virtue in a conversation class.

Proceed in the same manner for all the important statements of the lesson: the books are closed—except for yours, at which you may glance occasionally. Since you have prepared your class, you know in advance which statements of usage require most attention and most practice.

Introducing the first part of the lesson in this manner should take up about one hour. If you do not have time to finish, it is our advice that you let the students study the rest of the lesson at home rather than try to save time by skipping the numerous questions you must ask in order to ascertain that the term or expression explained has really been learned and can be used correctly and accurately.

For the following class, assign the EXPOSE. Explain that you want something interesting, not a rehashing or an abstract of the phrases of the lesson. You want the terms studied to be used with personality, color, life, and imagination. The preparation should be done in writing, perhaps in a **cahier de préparation.** Students are informed that they will not be allowed to *read* their EXPOSE in class. You may allow, if you wish, an occasional glance, but no more. Some of our colleagues ask for the **cahier** of each student who delivers his EXPOSE. They use the preparation thus under their eyes to prompt the student, correct his errors, ask him further questions. This gives them a chance to mark, grade, correct, or initial the **cahier.**

2. Second hour Before a student begins his EXPOSE, inform the remaining students that half of them—which you designate—will be expected to ask a student from the other half a question based on what the speaker has said. This will oblige everybody to listen. You may point out that questions need not bear exclusively on facts. "At what time did he say he got up?" is all right, but hardly of a challenging or entertaining nature. "What else could he have done? What would you have done in his place? Is there a solution or a remedy to that problem?" or questions of this nature are more likely to elicit an interesting answer and stimulate conversation. Register enthusiastic approval whenever you hear a particularly good and appropriate use of one of the new terms. *Do not allow the unprepared student to waste the time of the whole class*—and yours!— while trying to disguise the fact under stammers and silences. You need not make an issue of it. You might just ask to see the written preparation. If it cannot be produced or is clearly insufficient, you could take about twenty seconds to make, slowly and deliberately, a mark in your grade book. These seconds would seem like an eternity to the guilty party, and you would not need to waste many more in this manner. By the same token, do not allow this sort of sentence from an unprepared student: **J'ai lu un...** how do you say "novel"? **par un...** how do you say "writer"? **qui était du problème de...** how do you say "youth"? and how do you say "contemporary"? *This is exactly what the conversation class must not be.* Words you might supply in this context are not remembered, they are simply dismissed, and the student goes on blithely, convinced that he is speaking French.

The EXPOSE should not be too long, and the questions should not take too much time since you want to hear as many EXPOSES as possible. If you have no more than ten students, and you keep the class moving at a brisk pace, you can hear all the EXPOSES and two questions on each. If the number of students does not allow you to hear all the EXPOSES, you can finish hearing them next time. It is important that all students perform what they have prepared if they are to keep sustained interest in the class.

For the next hour, assign the POLEMIQUE.

3. Third hour   The third hour will be devoted to the debate, or POLEMIQUE. Divide the class, once and for all, into two camps which will remain the same for every POLEMIQUE. Choose as leaders of each camp two articulate, extrovert students who will speak and make others speak. Explain to both camps that they really have to prepare their arguments and convince themselves if they are to convince others. You, in turn, will observe, keeping corrections to a minimum. Intervene only if you want to ask provocative questions, volunteer an amusing or controversial opinion. But leave the floor to the students.

You may want to keep score by declaring yourself convinced by one group or the other. In this case, you may want to keep a record of "victories" and have a run-off at the end of the semester. Students are competitive, love a game, and winning or losing has a certain finality of conclusion which conversation lacks by its very nature.

4. Fourth hour   The fourth class hour is devoted to the CONVERSATION included in each lesson. It is highly desirable that you possess the tapes and, if at all possible, the students should be able to hear them ahead of time, with or without the text, at your discretion, and as many times as needed in order to understand the CONVERSATION well. In class, have the students read the CONVERSATION aloud, reproducing as accurately as possible the inflections and intonations of the tape. Change parts often, to keep everyone interested and participating. Insist on an unselfconscious rendition of the French interjections, exclamations, and mannerisms of speech.

After one or two such readings, close the books and ask many questions—or make statements—which are to be answered in the spirit of the text. These questions and statements are not a word-for-word quotation from the text, nor do you expect the answers to be. But the answers must prove to your satisfaction that the meaning of the text is clear, its idioms mastered, and that some degree of imitative skill has been evidenced in the use of the affective elements (exclamations, interjections, tone of voice, inflection, etc. . . .)

THE ILLUSTRATIONS

The illustrations were drawn from several recent motion pictures. An opening picture illustrates the theme of each lesson. In the section entitled CES IMAGES VOUS PARLENT... you will find a group of pictures chosen because of their relationship to one or several of the points of the lesson. The questions under each picture were designed to draw the attention of the students to some aspect of the picture, to encourage him to use the terms he has just learned. You might well want to spend a great deal of time discussing the pictures, perhaps make some of them the basis for an EXPOSE by asking the students to imagine a whole story around the situation shown in the picture. Perhaps, in some cases, you will want your students to reconstruct the conversation that might be taking place in the scene shown, or simply ask them to compose captions. In short, the pictures are offered here as a visual stimulant to thought and expression, to be used in what you will consider to be the most suitable manner.

THE TAPES

A set of twelve tapes, corresponding to Lessons 1 through 12, accompanies the book. The text of these tapes is available to instructors upon request to the publisher.

Each tape lasts approximately twenty minutes. Each comprises a series of linguistically oriented exercises based on the vocabulary and verbal constructions of the lesson, a dramatic rendition of the CONVERSATION and a dictée. In addition, and as a uniquely original feature, each tape offers exercises in "how to react in French," in which the students learn and practice the proper use and intonation of French exclamations, interjections, and idiomatic rejoinders. The tapes are essential to the effectiveness of the course, and they should be available to the students in the language laboratory, either for regularly scheduled periods of practice, or to be used independently, library fashion, at the students' convenience.

EXPRESSIONS ET CONSTRUCTIONS IDIOMATIQUES A REMARQUER

In this section, we focus on one or more points of grammatical structure or idiomatic usage, important in the context of the given lesson; we explain these points and illustrate them with numerous examples. The purpose of this section is to give the student an opportunity for a brief, immediate "spot review" of some of the important points involved in the lesson he is studying. We have concentrated on those points which, experience tells us, seem to present most problems to most students.

A few general remarks It is a good idea to keep track of absences and to discourage them sternly. But we can only do this, in all fairness, if we make sure that everybody speaks sufficiently every time. Keep a record of who has spoken, when and how. This will help you keep your attention evenly distributed on everyone. And the presence of the grade book, brought out and opened at the right moment, may well have a preventive, as well as a curative effect, on many of the potential sins of the Conversation Class.

Take extra pains at the beginning of the semester to make sure that the students know each other by name, and that each knows something about each of the others.

And to conclude: Do not, from the first day of class, allow your students to transfer the "euh..." speech habit into the French class. That awful "euh..." must be eliminated. As long as each sentence is headed by that mournful mooing sound, you will not come anywhere near a French conversation. The French, too, need to think before speaking—sometimes. **In that case, they say: Eh bien!... or Voyons..., or Eh bien! Voyons...** They say it incisively, and in a manner which makes the listener want to hear the rest. They do not, repeat, they do not say "Euh... euh... euh..."

TO THE STUDENT

In the Conversation Class, far more than in any other class, you are responsible for the interest of the class, its animation, its success. In this class, the expression of ideas will rest, not upon the teacher, but upon you, the student. *This is essentially a performing class.*

First of all, you must have something to say, and say it. You must keep things going. Do not be afraid of interrupting, of interjecting an opinion, a comment. Silence may be, in many cases, golden. *In the Conversation Class, not only is silence not golden, it is pure lead.* Terse and profound answers, such as "It depends" or "Perhaps" or "I have no opinion" are only interesting if you tell us what it depends on, perhaps what, and why you happen to have no opinion.

Prepare your EXPOSE very carefully in your **cahier de préparation.** Use as much of the material of the lesson as possible. Make it a brief, lively, amusing little talk. And remember that a strictly oral preparation is really no preparation at all.

When expected to ask questions from another student, prepare your questions and choose your . . . victim in advance so that there will be no dead time after your name is called while you leisurely—or frantically—decide what to ask, and whom. Try to think of questions which will challenge other students, rather than the kind which simply proves that they are not deaf.

A few recommendations The French speak incisively, rapidly, and with animation. Make constant efforts to imitate and acquire those mannerisms. Slow, mumbled speech, is simply not French.

Learn and use French exclamations and interjections. Your speech will gain a great authenticity, and you will derive considerable enjoyment from this "play acting" which will soon become second nature. Do not forget that speaking a foreign language includes using interjections, intonations, mannerisms of speech, as well as words and structures. Imitate those of your instructor and of the speakers on the tapes.

Last, but not least, never, never begin a sentence with "EUH. . . ."

Y. L., R. H.

Et surtout, ne commencez jamais une phrase
par « euh... ».

L'Art de la conversation

LEÇON PRELIMINAIRE

Faisons connaissance

L'Appel, les présentations

VOILA L'USAGE:

C'est le premier jour de classe.
Qui est **inscrit** à cette classe (ou
à ce cours)?

Qui a l'intention de **suivre ce
cours** comme auditeur? Comme
étudiant inscrit?

Je vais faire l'appel. Répondez
« présent » ou « présente ».

Les cours **requis** pour cette
classe sont les cours de français
élémentaire. Si vous avez suivi les
cours de français élémentaire et si
vous avez eu une bonne note
vous êtes admis à ce cours.

Bien. Tout le monde a l'air d'**être
qualifié**. Maintenant, nous allons
faire connaissance. Je m'appelle
M. *X*. et je suis votre professeur.

Très heureux de faire votre
connaissance, monsieur.

MAINTENANT, LA QUESTION:

Monsieur, êtes-vous inscrit à ce
cours? Et vous, mademoiselle,
êtes-vous inscrite?

Monsieur, avez-vous l'intention de
suivre ce cours comme étudiant
inscrit? Et vous, mademoiselle?

Avez-vous suivi les cours
requis?
Quelles notes avez-vous eues?

Comment vous appelez-vous
mademoiselle? monsieur?

Il est très important que tout le monde se connaisse dans une classe
de conversation. Chaque étudiant va donc se présenter au professeur.
Voilà quelques règles de présentations :

1. Un homme ne précède jamais son propre nom de « Monsieur ».
Il dit « Je m'appelle André Deval. »

2. Une jeune fille moderne ne précède pas non plus, de nos jours,
son nom de « mademoiselle ». Elle aussi dira « Je m'appelle Suzanne
Linville. » Mais si on parle d'elle, ou si on la présente, on peut dire
« Je vous présente Mademoiselle Suzanne Linville. »

3. Une dame, c'est-à-dire une femme mariée, peut très bien employer le « madame » en parlant d'elle-même. Elle dira donc « Je
m'appelle Madame Talbert. » Dans la classe, elle peut, si elle le
désire, dire « Je m'appelle Madame Talbert, Jeannine Talbert. »

Quand on vous présente quelqu'un, vous répondez généralement
« Très heureux » qui est plus court que « Je suis très heureux de
faire votre connaissance. » Un homme peut—et cela montre de très
bonnes manières—dire à une dame « Mes hommages, madame. »

Après les présentations, chaque étudiant va nous dire quelques mots sur lui-même:

On est étudiant de première, de
deuxième, de troisième année.

De quelle année êtes-vous
étudiant ?

Vous allez **avoir votre diplôme**
(*to graduate*) cette année, ou l'année
prochaine, ou dans deux ans.

Quand allez-vous avoir votre
diplôme ?

Vous venez d'une autre école
(ou université) (*You are a transfer
student*).

Venez-vous d'une autre école ou
avez-vous commencé ici ?

On suit un cours pour plusieurs
raisons : parce qu'il est **obligatoire,**
parce qu'il est **utile,** parce qu'on
en **a besoin** pour avoir son
diplôme, parce qu'on **se spécialise**
(*majors*) en cette matière, ou
simplement parce qu'on **a envie** de
le suivre.

Pourquoi suivez-vous ce cours ?

EXPRESSIONS ET TERMES IMPORTANTS:

Suivre un cours (Pourquoi suit-on un cours ?)
    Il est obligatoire.
    Il est utile.
    On en a besoin pour avoir son diplôme.

On se spécialise en... (langue, littérature, sciences mathématiques, pédagogie).

On a envie de le suivre.

Avoir des notes. (Attention! on ne dit pas « recevoir » ou « obtenir » des notes.)

On a de bonnes ou de mauvaises notes

Avoir un diplôme — to graduate

En Amérique, on a généralement son diplôme après avoir suivi un certain nombre de cours obligatoires. En France, c'est une autre histoire : on passe un examen et on est reçu ou refusé.

POUR LA PROCHAINE FOIS:

1. Chaque élève va se présenter au professeur et il dira en même temps quelques mots sur lui-même : De quelle année est-il étudiant? En quel sujet se spécialise-t-il? Vient-il d'une autre école? Quand aura-t-il son diplôme? A-t-il suivi les cours requis pour ce cours? Pourquoi suit-il ce cours?

2. Le professeur demandera à plusieurs élèves de lui en présenter un autre : « Monsieur — ou madame, ou mademoiselle — permettez moi de vous présenter Mademoiselle Suzanne Linville. » Il ajoutera quelques mots sur la personne qu'il présente, comme on le fait généralement : « C'est une charmante jeune fille qui arrive de l'Université de X. Elle est étudiante de deuxième année et elle se spécialise en pédagogie parce qu'elle voudrait être professeur, etc... » (f - teaching, education)

PREMIERE LEÇON

Le Signalement, les signes particuliers,

l'aspect physique

*« Je vous ai reconnu tout de suite! Nous étions
ensemble au lycée et vous n'avez pas du tout changé ! »*

PREMIERE LEÇON

Le Signalement, les signes particuliers, l'aspect physique

Votre apparence générale

VOILA L'USAGE:

Si vous demandez un passeport il faudra votre **signalement**, c'est-à-dire, une description de votre personne.

D'abord, votre **taille**. Vous êtes petit, grand, ou de taille moyenne.

Vous **faites** (ou vous **mesurez**) 1 mètre cinquante, ou cinquante-cinq, ou soixante, ou même si vous êtes très grand, quatre-vingt-dix.

Vous êtes probablement bien proportionné, avec une silhouette normale. Mais parmi les gens normaux, il y en a qui sont **minces** (*slim*), d'autres qui sont **maigres** (*skinny*); il y en a d'autres qui sont **gros** ou qui ont tendance à grossir.

On se **pèse** pour savoir son **poids** (*weight*). On pèse 50 kilos, 55 kilos, 70 kilos.

MAINTENANT, LA QUESTION:

Avez-vous un document qui porte votre signalement? lequel?

Comment êtes-vous? Etes-vous plus grand ou plus petit que votre père? que votre mère?

Combien faites-vous en mètres et centimètres? (Voyez la table de conversion rapide au système décimal, page 203.)

Avez-vous tendance à maigrir ou à grossir?

Préférez-vous être trop maigre ou trop gros (grosse)? Pourquoi?

Aimez-vous vous peser? Pourquoi? Avez-vous généralement une bonne ou une mauvaise surprise?

6

Combien pesez-vous en kilos ?
(Voyez la table de conversion rapide au système décimal, page 203.)

Si vous trouvez que vous pesez trop, alors vous **suivez un régime**. Vous le suivez si vous avez de la volonté. Si vous manquez de volonté, vous laissez tomber votre régime.

Avez-vous suivi un régime ? Quand ? Pourquoi ? En quoi consistait-il ? (Il consistait à ne pas manger de...) Avez-vous beaucoup de volonté quand vous suivez un régime ? Pourquoi ? Avez-vous laissé tomber votre régime ? Quels ont été les résultats ? Y a-t-il des personnes que leur profession oblige à suivre un régime ? Lesquelles ? Pourquoi ?

Votre beauté

Une femme est jolie ou belle ; un homme est beau.

Le contraire de jolie ou beau c'est **laid (laide)**.
lai

Le contraire de la beauté, c'est la **laideur**.

Est-ce que la beauté d'une personne dépend surtout de ses traits ou de son expression ? Pourquoi ?

Vous êtes blond ou **brun**, **châtain**, roux (ou blonde, brune, châtain, rousse). On peut être blond clair, blond foncé, châtain clair ou châtain foncé. Il y a aussi des combinaisons telles que le blond roux ou le châtain roux.

Comment êtes-vous ? Comment avez-vous les cheveux ? [Attention ! Si vous avez les cheveux noirs, vous êtes brun. Vous n'êtes pas noir. (Etre noir, c'est appartenir à une certaine race.)]

On peut aussi dire « **J'ai les cheveux** noirs (ou blonds, gris, blancs).»

Comment votre grand-mère a-t-elle les cheveux ? Aimez-vous les cheveux gris ? Quand vous aurez les cheveux gris, ferez-vous changer leur couleur ? Pourquoi ?

Vous portez les cheveux courts ou longs (ou mi-longs), avec une **raie** (*part*) à droite, à gauche, ou au milieu.

Comment portez-vous les cheveux ?

Mesdemoiselles, vous allez probablement chez le **coiffeur**, ou alors, **vous vous coiffez** vous-même.

Le coiffeur vous **lave la tête** et vous fait **une mise en plis**. Ou alors, vous vous lavez la tête et vous vous faites une mise en plis. Très souvent, vous vous coiffez vous-même mieux que le coiffeur, parce que vous savez **quelle coiffure vous va bien** : plate, bouffante, ondulée, le chignon ou les cheveux libres, avec une frange ou le front découvert.

Si vous voulez changer la couleur de vos cheveux, il vous faut un **rinçage**, ou une **teinture**, ou pour un changement complet, une **décoloration** et une teinture.

Et naturellement, il y a aussi la possibilité de porter une perruque pour un changement complet et instantané.

Vous, messieurs, vous ne pensez pas beaucoup à vos cheveux. Vous allez chez le coiffeur pour hommes et **vous vous faites couper** les cheveux **en brosse** (*crew cut*) ou avec une raie.

Il y a des couleurs de cheveux qui sont dûes à une opération chimique plutôt qu'à la nature: le blond platine, le blond cendré, le blond doré et toutes leurs variations.

Allez-vous souvent chez le coiffeur? Pourquoi?

Vous lavez-vous la tête vous-même quelquefois? (Attention! On **se lave la tête** en français; on ne dit pas « se laver les cheveux ».)

Mademoiselle, expliquez-nous quelle coiffure vous va bien. Mademoiselle, décrivez-nous la coiffure d'une autre élève. Quelles sont les qualités d'une coiffure pratique?

Aimez-vous la couleur de vos cheveux? Pourquoi? La changeriez-vous si vous aviez beaucoup de temps et d'argent?

Monsieur, préférez-vous les blondes ou les brunes? Pourquoi? Mademoiselle, porteriez-vous une perruque? Pourquoi? Monsieur que pensez-vous des perruques?

Si vous étiez chauve en porteriez-vous une? Pourquoi? Monsieur, aimez-vous aller chez le coiffeur? Pourquoi? Qu'est-ce que vous dites au coiffeur quand vous êtes assis sur sa chaise?

Monsieur, que pensez-vous des jeunes filles qui ont des coiffures extraordinaires et des cheveux blond platine?

Mademoiselle, vous êtes brune. Si vous voulez devenir blond platine, avez-vous besoin d'un miracle ou des services d'un coiffeur? De quels services?

8

Vous avez les yeux noirs, marron,* gris, verts ou bleus.

Quels sont les avantages des cheveux artificiellement colorés? les inconvénients?

De quelle couleur avez-vous les yeux?

Vous avez le teint clair ou le teint mat. Si vous passez beaucoup de temps au soleil, vous avez le teint bronzé. Vous avez peut-être des taches de rousseur. Si vous êtes en bonne santé, heureux, reposé, vous avez bonne mine. Quand vous avez bonne mine, quand vous êtes bronzé et reposé, vous êtes en beauté.

Si on est roux, est-ce qu'on brunit ou rougit au soleil?

Après une nuit passée à étudier, avez-vous bonne ou mauvaise mine? Après une maladie? Après une heure de tennis? Mademoiselle, à quels moments êtes-vous le plus en beauté? Le moins en beauté?

Vous avez le nez droit, court, long. Très peu de gens sont satisfaits de la forme de leur nez; c'est pourquoi il y a des chirurgiens esthétiques.

Comment avez-vous le nez? En êtes-vous satisfaite? Pourquoi?

Avez-vous jamais eu une opération de chirurgie esthétique? Pourquoi?

Comment Cyrano avait-il le nez? Sa situation serait-elle aussi pathétique de nos jours? Pourquoi?

Monsieur, que pensez-vous des dames qui se font faire des opérations de chirurgie esthétique pour changer leur nez?

Pour un homme, en dehors de la chirurgie esthétique, il n'y a pas beaucoup d'artifices possibles. La barbe et la moustache sont les seules possibilités de transformation des traits.

Monsieur, pourquoi ne portez-vous ni barbe, ni moustache? Pensez-vous que le fait de porter une barbe indique une certaine personnalité? Pourquoi?

* marron : invariable (« couleur de marron ») et attention à ce mot! En français, on appelle marron la couleur que vous appelez en anglais brown. La couleur appelée maroon en anglais est grenat.

Pour une jeune fille ou une dame il y a **les produits de beauté** :* crèmes, fond de teint (qui transforme instantanément un teint pâle en teint doré, rose ou bronzé), la poudre, le rouge à lèvres, le crayon pour les sourcils et l'ombre pour les paupières.

Mettre des couleurs sur son visage (on dit des **fards**), c'est **se farder** ou **se maquiller**.

Mademoiselle, quels produits de beauté employez-vous les jours de classe? Si vous sortez le soir, vous maquillez-vous davantage? Quels fards employez-vous?

Monsieur, que pensez-vous des jeunes filles très maquillées? Préférez-vous une beauté... préparée ou plus naturelle? Pourquoi?

Mademoiselle, les jeunes gens vous préfèrent généralement « naturelle ». Mais si vous êtes pâle et sans couleur, vous regardent-ils? Qui regardent-ils? Est-ce logique?

SUJETS D'EXPOSE

Chaque élève préparera une des questions suivantes, au choix. Il préparera sa réponse soigneusement, dans son *cahier de préparation*. Une bonne préparation est intéressante, claire, bien exprimée, et emploie le plus possible d'expressions de la leçon.

En classe, l'étudiant « parlera » c'est-à-dire qu'il ne lira pas sa préparation. Il peut y jeter un coup d'œil de temps à autre si le professeur le permet.

Pendant qu'un étudiant parle, les autres prépareront tous une question qu'ils poseront à un autre étudiant. (Voir Préface, page xviii.) Si les questions sont stimulantes, si elles forcent tout le monde à réfléchir et à employer les termes de la leçon, nous aurons ainsi une conversation animée et profitable.

* **produits de beauté** : Attention au mot anglais *cosmetics*. En français le cosmétique existe, mais c'est strictement cette sorte de crème que les hommes se mettent sur les cheveux : « ... On se met du cosmétique dans les cheveux... » dit une chanson dans laquelle un jeune homme se prépare à un rendez-vous.

1. Faites votre signalement tel qu'il est donné sur votre passeport. (Combien mesurez-vous? Etes-vous blond, brun? Comment avez-vous les yeux? le nez? le teint? les cheveux? Combien pesez-vous?)

Ensuite, faites un portrait plus détaillé, avec des commentaires. Comment sont vos cheveux? Pourquoi? Etes-vous satisfait de votre nez? Pourquoi? Vous trouvez-vous assez, ou pas assez, ou trop grand? Assez, ou trop gros? Quels changements aimeriez-vous faire à votre apparence? Pourquoi?

2. Connaissez-vous quelqu'un qui a eu une opération de chirurgie esthétique? Pourquoi et dans quelles circonstances? Quels ont été les résultats, heureux ou décevants?

3. En Amérique, « beauté » est presque synonyme de « jeunesse », tandis que dans les civilisations plus anciennes, en France par exemple, on admire aussi bien la beauté qui vient avec les années.

Question : La vraie beauté est celle de la jeunesse. Oui ou non, et pourquoi? Expliquez, et donnez des exemples et des détails concrets.

4. Les beautés imaginaires : Faites le portrait de la Princesse ou du Prince des contes de fées. Les laideurs imaginaires : la méchante fée ou la sorcière.

5. La personne à l'apparence la plus intéressante (en beauté, en laideur, ou pour toute autre raison) que vous connaissez.

6. Si, pour une raison quelconque, vous étiez obligé de transformer complètement votre apparence, que feriez-vous?

POLEMIQUE

(Pour les instructions concernant la préparation de la Polémique, voir la Préface, page xix.)

1. a. Il vaut mieux se marier avec une très jolie jeune fille.
   b. Il vaut mieux se marier avec une jeune fille laide.

2. a. Le naturel est ce qu'il y a de mieux pour une femme.
   b. Une femme « naturelle » est en état d'infériorité sur celle qui est maquillée, coiffée, et qui a les cheveux d'une couleur extraordinaire.

3. Un homme célèbre a dit : « Un adulte est responsable de son apparence. » Il voulait dire que, passé un certain âge, votre apparence reflète *ce que vous êtes* et n'est pas un accident de la nature, sans rapport avec votre caractère.
   a. Ce monsieur avait raison.
   b. Ce monsieur avait tort.

Le Bel Inconnu

CONVERSATION

(La conversation sera entendue par les élèves une ou plusieurs fois. Ensuite, on demandera à deux élèves de « jouer » cette conversation. *Il n'est pas question de l'apprendre par cœur.* Il suffit que les deux participants aient « attrapé » le ton des personnages qu'ils représentent, leur attitude et leur personnalité, et le sens de la conversation qu'ils viennent d'entendre. Le professeur aidera à l'occasion, et on reconstituera ainsi très approximativement une conversation fidèle à l'esprit de celle qu'on vient d'entendre.

Après avoir fini cette reconstitution, toute la classe participera à l'exercice qui suit la conversation : le professeur adresse une remarque tirée du texte à chaque élève qui répondra *dans l'esprit du texte.* Là encore, ce qui compte, ce n'est pas une répétition mot à mot, c'est d'avoir une réponse qui suive le sens général.

EXEMPLE: J'ai passé les vacances sur la Côte d'Azur.

REPONSE: Vous en avez de la chance! *ou* : Oh ça, alors, c'est formidable!)

Cette conversation a lieu entre deux jeunes filles, étudiantes. On entend sonner midi au carillon de l'Université. Brouhaha de la sortie des cours. Parmi le tumulte, on entendra des choses comme « premier jour de cours... la rentrée... Content de recommencer, et toi ?... Tu as passé de bonnes vacances ? Pas mauvaises, et vous ? » etc.

VOIX DE JACQUELINE, *simple, claire, naturelle, assez gamine* :
> Alors, au revoir, Michel, André! (*Elle appelle*) Monique! Monique!

VOIX DE MONIQUE, *un peu prétentieuse. Elle affecte un ton désabusé et le contralto mis à la mode par les films et la télévision* :
> Mais je vous entends, ma chère Jacqueline! Inutile de crier si fort! Tout le monde nous regarde!

JACQUELINE: Ça ne fait rien! Oh, ce que je suis contente de vous revoir! Vous vous êtes fait couper les cheveux, vous avez bruni, et oh! ce que vous êtes mince! Vous êtes très en beauté! Vous avez passé les vacances à la plage ?

MONIQUE: Oui, sur la Côte d'Azur... Tout le monde y va... Ça devient impossible.

JACQUELINE: Eh bien, vous en avez de la chance! Moi, j'ai passé l'été chez ma grand-mère, et elle ne voulait même pas me laisser sortir seule. C'est une vieille dame, pas du tout à la page. D'ailleurs, il pleuvait. Et puis de toute façon, moi, je suis blonde, et j'ai le teint clair, alors je rougis au soleil, c'est un désastre! En plus de tout ça, ma grand-mère me trouve toujours trop maigre, et elle me fait manger pour grossir! Alors voilà! Je suis pâle et je fais au moins un mètre de tour de taille, tandis que vous, vous êtes mince, bronzée, et vous avez une coiffure d'un chic!

MONIQUE: Mais non, voyons, vous exagérez! Vous n'êtes pas si mal que ça... dans votre genre.

JACQUELINE: Si on déjeunait ensemble? On a des tas de choses à se dire! D'abord, racontez-moi ce que vous avez fait sur la Côte d'Azur. Quand je pense que moi, j'étais toute seule, parce que je ne compte pas mon idiot de frère... Ce n'est pas vraiment de la compagnie. Il est vaniteux comme un paon, il faut voir les airs qu'il prend! Il se prend pour Apollon en personne; moi, je lui trouve l'air bête... Et il n'est pas si beau que ça! Il a trouvé moyen de partir pendant une semaine avec des copains, aussi moches que lui, d'ailleurs. Alors, ce n'était pas une perte!

MONIQUE (*petit rire*): Ma pauvre Jacqueline, vous me faites un peu pitié! Vous avez vraiment une famille dépourvue de charme! Enfin... que voulez-vous... (*Petit silence*; *puis, dramatique*) Eh bien, figurez-vous que moi, j'ai rencontré le Prince Charmant!

JACQUELINE, *pleine d'admiration*: Oh, ça, alors! Formidable!

MONIQUE: Oui, ma chère! un véritable athlète, un mètre quatre-vingts, bronzé, un blond aux yeux noirs et au profil grec! Toute la plage le regardait... Il y avait même une actrice de cinéma, une blonde-platine, qui le suivait partout! Mais naturellement, c'est moi qu'il a remarquée. Après ça, nous étions inséparables... (*Une pause*) Nous allions danser tous les soirs au clair de lune...

JACQUELINE, *de plus en plus admirative*: Oh, ça alors! Sensationnel! C'est d'un romanesque! Comment s'appelle-t-il?

MONIQUE: Eh bien, c'est très mystérieux. Figurez-vous qu'il ne pouvait pas révéler son identité. Ça doit être un prince en exil...

JACQUELINE: Ou un acteur qui voyage incognito! Ou... un agent secret! Oh, que c'est passionnant!

MONIQUE: De toute façon, c'est quelqu'un de terriblement important! Il avait l'air si distingué! Et il parlait de toutes les personnalités par leur prénom. Il disait « Liz et Phil » en parlant de la Reine d'Angleterre et de son mari, alors vous voyez!

JACQUELINE: Oh, oui, alors, c'est sûrement un prince! Le reverrez-vous?

MONIQUE: Hélas, je ne crois pas... Il m'a dit qu'il y avait des intérêts nationaux en jeu... Enfin, je verrai sûrement sa photo dans les journaux, ça, je m'y attends!

JACQUELINE: Monique, c'est terrible, mais en même temps, c'est merveilleux! Comme vous en avez de la chance! Ce n'est pas à moi qu'il en arrive, des aventures pareilles! Et pour comble de malchance, tiens! voilà mon idiot de frère qui me cherche. C'est sûrement pour m'emprunter de l'argent. Mais, Monique, qu'est-ce que vous avez? Comme vous pâlissez! Est-ce que vous ne vous sentez pas bien? Mon Dieu! Vous me faites peur!

MONIQUE: Ja... Ja... Jacqueline! Vous... Vous... C'est votre frère? Ce... ce garçon? Mon Dieu! Impossible! Mais c'est mon bel inconnu de la Côte d'Azur!

JACQUELINE: (*Eclate de rire*)

REMARQUES ET REPLIQUES

Répliquez aux remarques ou questions suivantes en restant dans l'esprit du texte:

MONIQUE: Ne parlez pas si fort, tout le monde nous regarde!
JACQUELINE: ......

JACQUELINE: Oh, comme vous avez bruni! Et comme vous êtes mince!
MONIQUE: ......

JACQUELINE: Oh, moi, j'ai grossi et je suis pâle...
MONIQUE: ......

MONIQUE: Eh bien, figurez-vous que moi, j'ai rencontré le Prince Charmant!
JACQUELINE: ......

MONIQUE: Il ne pouvait pas me révéler son identité...
JACQUELINE: ......

MONIQUE: Il disait « Liz et Phil » en parlant de la Reine d'Angleterre et de son mari.

JACQUELINE: ......

JACQUELINE: Ce prince charmant, le reverrez-vous ?

MONIQUE: ......

JACQUELINE: Tiens, voilà mon frère.

MONIQUE: ......

QUESTIONS SUR LA CONVERSATION

1. Comment est Monique après ces vacances ? Pourquoi ? Comment était-elle sans doute avant ? (Elle avait les cheveux longs et...)

2. Comment est Jacqueline après ces vacances ? Pourquoi ? Comment était-elle avant ?

3. Avec qui Jacqueline était-elle pendant ces vacances ? Comment est son frère ? Est-il resté tout le temps ?

4. Qui Monique a-t-elle rencontré ? Comment était-il ? Avait-elle de la concurrence sur la plage ?

5. Pourquoi ce jeune homme ne pouvait-il pas révéler son identité ? Mais... quelles indications avons-nous ?

6. Pourquoi le frère de Jacqueline la cherche-t-il ?

7. Imaginez ce que Jacqueline pourrait dire si elle riait moins à la fin ?

EXPRESSIONS ET CONSTRUCTIONS IDIOMATIQUES A REMARQUER

I. Avoir + *article défini*

On emploie surtout le verbe **avoir** + *article défini* avec les parties du corps quand on donne une description générale de la personne :

J'**ai le** nez droit.

Elle **a les** cheveux courts.

Il **a les** pieds grands.

Remarquez aussi l'emploi de l'article défini et de la préposition **à** pour désigner un complément de la personne :

C'est un grand blond **aux yeux** noirs et **au profil** grec.

C'est une jeune fille **à la taille** fine.

Avez-vous vu cette dame **à la coiffure** excentrique ?

Décrivez cette jolie fille.
Qui regarde-t-elle? Que
lui dit-elle? (C'est peut-
être la première fois
qu'elle se fait blonde,
alors elle dit peut-être
quelque chose comme
« Je te plais, en blonde? »

Pourquoi ce vieux monsieur
porte-t-il la barbe? Est-ce pour
protester contre la société
moderne? Ou bien parce qu'il
n'aime pas se raser plus d'une
fois par mois? Ou encore, pourquoi?
Que remarquez-vous dans son
apparence qui vous intéresse?

Ces images
vous parlent...

Imaginez que le person-
nage à droite est en
train de donner un
conseil à son interlocuteur
au sujet de l'aspect
physique de ce dernier.
Que lui conseille-t-il?

Qui est-ce? Pourquoi se regarde-t-il aussi attentivement? Pense-t-il, peut-être, que les cheveux en brosse ne lui vont pas bien et qu'il devrait les laisser pousser pour avoir le style yé-yé? Imaginez son monologue intérieur.

Une dame d'un certain âge, avec des rides et des cheveux blancs, mais quelque chose de jeune dans le regard. Elle a l'air de donner un conseil amical. Imaginez que ce conseil s'addresse à vous et soit au sujet de votre apparence : que vous dit-elle?

II. Faire *causatif*

On distingue en français entre l'action que vous faites vous-même (« Je me lave la tête ») et celle qui est faite pour vous par une autre personne (« Je me **fais** laver la tête ») :

Je me lave la tête.	MAIS	Je me **fais** laver la tête (par le coiffeur).
Je mange.	MAIS	Ma grand-mère me **fait** manger.
Vous vous rasez.	MAIS	Vous vous **faites** raser (par le coiffeur).

III. *L'absence d'article*

Le substantif (le nom) en français est généralement accompagné d'un article, d'un partitif, d'un adjectif démonstratif. Cependant, remarquez les nombreuses constructions idiomatiques ou locutions verbales employées *sans* article :

On **a tendance** à maigrir.
Il a **trouvé moyen** de…
Vous me **faites pitié**.
Vous **avez bonne mine**.
On n'**a** pas **idée** de raconter des choses pareilles!
Elle **a bonne mémoire**.
Il **est beau garçon**, elle **est belle fille** (mais : **C'est un** beau garçon; **C'est une** belle fille)

IV. *Constructions affectives*

Cherchez dans les dialogues les différentes expressions dont la syntaxe exprime une émotion ou une insistance (*emphasis*). Ce sont souvent des formules qu'on ajoute avant ou après la phrase. Elles font partie de la conversation de tous les jours, et vous devriez les employer fréquemment pour rendre plus vivant ce que vous voulez dire :

Figurez-vous que…
Là encore, ce qui compte, c'est…
C'est moi qu'il a remarquée…
…alors, vous voyez!

DEUXIEME LEÇON

*Le Caractère, l'humeur
et la personnalité*

« *Jacqueline, c'est une fille formidable! Toujours de
bonne humeur, toujours pleine de charme et d'entrain!* »

DEUXIEME LEÇON

Le Caractère, l'humeur

et la personnalité

VOILA L'USAGE:

La plupart des gens sont **gentils**; quelques-uns, hélas! ne le sont pas : ils sont **désagréables** et il y en a même quelques-uns qui sont franchement **méchants.**

Quelqu'un de gentil a **bon caractère** et est toujours — ou presque — de **bonne humeur.** Il est d'**humeur égale**, patient, conciliant, **facile à vivre.**

Les gens qui sont désagréables ont **mauvais caractère.** Ils ont des **sautes d'humeur** (*they are moody*); ils sont impatients, nerveux; ils se **fâchent pour un rien**; tout **leur porte sur les nerfs** et ils **se mettent en colère** pour **un oui et pour un non**; ils sont **insupportables.**

Il y a aussi ceux qui sont susceptibles et qui **boudent** (*sulk*) pendant des heures sans dire pourquoi.

MAINTENANT, LA QUESTION:

Avec qui êtes-vous le plus gentil? Pourquoi?
A quels moments de la journée êtes-vous désagréable? Avez-vous de bonnes raisons de l'être? Lesquelles?

Faites un bref portrait du camarade de chambre idéal. Etes-vous (probablement) un camarade de chambre idéal vous-même? Pourquoi?

Sans transition, Annick passe d'une humeur charmante à des crises de colère. Quelle expression emploierez-vous pour décrire son caractère?
Vous avez trop étudié, pas assez dormi, et tout va mal. Comment est-ce que ça affecte votre personnalité?

Qui dans la classe connaît quelqu'un qui a l'habitude de bouder? Qu'est-ce qui cause la bouderie? Comment traitez-vous ça?

Quant aux gens méchants, et **amers**, évitez-les complètement : leur **méchanceté** peut être dangereuse.

Pourquoi croyez-vous que certaines personnes sont méchantes et amères ? Quel est le danger ?

Ces différences de caractère dépendent surtout de la **maturité d'esprit**. Il y en a qui sont **mûrs d'esprit**, raisonnables, et d'autres qui restent **infantiles**. Ces derniers sont **exigeants** et **égoïstes**.

Expliquez la différence entre la maturité d'âge et la maturité d'esprit. A quoi reconnaît-on la maturité d'esprit ? l'infantilisme ?

Il y a aussi, dans la personnalité, un important élément qui vient de **l'éducation.*** On **se conduit** d'une certaine façon, **bien ou mal**, parce qu'on est **bien élevé** ou **mal élevé**. Les gens qui ont de l'éducation sont bien élevés, **polis, courtois, prévenants** (*attentive*). Ils ont de bonnes manières. Ceux qui ont de **mauvaises manières** sont impolis, grossiers même.

Si on dit que quelqu'un passe sans transition de l'infantilisme à la sénilité, est-ce un compliment ? Pourquoi ? *Je pensais que no parce que les gens doivent changer.*

Donnez quelques exemples de ce que fait un jeune homme bien élevé quand il sort avec une jeune fille. *il espère que la jeune fille s'arrête de l'autobus. Il ouvre la porte à elle, etc.*

Quel est le contraire de poli ? *→ impoli* de bien élevé ? *→ mal élevé*

On est souvent gêné avec eux. En somme, pour être sympathique, il faut avoir un ensemble de bonnes manières et de bon caractère, mais il ne faut pas essayer d'être **parfait !**

Si vous êtes avec quelqu'un qui se conduit mal, vous êtes gêné. Pourquoi ? *no. je demande la raison pour laquelle il se conduit mal.*

Quels sont les traits de caractère de quelqu'un de sympathique ? *les traits de caractère de quelqu'un de sympathique sont avoir un ensemble de bonnes manières et de bon caractère.*

Quelquefois, quand tout va mal, ou même sans raison évidente, on est **triste, déprimé : on a le cafard.** *(to be blue.)* On ne veut voir personne, parler à personne, on est sûr que personne ne vous aime.

Quand et pourquoi avez-vous le cafard ? *Quelquefois j'ai le cafard parceque tout va mal, je ne me réveille pas à temps, etc.*

Quels sont les symptômes de la crise de cafard ? *Je pensais que les symptômes de la crise de cafard sont quand on ne veut voir personne, quand on est triste, déprimé.*

* **l'éducation** : à distinguer de l'instruction. L'éducation, c'est l'ensemble des manières, des principes que vous recevez de vos parents ou de la société dans laquelle vous vivez. L'instruction, c'est l'enseignement formel, les connaissances acquises généralement à l'école. (*Education courses*, ce sont les cours de pédagogie.) (Voir leçon III pour une définition plus précise des termes **éducation** et **instruction**.)

Chez les gens normaux et actifs, ces crises de cafard sont rares, et il suffit d'un peu de **volonté** pour **se contrôler*** et **se remettre sur pied.**

J'ai besoin de me contrôler quand quelqu'un se conduit mal avec moi, ou quand je suis déprimé.

Malheureusement, chez les gens qui ont des **troubles de la personnalité** et des **maladies mentales,** les crises de dépression nerveuse ne sont pas dues au cafard. Ceux qui ont de la difficulté à **faire face** aux réalités de la vie, ou qui **manquent** totalement d'une qualité nécessaire à l'équilibre mental, ou qui simplement ont besoin de mieux **se connaître,** vont chez un **psychiatre.**

le traitement psychiatrique consiste en que

Là, le docteur vous fait allonger sur un divan et vous lui racontez vos **souvenirs d'enfance,** vous répondez à ses questions. Il essaie de découvrir si vous avez un complexe : d'infériorité, de persécution.

Si le cas est extrême, le psychiatre peut recommander qu'on vous enferme dans un **asile d'aliénés** — qu'il appellera par euphémisme, une maison de repos. Il dira que vous êtes un malade, mais les gens diront que vous êtes **fou** (ou **folle**).

Quand avez-vous besoin de vous contrôler? (Donnez des exemples précis.) Pourquoi les athlètes (joueurs de tennis, de baseball, de basketball, etc.) ont-ils besoin de savoir se contrôler? *oui, ils ont quelquefois besoin de savoir se contrôler.*

Est-ce que la maladie mentale est *oui* en réalité une question de degré? Expliquez. A quoi reconnaît-on que quelqu'un a une maladie mentale? *on reconnaît quelqu'un que a une maladie mentale quand* Que pensez-vous de la valeur de la psychiatrie? Pourquoi? *il ne reconnaît- tre a quelqu'un.*

la psychiatrie est important parce qu'il y a de gens qu'ont besoin de mieux se connaître.

En quoi consiste le traitement psychiatrique?

Comment reconnaît-on que quelqu'un a un complexe de persécution? *on reconnaît que quelqu'un a un complexe de persécution quand il imagine que tout le monde le poursuivre.*

Si vous dites à un ami « Tu es fou », est-ce que cela veut nécessairement dire qu'il faut l'enfermer? Pourquoi le dites-vous, alors? *No. (grossier). Parce-que il est grossier ou je ne suis pas d'accord avec il ou elle.*

Voyons maintenant quelques adjectifs qui caractérisent une personne :

Quelqu'un qui oublie tout, ne fait pas attention, est **distrait** (*absent-minded*), comme les savants le sont

Donnez des exemples de ce que peut faire un professeur distrait? un étudiant étourdi?

* **se contrôler** : Il n'y a pas de substantif en français pour traduire le terme de *self-control*. On dit **se contrôler. Savoir se contrôler** nécessite évidemment de la **volonté** (*will power*) car cela consiste le plus souvent à faire ce qu'on n'a pas envie de faire et vice-versa.

souvent. Mais si c'est vous qui êtes distrait, sans bonnes raisons, on dira que vous êtes **étourdi** (*scatter-brained*)...

Expliquez la différence entre **distrait** et **étourdi**.

Les gens qui veulent paraître supérieurs, sans l'être, sont **prétentieux, vaniteux,** et ils **se vantent.** Si, par contre, ils ont de bonnes raisons de penser qu'ils sont supérieurs, ils sont **fiers.** Les **orgueilleux** (*conceited*) ne tolèrent pas l'humiliation.

Que pensez-vous de cette phrase : « On ne se vante que de ce qu'on n'a pas »? Expliquez ce qu'elle veut dire.

Quelle est la différence entre la fierté et l'orgueil?

↑vanité

Souvent, les prétentieux, les vaniteux et les orgueilleux ne font que **combattre** un complexe d'infériorité.

Quand l'orgueil est-il une qualité? un défaut?
Pourquoi les gens ont-ils parfois des complexes d'infériorité? A quoi reconnaît-on que quelqu'un a un tel complexe?

On peut être amusant et avoir de **l'esprit** ou de **l'humour.** La différence entre l'esprit et l'humour, c'est que l'humour n'est jamais méchant, tandis que l'esqrit peut l'être.

Les gens **drôles** et spirituels sont bien agréables parce qu'ils vous font rire... même si c'est à vos propres dépens. D'ailleurs, pour avoir le droit de **se moquer** des autres il faut savoir se moquer de soi-même.

Riez-vous si quelqu'un est drôle aux dépens de quelqu'un d'autre? Pourquoi? Et s'il est drôle à vos propres dépens, vous fâchez-vous? Pourquoi?

SUJETS D'EXPOSE

1. La personnalité la plus intéressante que vous connaissez. Faites son portrait, physique et surtout mental. Donnez des exemples concrets de son attitude et de sa conduite dans diverses circonstances.

2. Est-il vrai que les contrastes s'attirent? Justifiez votre opinion en l'illustrant par des exemples de gens que vous connaissez (votre meilleur ami et vous, des gens mariés de vos amis, deux associés, etc...)

3. Faites le portrait d'un homme célèbre qui souffrait de troubles de la personnalité. Quels étaient les rapports entre ces troubles et son génie?

4. Un événement important de votre vie. Qu'est-ce qui s'est passé? Quelle a été votre réaction? Comment vous êtes-vous conduit? Pourquoi? Pensez-vous que vous avez bien fait?

5. (*A préparer par deux étudiants :*) Une visite chez le psychiatre. Un étudiant sera Dr. Fraud, psychiatre. L'autre sera le malade. Préparez une petite scène : la consultation, les symptômes, l'analyse, le diagnostic, le traitement (un peu d'humour, pourquoi pas?).

6. Que savez-vous des drogues qui affectent la personnalité et la conscience du réel? Que pensez-vous de leur usage et de leur contrôle par les autorités?

POLEMIQUE

Diviser la classe en deux groupes, les partisans de (a) et les partisans de (b). Nommer un chef de discussion pour chaque groupe. Celui-ci sera responsable de faire parler les membres de son groupe et devra essayer de faire convaincre l'autre groupe par le sien.

1. Baudelaire a dit « Le génie, ce n'est pas autre chose que l'enfance recapturée à volonté. »

  a. C'est complètement faux. Voilà pourquoi. (Exemples.) Le génie, en réalité, c'est...

  b. Baudelaire a raison. Prenons par exemple ces hommes de génie. (Exemples.) Sont-ils mûrs? responsables? équilibrés? Non, parce que... Donc, les caractéristiques du génie sont...

2. a. La psychiatrie est une fraude, elle est surtout bonne pour le psychiatre qu'elle enrichit. Personne n'a besoin de psychiatre, on a seulement besoin d'un peu de volonté et de savoir se contrôler. (Dites, naturellement pourquoi, donnez des exemples : Je connais quelqu'un qui est allé chez un psychiatre et qui...)

  b. La psychiatrie rend de grands services. Voilà lesquels. (Et moi, par exemple, je connais quelqu'un qui est allé chez un psychiatre et qui...)
a découvert qu'il a un complexe de persécution.

Une Transformation complète

Nous sommes chez Annick Monnier. Il est six heures du soir et elle est en train de se préparer à sortir avec Jean-Paul qui est un jeune homme qu'elle considère très spécial. Rien ne va : le coiffeur n'a pas réussi la couleur de ses cheveux, et elle ne trouve pas son rouge à lèvres préféré. Annick est très nerveuse.

ANNICK : Ah, et puis zut, zut, et triple zut ! J'en ai assez ! Je suis patiente, mais il y a des limites ! C'est encore ma sœur qui a pris mon rouge à lèvres... Oh, celle-là, alors ! Quelle sale gosse ! (*Elle appelle*) Gigi ! Gigi ! viens là tout de suite ! Plus vite que ça, ou je vais me fâcher.

GIGI (*environ 8 ans. Elle n'est pas impressionnée*) : Oh ça va, ça va, ne te mets pas en colère ! Du calme, du calme pour être belle. Qu'est-ce que tu veux ?

ANNICK : C'est toi qui as pris mon rouge à lèvres ? Celui qui était sur ma petite table ?

GIGI : Eh bien, tu vois, j'en avais besoin pour jouer à la dame avec Suzette... On l'a pris et puis...

ANNICK (*interrompt*) : Où est-il ? va le chercher tout de suite ou tu vas le regretter, je t'assure.

GIGI (*pleurniche*) : Hi, hi... tu es méchante, méchante... je le dirai à maman... On était dans le jardin, et il est tombé et la voiture de papa a passé dessus...

ANNICK, *en fureur* : Oh, quelle sale gosse ! Quelle sale gosse ! Vilaine petite fille !

GIGI (*pleurniche de plus en plus*) : C'est toi qui es vilaine ! Tu es toujours furieuse contre moi... Tu dis toujours que je te porte sur les nerfs... Tu n'es jamais gentille avec moi. Je le dirai à maman. (*Elle tire parti de la situation*) Maman ! Maman ! Annick dit que je suis une sale gosse...

MME MONNIER (*entend et monte l'escalier*) : Quoi ? Qu'est-ce que c'est ? Pourquoi pleures-tu ? Est-ce que vous vous disputez encore toutes les deux ? Ecoute Annick tu es assez grande, tu devrais être plus raisonnable... Et toi, Gigi, laisse ta sœur tranquille...

ANNICK : Raisonnable ? Raisonnable ? Je voudrais bien t'y voir à ma place ! Avec cette sale gosse qui me prend mes affaires et moi je ne trouve plus rien quand j'en ai besoin. Oh, je crois que je vais devenir folle dans cette maison! Je ne suis pourtant pas exigeante! Tout ce que je demande, c'est la paix! La paix! (*Elle crie*) Vous êtes tous des égoïstes. Je crois que je vais avoir une crise de nerfs...

Maintenant, nous changeons de scène, et nous sommes dans la chambre de Jean-Paul, qu'il partage avec Robert, son camarade de chambre. Robert est assis au bureau, il essaie d'étudier. Jean-Paul est dans la salle de bains.

JEAN-PAUL, *dans la coulisse*: Ah, et puis zut! et zut!

ROBERT: Qu'est-ce qu'il y a encore qui ne va pas?

JEAN-PAUL: Je me rase — ou plutôt, j'essaie de me raser — mais ton rasoir électrique ne marche pas. Pourquoi ne l'as-tu pas fait réparer?

ROBERT, *très flegmatique*: Pas eu le temps. Et le tien, de rasoir? Pourquoi ne prends-tu pas le tien?

JEAN-PAUL, *furieux*: Ah, ça, c'est bien toi! Je te pose une simple question — avec calme, remarque — parce que j'essaie de me contrôler comme tu peux voir, et tu me réponds par une dissertation sans rapport. Ah, il faut avoir bon caractère, pour vivre avec toi, je t'assure... Qu'est-ce que tu peux être casse-pieds, mon pauvre Robert!

Un petit silence

JEAN-PAUL: Dis donc, tu as vu mes clés?

ROBERT: Tes clés? Non.

JEAN-PAUL, *furieux*: Ah, et maintenant, monsieur boude. Il ne répond pas. Ce que tu es désagréable, mon pauvre Robert! C'est incroyable. Je te fais une petite remarque sur tes défauts, pour te rendre service, alors tu boudes... Et mes clés? Où sont-elles? Ah, et puis zut! Passe-moi les tiennes, j'avais oublié que je prenais ta voiture ce soir...

Et maintenant, mes chers auditeurs, nous changeons de scène une troisième fois. Nous sommes sur une terrasse, au clair de lune... On entend de la musique. Deux personnes sortent de la grande salle de danse et viennent s'asseoir sur la balustrade. Ce sont nos amis Annick et Jean-Paul.

ANNICK: Jean-Paul, vous n'êtes pas comme les autres garçons... Vous êtes si mûr, si raisonnable... Vous avez si bon caractère...

JEAN-PAUL: Oui, évidemment, je suis comme ça, c'est tout. Annick, mais vous êtes parfaite! Vous êtes si douce, si gentille, toujours d'humeur égale... Vous êtes un ange...

REMARQUES ET REPLIQUES

Répliquez en restant dans l'esprit du texte:

ANNICK: Viens ici, Gigi! tout de suite, ou je vais me fâcher.

1) GIGI: ...... *ne te mets pas en colère*

ANNICK: Où est mon rouge à lèvres?

2) GIGI: ...... *J'en avais besoin pour jouer à la dame avec Suzette*

ANNICK: Eh bien, va le chercher.

3) GIGI: ...... *tu es méchante*

ANNICK: Oh, tu es impossible! tu es une sale gosse!

4) GIGI: ...... *C'est toi qui es vilaine Tu es toujours fâcheuse contre moi*

ANNICK: Gigi, tu es une vilaine, une méchante petite fille.

GIGI: Et toi aussi tu es vilaine, je te déteste, hi... hi...

MME MONNIER: *P. Pourquoi pleures-tu?*

JEAN-PAUL: Ah, et puis zut! et zut!

ROBERT: *Q...Qu'est-ce qu'il y a encore qui ne va pas?*

JEAN-PAUL: Pourquoi n'as-tu pas fait réparer ton rasoir?

ROBERT: *...P. Pas eu le temps.*

ROBERT: Non, je n'ai pas vu tes clés.

JEAN-PAUL: *Ah..., et maintenant monsieur boude. Ce que tu es désagréable mon pauvre Robert.*

ANNICK: Oh, Jean-Paul, vous êtes si mûr, si raisonnable!

JEAN-PAUL: *...... Oui évidemment, je suis comme ça c'est tout.*

QUESTIONS SUR LA CONVERSATION

1. Pourquoi Annick dit-elle « Zut »?

2. Que veut dire « sale gosse »? *dirty kid* Pourquoi Annick est-elle en colère contre sa petite sœur? *Elle est en colère parce que sa petite sœur*

3. Qu'est-ce que Gigi a fait du rouge à lèvres de sa sœur? Pourquoi ne peut-elle pas le lui rendre?

4. Quelle est l'attitude de Mme Monnier dans cette scène? Qu'est-ce qu'elle essaie de faire? A-t-elle tort ou raison?

Ces images

vous parlent . . .

Vous reconnaissez
sûrement des gens
célèbres : Frank
Sinatra et Dean
Martin dans le coin...
Que savez-vous sur les
traits de personnalité
et le genre de talent qui
les ont rendus célèbres ?

En voilà trois qui ont l'air content ! Ce sont trois copains, bien sûr...
Faites un petit portrait psychologique de chacun, donnez-lui une identité,
et n'oubliez pas de remarquer que deux d'entre eux ont une étrange façon
de s'habiller...

Est-ce un rebelle contre la société? Ou une victime? C'est en tout cas un visage (look, face) remarquable, marqué par des émotions profondes. Essayez de lui donner une identité et un caractère, aussi bien qu'une histoire.

Je pense que c'est un rebelle contre la société. Il a maturité d'esprit mais il est déprimé, tout le va mal et~ et triste.

Encore une personnalité de l'écran que vous reconnaissez : Marilyn Monroe... Que savez-vous de son caractère, de sa vie et de sa mort?

Faites un petit portrait psychologique de ce monsieur et de sa femme. Comment les jugez-vous? Que ou qui pensez-vous qu'ils sont en train de regarder et quel est leur opinion de ce qu'ils voient?

Il y a plusieurs personnes sur cette photo. D'après ce que vous voyez, faites un petit portrait psychologique de chacun et dites ce qu'ils sont probablement en train de se dire.

5. Comment Annick montre-t-elle qu'elle a pitié d'elle-même? Etes-vous d'accord avec elle? Est-ce Annick, Gigi ou Mme Monnier qui mérite le plus votre sympathie? Pourquoi?

6. Pourquoi Jean-Paul est-il furieux? A-t-il raison? Pourquoi?

7. Quelle est votre opinion du caractère et de la personnalité de Jean-Paul? de Robert?

8. Si vous étiez à la place de Robert, seriez-vous aussi patient? Que feriez-vous?

9. Pensez-vous que Robert boude vraiment? Pourquoi?

10. Quelle opinion Annick a-t-elle de Jean-Paul? A-t-elle tort ou raison? Quelle est la vérité?

11. Quelle opinion Jean-Paul a-t-il du caractère d'Annick? A-t-il tort ou raison? Quelle est la vérité?

12. Imaginez que Jean-Paul et Annick se marient. Qu'est-ce qui se passerait?

EXPRESSIONS ET CONSTRUCTIONS IDIOMATIQUES A REMARQUER

I. *Exclamations*

Vous savez déjà comment formuler des exclamations :
> Oh! **Qu'**il est gentil!
> **Comme** il est gentil!

A. Remarquez maintenant comment, dans la langue parlée, une conjonction, un pronom relatif, même un pronom interrogatif peuvent jouer un tout autre rôle que celui de sa définition grammaticale et servir à exprimer l'émotion. Remarquez les phrases exclamatives suivantes :
> Ce que tu peux être désagréable!
> Qu'est-ce que tu peux être casse-pieds!
> Ce qu'elle peut être exaspérante, celle-là!

N'oubliez pas, bien sûr, d'employer aussi ces formules d'interjection dans vos phrases exclamatives :
> **Dis donc**! Tu exagères!
> Quelle chance! **Vous vous rendez compte**!
> **Ah ça alors**! En voilà une histoire!

B. Quelquefois un pronom sans antécédent logique, ou avec un antécédent sous-entendu, ou bien qui n'est qu'une répétition du *sujet* ou du complément d'*objet*, peut ajouter à la force d'une phrase exclamative :
> J'**en** ai assez (de ce que vous faites, de ce que vous dites, de tout ça)

Vous **en** avez, de la chance!

Ce n'est pas à moi qu'il **en** arrive, des aventures pareilles!

Il **en** a un sale caractère, **celui-là**!

C. Attention! Beaucoup de mots et d'expressions en français n'ont pas du tout la même force que leur équivalent apparent en anglais. Par exemple. entre amis, entre frères et sœurs, on peut employer les expressions suivantes sans véritable intention de méchanceté :

Sale gosse!

Vilaine fille!

Espèce d'idiot!

Vous êtes fou!

Ce que tu es bête!

II. *Un emploi important de la préposition* **de**

Rappelez-vous qu'en français un nom ne peut pas qualifier un autre nom sans l'intermédiaire de la préposition **de**. Bien que le deuxième nom joue le rôle d'un adjectif, il n'y a pas accord (nombre ou genre) avec le premier, et naturellement, il n'y a pas d'article :

une crise **de** nerfs

des crises **de** nerfs

une crise **de** cafard

un asile **d'**aliénés

des souvenirs **d'**enfance

un complexe **de** persécution

un complexe **d'**infériorité

une grande salle **de** danse

III. *Continuez à noter les expressions* sans article :

On a bon caractère.

On a mauvais caractère.

On a bonne (ou mauvaise) mémoire.

On est de bonne humeur.

MAIS :

On a **de la** volonté.

On a **de l'**esprit.

On a **de l'**humour.

TROISIEME LEÇON

L'Ecole et l'université,

les cours, les examens et les diplômes

« *Moi? Un diplôme d'université? Je n'arrive pas à y croire!* »

TROISIEME LEÇON

L'Ecole et l'université,
les cours, les examens et les diplômes

VOILA L'USAGE:

On **va** à l'école. D'abord, on va à
~~Kindergarten~~ l'**école maternelle**, puis à l'**école
primaire**, ensuite à l'**école
secondaire**.* Enfin, on entre à
l'**université**.*

A l'école maternelle, vous
apprenez surtout à jouer avec
d'autres enfants, à rester assis et à
être sage en classe. Vos « professeurs » sont des **institutrices**.

A l'école primaire, l'enseignement
est fait aussi par des **instituteurs** et
des institutrices. A l'école primaire,
les enfants apprennent à lire et à
écrire, ils font aussi du **travail
manuel** (*crafts*) : dessin, sculpture,
modelage. Dès l'école primaire, on
commence à voir pour quelle
matière vous êtes **doué**, c'est-à-
~~talented~~ dire pour laquelle vous avez des
dispositions.

MAINTENANT, LA QUESTION:

Etes-vous allé à l'école maternelle ?
Quels en sont vos souvenirs ?

*Non, je ne suis pas allé à
l'école maternelle.*

remember
Vous rappelez-vous vos premières
années d'école primaire ? Votre
école ? Votre institutrice ? Vos
premiers livres ? Vos problèmes ?
Vos camarades ? Racontez.

*Oui, je rappele mes premières
années d'école primaire. C'était
une petite école en la ville mais je ne
rappele ni mon institutrice ni mes camarades*

En quoi étiez-vous doué quand
vous étiez enfant ? Et maintenant ?

*J'étais doué en mathematiques et en
dessin.*

---

* **L'école secondaire, l'université** : Il n'y a pas de traduction exacte en français pour les
termes américains de *High School, Junior College, State College, University*, puisque l'organisation
de l'enseignement est différente en France. Nous appellerons la *High School* « l'école
secondaire », terme général, préférable à « lycée », trop spécifique. Et nous appellerons les
institutions d'enseignement supérieur « université » bien que ce ne soit qu'une traduction
fort générale.

Après avoir fini vos années d'école primaire, vous entrez à l'école secondaire. (L'équivalent approximatif, en France, est le « lycée » ou le « collège »). A l'école secondaire, une certaine spécialisation commence. Vous avez maintenant des professeurs, différents pour chaque matière : histoire et géographie ou sciences sociales, physique, chimie et histoire naturelle (*biology*), arithmétique, algèbre et géométrie qui forment les mathématiques. Vous suivez des cours. Vous avez de bonnes... ou de mauvaises notes.

A l'école primaire et à l'école secondaire, on note aussi votre conduite. Si vous êtes sage, raisonnable et discipliné, vous avez un « A » de conduite. Si vous êtes indiscipliné, **étourdi**, **bavard**, ou si vous êtes « **une forte tête** » votre note de conduite en souffre. Il est même possible qu'on vous **mette à la porte** si vous **agacez** trop le professeur.

A l'école secondaire, certains cours sont obligatoires, surtout si vous avez l'intention d'entrer dans une université. Vous **suivez** naturellement les cours obligatoires.

Vous suivez aussi sans doute des cours de langues : modernes, comme le français, l'espagnol ou l'allemand; classiques, comme le grec et le latin.

Vous **étudiez** une matière **pendant** deux, trois ou quatre ans.

Quels cours avez-vous suivis à l'école secondaire ?
Quelle était la différence essentielle entre votre école primaire et votre école secondaire ?

J'ai suivis l'histoire, géographie, phisique, chimie, histoire naturelle et mathématiques à l'école secondaire.

la différence essentielle entre mon école primaire et mon école secondaire était mes professeurs. A l'école primaire j'ai un professeur seulement et a l'école secondaire j

Sur quoi note-t-on votre conduite à l'école primaire et secondaire ?
Donnez des exemples de ce qui est considéré une mauvaise conduite ?
Si vous étiez professeur, donneriez-vous une mauvaise note de conduite à l'étudiant qui est « une forte tête » ? Pourquoi ? Que feriez-vous aussi ?

Quels sont les cours requis, en général, pour être admis à l'université ?

Depuis combien de temps étudiez-vous le français ? Avez-vous étudié d'autres langues ? Lesquelles ?

Quelle matière avez-vous étudiée le plus longtemps ? Pourquoi ?

Vous **apprenez à faire** quelque chose : à lire, à écrire, etc. Vous avez appris **à parler** français et sans doute **à traduire** le latin.

Avez-vous appris à faire quelque chose cette année ? Quoi ? Quelle est la chose que vous avez apprise à faire que vous considérez la plus importante ?

Après avoir fini vos études secondaires, vous obtenez votre **diplôme d'études secondaires.***

Une fois que vous avez votre diplôme, vous pouvez **abandonner** vos études, les **interrompre,** ou les continuer et **vous inscrire** dans une université.

Que pensez-vous des jeunes gens qui abandonnent leurs études secondaires ? Quelles sont leurs raisons ? Quelles sont les conséquences ? Y a-t-il un remède ? Lequel ?

Ce que vous décidez de faire à ce moment va décider de votre **avenir.** Si vous avez de la chance, vous aurez peut-être une **bourse** et vous pourrez faire des **projets d'avenir** sans **souci d'argent.**

Qu'est-ce qu'une bourse ? En avez-vous jamais obtenu ? Pourquoi ? Est-ce que vos projets d'avenir ont changé depuis que vous étiez enfant ? Pourquoi ?

Si vous voulez continuer vos études vous faites des **demandes d'admission** à plusieurs universités, et si vous **êtes admis, vous vous inscrivez.** Les **frais d'inscription** varient suivant les écoles et leur système. Vous les payez tous les semestres ou tous les trimestres.

Quelles formalités sont nécessaires pour entrer dans votre école ?

Combien de fois par an payez-vous vos frais d'inscription ? Sont-ils élevés ? Est-ce que tout le monde paie les mêmes ? Pourquoi ?

Vous passez en général quatre ans à l'université et vous obtenez un diplôme, le *Bachelor's Degree* dont le plus proche équivalent en France est la **licence.**

* **diplôme d'études secondaires :** Voilà un exemple frappant de la nécessité de penser en termes français si vous voulez parler un français compréhensible. Le verbe *to graduate* n'a pas de traduction en français ni le nom *graduation*, puisque le système d'enseignement français sanctionne les études par un **diplôme**, obtenu après un examen ou un concours, et non pas décerné à l'étudiant qui a suivi avec succès un certain nombre de cours prescrits, comme en Amérique.

A l'université, vous vous spécialisez en une ou deux matières. Vous suivez des cours obligatoires ou de votre choix.

Dans quelle matière vous spécialisez-vous ? Pourquoi ?

Vous écoutez des **conférences,** vous participez à des groupes de discussion. Vous apprenez à faire des **recherches** sur un sujet donné, à vous servir d'une bibliothèque, à écrire des dissertations.

Faites-vous ou avez-vous déjà fait des recherches ? Sur quel sujet ? Comment avez-vous fait ces recherches ?

Vous **passez des examens** : tous les étudiants d'une classe passent l'examen. Mais tout le monde n'est pas **reçu.** Ceux qui ont une bonne note sont **reçus.** Les autres... **échouent** (*fail*). Ils diront probablement : « **J'ai été collé** (*I flunked*). »

Quand allez-vous passer votre prochain examen ? Pensez-vous être reçu ?

Avez-vous jamais été collé à un examen ? Si oui, racontez les circonstances.

Si vos examens sont difficiles, les professeurs sévères, le **niveau** de votre école est **élevé.**

Comment trouvez-vous le niveau de votre école ?

Le niveau de certaines écoles est **bas,** mais les diplômes que ces écoles donnent n'ont pas beaucoup de valeur.

Qu'est-ce qui contribue à donner un niveau élevé à une école ? un niveau bas ?

Le total de vos notes divisé par le nombre de notes, c'est **la moyenne.** Si vous avez de bonnes notes, votre moyenne est haute, sinon, votre moyenne est basse. Il suffit d'une très mauvaise note, hélas, pour **faire baisser** toute votre moyenne.

Quel est le cours que vous suivez ce semestre qui compte le plus dans votre moyenne ? Fera-t-il monter ou baisser votre moyenne ? Pourquoi ?

Quelle est la moyenne nécessaire pour rester dans votre école ?

L'étudiant modèle est doué, intelligent, **attentif, travailleur** et honnête. Il **ne manque jamais** le

Etes-vous un étudiant modèle ? Pourquoi ?

cours; il écoute et comprend tout
ce que le professeur enseigne,
prend des notes **lisibles, rend** son
travail **au jour dit.**

C'est évidemment le cas de la plupart
des étudiants : la plupart sont parfaits. Mais il y a quelques exceptions :
il y a celui qui n'est pas doué, qui
rêve en classe, qui **ne fait pas
attention** et est **étourdi** ou celui
qui est **paresseux** et qui manque
la classe ou ne rend pas son
travail.

L'étudiant qui n'a jamais le courage
d'étudier est probablement... ?
(Adjectif.) Celui qui oublie la date
de l'examen est... ? Celui qui
travaille, mais ne comprend pas
n'est pas... ?

Mais nous savons tous que les
faibles des étudiants sont dûs le
plus souvent aux excentricités des
professeurs. Ah, les professeurs! Il
y en a bien peu de parfaits! Il
y en a qui sont **ennuyeux**, qui **ont
la voix** monotone et qui rendent
le sujet le plus **passionnant**...
ennuyeux à mourir.

Avez-vous un professeur en
particulier qui a des excentricités ?
Lesquelles ? Donnez des exemples.
Votre professeur de français a
sûrement des excentricités.
Rendez-lui service en lui disant
en quoi elles consistent.
Quel est à votre avis le défaut le
plus grave chez un professeur ?

D'autres sont **injustes**, donnent de
mauvaises notes sans raison, **rien
que pour le plaisir**... (*just for the
fun of it...*)

Quand vous avez une mauvaise
note, la méritez-vous généralement ?

Il y en a qui sont **maniaques**
(*they have a mania, a fixed idea*) et il
vous collent si vous n'employez pas
certains mots ou ne répétez pas
certaines idées. Ceux-là **ont
l'esprit étroit** (*are narrow-minded*).
D'autres encore sont méchants,
aiment voir souffrir les élèves. Et il
y en a même qui sont sadiques!

Mais avez-vous eu de(s) mauvaises
notes que vous ne méritiez pas ?

Qu'est-ce qu'un professeur sadique
aime surtout ?

Pourtant, il faut bien l'avouer,
certains professeurs sont intéressants, animés, rendent n'importe
quel sujet passionnant, ont de
l'esprit (*are witty*) ou un certain

sens de l'humour. Ils ont **l'esprit large**, ils sont **justes** et même... charitables. Ils donnent des examens pas trop difficiles et montrent leur bon sens en donnant de(s) bonnes notes.

Décrivez le meilleur professeur (à l'exception de votre professeur de français, naturellement!) que vous avez ce semestre. Comment est-il? son cours? Comment sont ses examens? ses rapports avec ses élèves?

Après avoir fini vos études à l'université et obtenu votre diplôme, vous continuez vos études dans une Faculté: Faculté de Droit si vous voulez être avocat, de Médecine si vous voulez être médecin, de Lettres ou de Sciences si vous voulez devenir philosophe ou homme de science.

Quels sont vos projets d'avenir. Voulez-vous continuer vos études? Si non, pourquoi? Si oui, dans quelle Faculté et pourquoi?

Pour être institutrice ou professeur, vous suivez des cours de pédagogie et vous faites un **stage** comme **élève-maître**.

Qu'est-ce qu'il faut faire pour entrer dans l'enseignement dans une école primaire ou maternelle? De quelles qualités a-t-on besoin?

Ce que vous recevez à l'école et à l'université s'appelle **l'instruction**. C'est la somme de ce que vous avez appris. D'autre part, l'éducation, c'est ce que vos parents — et la vie — vous apprennent: manières, discipline, principes moraux et religieux.
Ainsi, un homme sans instruction peut avoir une bonne éducation et vice versa.

Voudriez-vous avoir des cours de bonnes manières à l'école secondaire et à l'université? Pourquoi?

Est-ce que les écoles devraient avoir plus ou moins de responsabilité dans l'éducation morale et religieuse des enfants? Pourquoi?

Pour terminer, qu'est-ce que la culture? C'est évidemment le résultat complexe de votre éducation et de votre instruction. « La culture c'est surtout une façon de vivre » a dit un philosophe français.

Etes-vous d'accord avec l'idée que la culture, c'est une façon de vivre? Pourquoi? Expliquez.

1. Faites un résumé des études que vous avez faites avec quelques détails pittoresques et personnels pour donner de la vie à votre narration. (Votre réaction à une certaine école, certain professeur bizarre, un événement important de votre vie scolaire, etc....

2. Le professeur le plus remarquable que vous avez eu. Son apparence, son attitude, sa personnalité, son enseignement, etc...

que j'ai eu était ma profe sseur d'algèbre à mon école se. conduite. elle était animé, rendait le sujet pasionant. elle a eu de l'sprit ou un certain sens de l'humeur elle était juste et charitable

3. Faites le portrait d'un mauvais étudiant qui a aussi un complexe de persécution. Décrivez sa journée et ses mésaventures.

4. Cherchez quelques-unes des excuses que l'on peut offrir à un professeur quand

    a. on est en retard

    b. on était absent hier

    c. on a une mauvaise note à l'examen

    d. le style de sa composition ressemble étrangement à celui d'un auteur célèbre. *Il peut-etre qu'on est très influence pout ses idées.*

    e. on n'a pas répondu aux trois dernières questions de l'examen.

    f. son examen ressemble beaucoup à celui de l'étudiant assis à côté.

(Si deux élèves préparent ce sujet ensemble, un prenant le rôle du professeur, l'autre celui de l'étudiant, ils pourront offrir un petit sketch humoristique et ils auront l'occasion d'employer beaucoup de termes de la leçon.)

5. Education et instruction. Si vous avez compris le sens exact de ces deux termes en français, dites-nous quelle part vous pensez que la famille et l'école devraient avoir respectivement dans l'instruction et l'éducation.

bonne conduite

POLEMIQUE

Diviser la classe en deux groupes, les partisans de (a) et les partisans de (b). Nommer deux chefs de discussion qui devront faire parler les membres de *leur groupe*.

a. Le système de notes, de cours et d'examens dans notre école est absolument parfait parce que... Il n'y a rien à y changer parce que... Les professeurs sont splendides parce que...

b. Notre système n'est pas parfait, parce que... Il faudrait... Les professeurs, hélas!...

Comment devenir millionnaire...

CONVERSATION

Cette conversation a lieu entre deux jeunes gens, François et Dominique, qui se rencontrent par hasard dans la rue. François et Dominique sont allés à l'école secondaire ensemble. Ils étaient même de très bons camarades. Mais ils ont fini leurs études secondaires et chacun est parti de son côté. Dominique est allé à l'université. François... ? au fait, que fait François maintenant ? Nous allons le savoir dans un instant.

DOMINIQUE: Tiens! Quelle bonne surprise! Mais c'est François! Bonjour mon vieux! Eh bien! Qu'est-ce que je suis content de te voir!

FRANÇOIS: Salut, mon petit vieux! Et alors? Qu'est-ce que tu deviens?

DOMINIQUE: Je suis à l'université depuis l'année dernière. J'ai fait des demandes d'admission dans plusieurs universités, et comme j'avais d'assez bonnes notes, j'ai été admis à l'université d'état.

FRANÇOIS: Et... tu es content là-bas? ça marche?

DOMINIQUE: Oh, ça marche, mais c'est dur! Je suis surtout des cours obligatoires pour le moment, et comme le niveau est élevé il faut en mettre un coup. Mais c'est passionnant!

FRANÇOIS: Sans blague? Et... combien de temps vas-tu y rester dans ton école maternelle?

DOMINIQUE: Tu te moques de moi... Mais c'est de ma faute, parce que je suis si enthousiaste. Combien de temps je vais y rester? Eh bien, voyons... Je vais me spécialiser en biologie et zoologie. Il faut quatre ans pour avoir le *Bachelor's Degree* donc j'en ai encore pour trois ans. Après, je ferai une demande d'admission à la Faculté de Médecine, j'en aurai pour quatre ans de plus.

FRANÇOIS: Et après ça, tu seras riche!

DOMINIQUE: Oh non, il s'en faut! après ça, mon vieux, je serai interne pendant deux ans avant de commencer à exercer la médecine. Et je crois que les internes gagnent quelque chose comme cent dollars par mois. Alors, comme tu vois, le million n'est pas en vue pour moi. Ce qui est en vue, c'est dix ans de travail et d'études...

FRANÇOIS: Ce n'est pas très tentant, en effet. Eh bien moi, mon petit vieux, je ne suis pas comme toi. Je n'ai pas de temps à perdre. Je veux gagner de l'argent, beaucoup d'argent, et vite.

DOMINIQUE: Mais... est-ce si facile?

FRANÇOIS: Facile, facile, ça dépend pour qui! Ce n'est pas facile pour tout le monde. Mais voilà, j'ai des contacts... J'ai fait la connaissance d'un type formidable, un vrai businessman. Il n'est jamais allé à l'université et il dit que l'université, c'est pour les idiots, pour ceux qui ne savent pas faire face aux réalités de la vie.

DOMINIQUE: Je ne sais pas... Je n'ai jamais autant pensé aux réalités de la vie que depuis que je suis à l'université... Mais, ton ami et toi, comment gagnez-vous tout cet argent?

FRANÇOIS: Oh, c'est très simple, mais il faut avoir le sens des affaires... Nous achetons des voitures d'occasion à bon marché et nous les revendons très cher. Voilà tout.

DOMINIQUE: En effet, c'est très simple. (*Ironique*) Il fallait seulement y penser. Alors, pendant que je passe des examens, que je vis dans la terreur d'être collé, toi tu fais des affaires, et... As-tu gagné beaucoup d'argent déjà?

FRANÇOIS: Eh bien, pas encore, à vrai dire... Nous n'avons pas pu commencer encore notre association, parce que mon ami a eu quelques difficultés avec la police... Oh, tu sais, rien de grave, c'est strictement une erreur de la part de la police... Une histoire de client qui n'était pas content... Tu sais comment sont les gens. Alors il est en prison pour six mois, mais nous commencerons dès qu'il sera libéré... Comme tu vois, mon avenir est assez brillant...

REMARQUES ET REPLIQUES

Répliquez en restant dans l'esprit du texte:

FRANÇOIS: Tiens, bonjour Dominique. Qu'est-ce que tu deviens?
DOMINIQUE: ....Je suis à l'université depuis l'année dernière.

FRANÇOIS: Combien de temps vas-tu y rester, dans ton école maternelle?
DOMINIQUE: Tu... te moques de moi... Mais c'est de ma faute, parce-que je suis si enthousiaste.

FRANÇOIS: Moi, je vais gagner un million.
DOMINIQUE: ....Mais... est-ce si facile?

DOMINIQUE: Mais comment vas-tu gagner tout cet argent?

FRANÇOIS: *...oh, c'est très simple, mais il faut avoir le sens des affaires...*

DOMINIQUE: Mais... as-tu déjà commencé cette association?

FRANÇOIS: *Non, Eh bien, pas encore, à vrai dire... Nous n'avons pas pu commencer encore notre association,*

DOMINIQUE: J'ai été admis à l'université d'état. J'y suis depuis un an.

FRANÇOIS: *......Et... tu es content là-bas? Ça marche?*

QUESTIONS SUR LA CONVERSATION

1. Qui sont les personnages de cette conversation? Comment se rencontrent-ils? D'ou se connaissent-ils?

2. Que fait Dominique maintenant? Quels sont ses projets?

3. Quels cours suit-il surtout pour le moment? Qu'est-ce que la concurrence?

4. Pour combien de temps en a-t-il encore à l'université? Et pour combien de temps en a-t-il à la Faculté de Médecine?

5. Mais, quand il sera interne, il sera riche? Oui, non? Pourquoi?

6. Est-ce que François continue ses études? Qu'est-ce qu'il veut faire?

7. Avec qui François va-t-il entrer en association? Comment est ce monsieur?

8. Où est ce monsieur maintenant? Pourquoi? Pensez-vous que la police a tort?

9. Avez-vous des prédictions à faire sur l'avenir de ces deux jeunes gens? lesquelles?

EXPRESSIONS ET CONSTRUCTIONS IDIOMATIQUES A REMARQUER

I. *Emploi idiomatique des prépositions*

Depuis que vous apprenez le français, vous travaillez certainement le problème des prépositions et c'est un travail qui doit normalement continuer si vous voulez parler couramment et correctement. Bien entendu, c'est surtout une question d'usage idiomatique, mais vous pouvez souvent faciliter votre révision en vous rappelant que la préposition employée dépend généralement du complément du verbe : (1) *un nom*, (2) *un autre verbe à l'infinitif*. Par exemple, on dit :

> **consister en** + *nom*
> En quoi consiste un bon emploi du temps?
> Ça **consiste en un horaire** sans classes à 8 heures.
> **consister à** + *verbe*
> Ça **consiste à s'organiser** à l'avance et **à s'inscrire** à des cours donnés à des heures respectables.

De quoi l'accuse-t-on?
(Peut-être d'avoir triché
à un examen…) Que
dit-il pour se défendre?
Que feriez-vous à sa
place?

Dans une chambre
d'étudiants. Pourquoi
Bill est-il couché par
terre et pourquoi tient-
il son soulier à la main?
Et qu'est-ce que Pierre
peut bien lui lire?

Ces images vous parlent . . .

Imaginez pourquoi ce
monsieur et ce
chimpanzé se trouvent
là, ce qu'ils sont en train
de faire, et ce qu'ils
pensent, respectivement.

Qui est-ce? Quelle est
l'occasion? Qui sont ces
gens à l'arrière-plan? A
qui s'addresse-t-elle?
Que leur dit-elle?

Pourquoi ces deux
garçons sont-ils habillés
ainsi? Où sont-ils? Et
pourquoi ont-ils besoin
de parler russe?

Contre qui, et en faveur de qui, manifestent ces étudiants? Décrivez ce
que vous voyez et imaginez ce qui a provoqué cette manifestation.

demander + *nom*

Vous **demandez un renseignement** sur un cours.

demander à (quelqu'un) de faire (quelque chose)

Vous **demandez à votre conseiller de vous renseigner.**

Quelquefois, la même préposition est employée dans le cas d'un verbe ou d'un nom :

contribuer à + *nom*

On **contribue à la conversation.**

contribuer à + *verbe*

On **contribue à rendre** la conversation plus intéressante.

A. *Verbe* + *préposition* + *verbe*

1. La majorité des verbes en français n'a pas besoin de préposition avant un infinitif :

Naturellement, j'**aime avoir** de bonnes notes!

Je **préfère suivre** des cours l'après-midi.

Il **espère devenir** médecin.

2. Cependant, un certain nombre de verbes et de locutions verbales (expressions fixes composées d'un verbe et d'un autre nom) prennent la préposition **à** quand ils sont suivis d'un infinitif :

On **apprend à** parler, **à lire, à écrire.**

On **se prépare à passer** un examen (mais : on prépare un examen).

On **a** quelquefois **du mal à** comprendre les explications du professeur, et alors on **a de la difficulté à** prendre des notes intelligentes.

3. Un certain nombre de verbes prennent la préposition **de** :

On **essaie de** faire des progrès.

On **décide de** continuer ses études.

4. L'emploi de la préposition « pour » devant un infinitif dépend du sens de la phrase. *Elle doit exprimer le but du premier verbe* :

J'étudie. Pourquoi? Eh bien, j'**étudie pour** apprendre ce que je ne sais pas.

Normalement, on n'emploie pas « pour » avec les verbes **aller** et **venir** (et, en général, on ne l'emploie pas non plus avec les autres verbes de mouvement qui forment leur passé avec l'auxiliaire **être**) :

Je **suis allé voir** mon professeur dans son bureau.

Venez me chercher chez moi.

Il **est descendu acheter** le journal.

Je **suis monté faire** mon lit.

Nous **sommes retournés dîner** dans ce petit restaurant.

5. Remarquez aussi, en particulier:

On va à l'école, à l'école secondaire, à l'université.

On va **en** classe (ou : on **entre dans** la salle de classe).

Généralement, on y arrive **à l'heure**, mais quelquefois, on y arrive **en retard**.

On assiste **à** une conférence.

6. Distinguez bien entre:

J'ai un devoir à faire. Je l'aurai terminé **en** une heure [dans les limites d'une heure (*within an hour*)].

Mon devoir est terminé. Je pars **dans** une heure [après une période d'une heure (*in an hour*)].

B. Pendant, pour et depuis

1. **Pendant** indique une action déjà terminée au passé ou qui sera terminée dans une certaine limite de temps au futur:

Je suis allé à l'école primaire **pendant 6 ans**.

Je ferai des études **pendant 4 ans** à l'université. Après, je ferai des études avancées **pendant** encore **2 ans**. Je serai donc à l'université **pendant 6 ans** en tout.

Pendant n'est employé avec le présent que quand il s'agit d'une action habituellement répétée maintenant:

Chaque soir, j'**étudie pendant 2 heures** à la bibliothèque.

Mais on dit aussi bien:

Chaque soir, j'**étudie 2 heures** à la bibliothèque.

2. **Pour** est employé comme préposition de temps strictement avec *un sens futur*:

Après les examens, je **pars** en vacances **pour 3 mois**.

Mais on dit aussi bien:

Après les examens, je **pars 3 mois** en vacances.

Remarquez l'expression **en avoir pour** + *temps*:

Pour combien de temps **en avez-vous** encore à l'université?

J'**en ai** encore **pour 4 ans** de plus

Que faites-vous? **En avez-vous pour** longtemps?

Non, je n'**en ai** que **pour quelques minutes**.

3. **Depuis** indique une action continue dont la fin n'est pas certaine, soit au présent

> **Depuis** combien de temps **étudiez-vous** le français?
> Je l'**étudie depuis 3 ans.**

soit au passé, avec l'imparfait, généralement par rapport à une autre action:

> J'**étudiais** le français **depuis 3 ans** quand je suis entré à l'université.
> Nous **attendions depuis 10 minutes** quand on nous a annoncé que le professeur ne viendrait pas.

II. *Résumé des emplois des verbes de la leçon:*

faire:

> On fait de la recherche.
> On fait une demande (*one makes an application*).
> On fait du français; on fait de l'anglais, de l'histoire, etc. (on étudie ces matières).
> On fait un stage.

s'inscrire:

> Vous vous inscrivez à un cours.

suivre:

> Vous suivez un cours. (Mais le professeur **fait** un cours.)

rendre, remettre, ramasser:

> Vous rendez (ou vous remettez) vos devoirs au professeur.
> Il ramasse les copies (*he collects the papers*), il les corrige et il vous les rend.

préparer:

> Vous préparez un examen.

distribuer:

> Le professeur distribue les examens.

passer:

> Vous passez l'examen. (Tout le monde **passe** l'examen.)

être reçu:

> Les bons élèves sont reçus à l'examen.

échouer, être collé:

> Les mauvais élèves, ou ceux qui n'ont pas de chance, échouent (ou sont collés) à l'examen.

avoir:

> Vous avez une note, bonne ou mauvaise, méritée ou injuste.

obtenir:

> A la fin de vos études, vous obtenez un diplôme.

QUATRIEME LEÇON

Les Vêtements

« *J'ai bien fait de mettre un chapeau et un tailleur.*
C'est moi qui suis la mieux habillée ici... »

QUATRIEME LEÇON

Les Vêtements

VOILA L'USAGE:

Le matin, **on s'habille. On met ses vêtements.** Pendant toute la journée, **on porte** ses vêtements. Parfois, **on change de** vêtements pendant la journée. Le soir, **on se déshabille,** on **enlève** ses vêtements.

MAINTENANT, LA QUESTION:

Vous changez parfois de vêtements pendant la journée. Quand? Pourquoi?

Les Vêtements féminins

Pour venir à l'école ou à l'université, vous portez une **robe tout-aller** (*casual dress*), ou bien une **jupe** et une **blouse** ou un **tricot** (on dit aussi un pull-over, un sweater ou un chandail). Vous mettez une **jaquette** ou un **manteau** s'il fait froid. Vos vêtements sont en tissu, ou en tricot, et ils sont **en laine,** en coton, en nylon ou en orlon. S'il pleut, vous mettez un **imperméable** et vous prenez un **parapluie.**

Vous mettez des **bas** de nylon, ou bien des **socquettes** et des

Mademoiselle, qu'est-ce que vous portez aujourd'hui? En quoi sont ces vêtements? Préférez-vous généralement une robe tout-aller ou bien une blouse et une jupe pour l'école? Pourquoi?
Monsieur, que porte mademoiselle?

Mademoiselle, avez-vous un imperméable aujourd'hui? Pourquoi?

Comment êtes-vous chaussée aujourd'hui?

50

chaussures à talons plats. La mode des jupes très courtes a amené la vogue des talons plats.

shoes / flat heeled shoe. / low-heeled shoe.

bring / the new style of low-heeled shoes

Monsieur, que pensez-vous des talons hauts pour les jeunes filles ? Quel est l'effet des talons plats et des jupes courtes ? Est-ce qu'ils donnent une silhouette plus jeune ? Que pensez-vous de cette mode ?

heeles.

Monsieur, que pensez-vous des jupes extra-courtes ou des « mini-jupes » ?

Si vous allez passer la journée à la campagne, ou si vous avez projeté un après-midi de sport, vous porterez des sandales confortables, un short, une blouse **bain de soleil.** Mettez **un pantalon** si ça vous va bien. N'oubliez pas vos **lunettes de soleil.** Si vous allez à la plage, emportez **un maillot de bain** et une grande **serviette éponge** (ou même un bikini…)

A quelle sorte de silhouette les pantalons vont-ils bien ? Comment serait la Vénus de Milo en pantalon ? Pourquoi ? Quelle sorte de silhouette ne devrait pas porter de bikini ? Quelle est l'alternative ?

figure

Donnez les mesures idéales, à votre avis, de la silhouette qui rend justice au bikini ?

Si vous êtes invitée à une soirée, vous demandez à votre hôtesse : « Est-ce que ce sera habillé ou **sans façon** ? » Si c'est habillé, vous mettez une **robe du soir,** courte ou longue, **décolletée,** en soie, satin, taffetas, **velours, dentelle**, etc. Vous mettez des souliers à **talons hauts,** assortis à votre robe.

Décrivez, avec le nom du tissu et des couleurs, une robe du soir que vous avez portée avec plaisir. Quelle était l'occasion ? Avez-vous eu du succès ? Y avait-il d'autres jolies robes ?

Vous portez des **bijoux,** en **or** ou en argent : une **bague,** une **broche,** des **boucles d'oreilles,** un **collier** ou un **pendentif** sur une chaîne, un bracelet (peut-être avec des **porte-bonheur**) et sans doute un bracelet-montre. (Votre bague est peut-être une **bague de fiançailles,** ou une **alliance.**)

Quels bijoux portez-vous aujourd'hui ? Quel bijou aimeriez-vous avoir ? Quelle sorte d'alliance voulez-vous avoir quand vous vous marierez ? Simple ? Avec des diamants ? Pourquoi ?

good luck charm

Monsieur, porterez-vous une alliance quand vous serez marié ? Pourquoi ?

ring

Les Vêtements masculins

Pour venir à l'école ou à l'université, un jeune homme porte une **chemise de sport**, un **pantalon de toile** ou de **flanelle**. S'il fait frais, il met un tricot ou chandail, une veste* ou **veston**, ou un **blouson** (*windbreaker*). Et s'il fait froid, une **canadienne** (*parka*). Il est chaussé de chaussettes et de souliers (ou chaussures) de sports.

Pour la ville, les sorties du soir ou les affaires, un homme porte une chemise blanche, une cravate, et un **costume** (on peut aussi dire un **complet**). Ou bien, il met un veston de sport et un pantalon assorti, mais de tissu différent. S'il fait très froid, il met un **pardessus** et s'il pleut, un imperméable ou trench-coat. On voit rarement un homme avec un parapluie.

Les hommes portent de plus en plus rarement des chapeaux de feutre ou de paille.

Mais ceux qui ont une voiture de sport portent souvent un béret ou une casquette.

A la plage un homme porte un **slip** (mot amusant!) pour **se baigner**.

« **Smoking de rigueur** » sur une invitation correspond au « *Black tie* » et « **Habit de rigueur** », au « *White tie* ». Les hommes portent peu de

Monsieur, qu'est-ce que vous portez aujourd'hui? (Description, avec tissus et couleurs.)

Mademoiselle, décrivez ce que porte un des jeunes gens de la classe.

Mademoiselle, que pensez-vous de la mode masculine actuelle?

Monsieur, comment vous habillez-vous pour aller dîner au restaurant avec une jeune fille?

Monsieur, comment vous habillez-vous pour aller voir un match de football?

Monsieur, prenez-vous un parapluie quand il pleut? Pourquoi?

Possédez-vous un ou des chapeaux, béret, casquette? Pourquoi?

Quand les mettez-vous?

Que pensez-vous des très petits slips « feuille de vigne » qu'on voit en Europe? \bathing suit

---

* **une veste** : ne pas confondre avec **un petit gilet** (*a vest*).

bijoux : un bracelet-montre, des **boutons de manchettes**, une **épingle à cravate**, peut-être **une chevalière** en or.

Cherchez le nom des objets qu'un homme a sans doute dans ses poches.

Les Vêtements (suite)

Couleurs : blanc, noir, rouge, vert, bleu, violet, mauve, jaune, beige, marron, bordeaux, gris, rose, orange, etc.

Nommez des objets généralement associés avec une couleur. (Exemple : du papier blanc)

Une couleur est : claire, vive, foncée. Par exemple, une blouse bleu clair, un pull-over rouge vif, un pantalon gris foncé.

Regardez autour de vous. Nommez les objets que vous voyez, avec leur couleur qualifiée. (Exemple : Le mur est vert clair.)

Une couleur peut être **neutre**, ou **voyante, criarde**, ou **soutenue**. Une couleur vous **va bien** ou elle vous **va mal**.

Quelle est la couleur qui vous va le mieux ? Aimez-vous généralement les couleurs vives ? foncées ?

Les tissus : (on dit aussi les étoffes).
Un tissu est : uni, rayé, imprimé, écossais, à pois, mélangé. Un tissu **se froisse**. Alors, il faut le repasser **avec un fer à repasser**. Ou bien il est **infroissable**, comme le nylon. On lave ses vêtements si le tissu est lavable. Sinon, **on les fait nettoyer à sec**.

Comment sont tous les tissus que vous voyez dans la pièce autour de vous maintenant ?
Quels sont les tissus qu'on n'a pas besoin de repasser ?

Les sous-vêtements s'appellent **le linge**. Pour les femmes, on dit généralement **la lingerie**.

Décrivez un jeune homme impeccable (son aspect physique et ses vêtements). Faites le contraste avec l'apparence d'un clochard. Décrivez votre apparence un jour où vous en étiez particulièrement peu fier. (Circonstances, apparence de vos cheveux, de votre visage, de vos vêtements.)

Votre tenue peut être impeccable, soignée, négligée. Vos vêtements sont **en bon état** et propres. Ou bien, ils sont en mauvais état, sales, déchirés, et usés.

1. Votre fiancé(e) va vous présenter à ses parents. Comment vous habillez-vous pour la circonstance ? *Je m'habille avec une robe, de bas de nylon et de chaussures*

2. La garde-robe idéale d'un étudiant (ou d'une étudiante) : en quoi consiste-t-elle ? *Elle consiste en*

3. On vous invite pour un week-end chez des amis qui ont une grande maison à la campagne. L'hôtesse vous dit : « Ce sera sans façon » mais vous voulez être sûr d'avoir ce qu'il vous faut ! Qu'emportez-vous ?

4. Peut-on juger la personnalité d'une personne sur son aspect physique et ses vêtements ? Pourquoi ?

5. Que pensez-vous de la mode courante des robes transparentes et des « monokinis »? (Vous ne savez pas ce que c'est ? Réfléchissez un peu : bi-kini et mono-kini... Eh oui, c'est un néologisme français. Vous voyez que le français n'est pas une langue morte!)

6. Est-il vrai qu'on s'habille pour représenter ce qu'on voudrait être plutôt que ce qu'on est ? Pensez-vous que le costume modifie la personnalité et les manières ? Pourquoi ?

7. Vous partez pour un mois en Europe. Vous avez droit à 20 kilos (*44 lbs.*) de bagages. Qu'emportez-vous ?

8. Racontez un incident (amusant, étrange, de quelque façon intéressant) de votre vie dans lequel votre costume était particulièrement approprié (ou mal approprié) et décrivez ce que vous portiez ce jour-là.

POLEMIQUE

Diviser, comme d'habitude la classe en deux groupes qui prendront chacun parti pour un point de vue :

a. Les vêtements n'ont aucune autre importance que de vous protéger des éléments. Il est ridicule de passer son temps et de dépenser son argent sur des questions aussi frivoles.

b. Les vêtements sont une des choses les plus importantes et les plus agréables de la vie : influence sur la personne et la société, élément esthétique, etc...

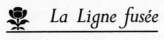 # La Ligne fusée

Dans un magasin. Une cliente entre. La vendeuse s'approche.

LA VENDEUSE: Vous désirez, madame?

LA CLIENTE: Mademoiselle, je voudrais voir ce que vous avez comme petite robe simple, dans le genre tout-aller.

LA VENDEUSE: Quelle taille, madame?

LA CLIENTE: Mon Dieu, ça dépend! Généralement, le 40 ou le 42 me va.

LA VENDEUSE: C'est la taille la plus courante. Nous avons un mal fou à maintenir notre stock dans ces tailles-là. Voilà ce que nous avons, madame.

LA CLIENTE: Oh non, non, rien d'aussi clair, et surtout pas de pastels. C'est beaucoup trop salissant! Et ça grossit!

LA VENDEUSE: Alors, un imprimé, peut-être? En voilà un, dans les tons sombres qui se font beaucoup cette année.

LA CLIENTE: Oui, en effet, j'aime assez ça... Le tissu a l'air infroissable, n'est-ce pas?

LA VENDEUSE: Madame, il est absolument garanti lavable, irrétrécissable et infroissable.

LA CLIENTE, *hésitante*: Oui... Mais tous ces plis à la taille! Je serai grosse comme une tour! Non, décidément, je voudrais quelque chose de plus tailleur. Vous voyez bien, n'est-ce pas, mademoiselle, quelque chose que je puisse mettre le matin pour aller faire mes courses, et qui soit quand même assez bien pour déjeuner en ville avec mon mari ou mes amies. J'ai un petit deux-pièces beige que j'adore, je le porte depuis des années, il est épatant, il va partout, je ne me sens jamais déplacée avec. Mais il commence à être défraîchi. Il me faut autre chose...

LA VENDEUSE: Je vois tout à fait ce que vous cherchez, madame. Vous voulez quelque chose de simple et d'élégant. Il n'y aura rien pour vous dans ce rayon. Si vous voulez bien me suivre, nous avons exactement ce que vous voulez dans notre Salon Champs-Elysées, à côté.

LA CLIENTE: Mon mari doit me rejoindre ici. Saura-t-il me trouver?

LA VENDEUSE: Mais oui, je vais dire à la caisse qu'on le prévienne quand il arrivera.

Dans le Salon Champs-Elysées

LA VENDEUSE: Madame, voilà qui est beaucoup plus dans votre genre, je me disais aussi... Que pensez-vous de ce modèle? C'est une copie exclusive d'un Givenchy. L'original a été créé exclusivement pour Sophia Loren pour aller donner à manger aux pigeons de la place Saint-Marc.

LA CLIENTE, *enthousiasmée*: Oh oui, j'aime beaucoup ça! C'est tout à fait mon genre. C'est simple, c'est original et c'est chic. Je peux l'essayer?

LA VENDEUSE: Naturellement, madame. Le salon d'essayage est par là.

Entre le mari de la dame.

LA VENDEUSE: Vous désirez, monsieur?

LE MARI: Je cherche ma femme... (*On le sent mal à l'aise.*)

LA VENDEUSE: La voilà, monsieur. (*La dame apparaît, revêtue du modèle.*) N'est-ce pas qu'elle est exquise? Voyez comme ce bleu lui va bien. C'est exactement la couleur de ses yeux. Et cette silhouette! Monsieur, vous êtes un homme de goût, pour avoir choisi une aussi jolie femme.

LE MARI (*regarde la robe, incrédule*): Qu'est-ce que c'est?

LA CLIENTE: Chéri, ne fais pas l'idiot, veux-tu, je te prie? C'est une création de Givenchy, dans la nouvelle ligne « fusée ». Tu vois comme c'est chic! Pas de manches, pas de col, pas de taille, pas de poitrine, rien, absolument rien. N'est-ce pas que c'est sensationnel? La vraie fusée!

LE MARI: « Fusée »?... Moi, je suis plutôt pacifiste... Je n'ai rien contre ce Givenchy. Qu'est-ce qu'il a contre moi? Et qu'est-ce que tu veux faire d'une fusée? Ça fait des semaines que tu dis que tu as besoin d'une robe.

LA VENDEUSE: Ah, ah, ah, monsieur, vous avez beaucoup d'esprit! La ligne fusée, c'est...

LA CLIENTE: Mademoiselle, je vous en prie, ne faites pas attention à lui, il est toujours comme ça, dès qu'il s'agit de moi. Voyons chéri, sois raisonnable un petit instant, veux-tu?

LE MARI: Au fond, moi, ça m'est bien égal. Si tu veux avoir l'air d'une fusée, d'une capsule satellite ou d'autre chose, c'est ton affaire. Et puis, ça amusera les gens qui te verront. C'est combien, cette fusée, mademoiselle?

LA VENDEUSE: Monsieur, c'est un prix vraiment spécial, et seulement parce que la robe va si bien à madame. Surtout, ne le dites à personne, nos autres clientes seraient furieuses. Pour vous, cent vingt-cinq dollars.

LE MARI: Cent... (*Il s'étrangle.*) choke

LA CLIENTE: Mais pense donc, chéri, je peux aller partout dans cette robe! Au marché, chez le coiffeur, amener les enfants à l'école, aller à la poste... même ramener la femme de ménage chez elle! Et si nous allons en Italie, ce sera parfait pour la place Saint-Marc!

LE MARI, *sardonique*: Si nous allons en Italie!... C'est bien probable, en effet. Et tu n'as pas peur que la femme de ménage refuse de se laisser ramener chez elle par une dame dans une robe si bon marché? Et puis, es-tu sûre que ton coiffeur n'a rien contre la ligne fusée? Et tu ne te sentirais pas un petit peu simplette, auprès des autres clientes, dans une robe à cent vingt-cinq dollars? Ah non, il faut réfléchir davantage! Je ne voudrais surtout pas que mon standing souffre de tes excès d'économie! Au revoir, mademoiselle. Et à ce soir, chérie. A propos, n'oublie pas que j'amène des gens à dîner, tâche que ce ne soit pas aussi mauvais que la dernière fois. Nous reparlerons de cette fusée.

REMARQUES ET REPLIQUES

Répliquez en restant dans l'esprit du texte:

LA VENDEUSE: Vous désirez, madame?
LA CLIENTE: ...... Mademoiselle, je voudrais voir ce que vous avez comme petite robe simple, dans le genre tout-aller.

LA VENDEUSE: Quelle taille (*size*) portez-vous, madame?
LA CLIENTE: ...... Mon Dieu, ça dépend! Généralement, le 40 ou le 42 me va.

LA VENDEUSE: Voilà des robes claires, de couleurs pastels...
LA CLIENTE: ...... oh non, non, rien d'aussi claire, et surtout pas de pastels.

Qui sont ces gens? Décrivez-les et identifiez-les par leur costume. Justifiez la scène et imaginez la conversation.

Ces images vous parlent...

Il a l'air enchanté... C'est peut-être à cause du costume qu'il porte... Décrivez ce dernier. Imaginez où ce monsieur ira dans ce costume et ce que les gens diront.

Une mariée... Décrivez ce qu'elle porte. Imaginez aussi ce qu'elle pense et ce que disent les religieuses à l'arrière-plan.

58

Un costume intéressant, n'est-ce pas? Décrivez-le et imaginez pour quelle occasion cette jeune fille va le porter. Porteriez-vous un tel costume? (Ou, si vous êtes un homme, l'approuveriez-vous?) Pourquoi?

Comment trouvez-vous cet ensemble? (Audacieux? avant-garde? démodé? ridicule?) Pourquoi peut-elle bien être habillée ainsi? Porteriez-vous ça vous-même? Pourquoi?

Deux costumes bizarres, sans aucun doute. Décrivez-les, imaginez pourquoi ce monsieur et cette dame se trouvent là, ce qu'ils disent et où ils vont aller.

LA VENDEUSE: Voilà un imprimé dans des tons foncés qui se font beaucoup cette année.

LA CLIENTE: ...... *Oui, en effet, j'aime assez ça.*

LA VENDEUSE: Madame, dites-moi exactement le genre de robe que vous
voulez. *assez bien pour déjeuner en ville avec mon
mari ou très amis.*

LA CLIENTE: *...quelque chose que je puisse mettre le matin)
pour aller faire mes courses, et qui soit quand même)*

LA VENDEUSE: Voilà quelque chose qui est tout à fait dans votre genre...
C'est une copie exclusive d'un modèle de Givenchy.

LA CLIENTE: *oh...oui, j'aime beaucoup ça! C'est tout à
fait mon genre*

LA VENDEUSE: Ah monsieur, regardez votre femme dans ce modèle exclusif
de Givenchy. N'est-ce pas qu'elle est charmante?

LE MARI: *...Qu'est-ce que c'est?*

LA CLIENTE: Ecoute, chéri, sois gentil et ne fais pas l'idiot. C'est la
nouvelle ligne fusée, de Givenchy.

LE MARI: *«Fusée»... Moi, je suis plutôt pacifiste... je
n'ai rien contre ce Givenchy. Qu'est-ce qu'il
a contre moi?*

LA VENDEUSE: Et surtout ne dites le prix à personne. Les autres clientes
seraient furieuses. C'est seulement cent-vingt-cinq dollars.

LE MARI: *...Cent...*

LA CLIENTE: Mais, chéri, ce sera parfait si nous allons en Italie...

LE MARI: *...Si nous allons en Italie!... c'est bien
probable, en effet.*

QUESTIONS SUR LA CONVERSATION

1. Où se passe la scène? Quels sont les personnages?

2. Quel genre de robe cette dame cherche-t-elle? Expliquez ce que c'est.

3. Quelle est la taille la plus courante? Que veut dire « nous avons un mal
fou à... »? Qu'est-ce que vous avez un mal fou à faire dans cette classe?

4. Pourquoi ne veut-elle pas de couleurs claires?

5. Quelles sont les qualités d'un tissu vraiment pratique?

6. Cette dame a un petit deux-pièces beige qui est épatant. Quand peut-elle
le porter? Le porte-t-elle depuis longtemps? Mais... il n'est plus neuf. Il
commence à être **défraîchi**. Expliquez ce mot.

7. Qui doit venir rejoindre la dame? Quelle est son attitude dans le magasin?
Avez-vous l'impression qu'il est très à l'aise? Pourquoi?

8. Ah, voilà enfin la robe idéale. Et elle a une histoire! Racontez.

60

9. Décrivez cette robe. Pourquoi est-ce la ligne « fusée » ?

10. Le mari est-il enthousiaste ? La vendeuse trouve-t-elle vraiment qu'il a « beaucoup d'esprit » ? Qu'est-ce qu'elle pense probablement ?

11. Monsieur, que pensez-vous de l'attitude de ce monsieur ?

12. Mademoiselle, que feriez-vous à la place de la dame ?

EXPRESSIONS ET CONSTRUCTIONS IDIOMATIQUES A REMARQUER

I. *Révision du conditionnel : propositions avec* si

A. Quand on parle d'une situation hypothétique (simplement possible, pas encore réelle), on commence la proposition subordonnée (*dependant clause*) par si, suivi du verbe au présent. Le verbe de la proposition principale (*main clause*) est alors généralement au futur :

> Si nous **allons** en Italie, cette robe **sera** parfaite pour la Place Saint-Marc.
>
> S'il **fait** froid cet après-midi, je **mettrai** un manteau.

Cependant, quand on parle d'une situation qui se répète régulièrement, si a le sens de **quand**; le verbe après si reste au présent, mais le verbe de la principale est alors au présent aussi :

> S'il **pleut** (quand il peut) vous **mettez** un imperméable.
>
> On **lave** ses vêtements si le tissu **est** lavable.
>
> Si vous **allez** à la plage, **emportez** un maillot de bain.
>
> Si c'**est** une soirée habillée, vous **mettez** une robe du soir.

Remarquez qu'on peut parfois employer le présent dans la proposition principale pour intensifier une émotion, pour rendre une situation plus vivante :

> Si vous vous **moquez** de mon chapeau, je vous **tue** !
>
> Si mon fiancé me **voit** habillée comme ça, je **meurs** !

B. Lorsqu'on imagine une situation dont les possibilités sont encore vagues, peu plausibles, ou même pas désirables, on emploie l'imparfait après si et le verbe de la proposition principale est au conditionnel :

> Si la Vénus de Milo **portait** un pantalon, elle **serait** ridicule.
>
> Si j'**étais** à la place de cette dame, je me **mettrais** en colère.
>
> Si les autres clientes **savaient** qu'on vous faisait un prix spécial, elles **seraient** furieuses.

C. Quand on parle d'une situation imaginaire au passé, et qui ne s'est pas réalisée (il est trop tard!), on emploie le plus-que-parfait après **si** et le conditionnel passé dans la proposition principale:

Si j'avais acheté cette robe absurde, vous **auriez** bien **ri**.

Si mon fiancé m'**avait vue** habillée comme ça, je **serais morte**.

D. Le temps de la proposition principale est souvent déterminé par une proposition avec **si** sous-entendue et inexprimée, surtout dans la langue parlée et lorsque la situation hypothétique est évidente et n'a pas besoin d'être exprimée:

Je **voudrais** voir des petites robes simples (si vous en aviez).

J'**aurai** l'air d'une tour (si je mets cette robe).

E. Surtout, n'employez jamais le futur ou le conditionnel après **si** quand vous parlez d'une situation vraiment hypothétique. Dans ce cas-là, le futur ou le conditionnel sont employés uniquement dans la proposition principale:

Si c'**est** une soirée habillée, je **mettrai** une robe du soir.

Si on **allait** à la plage, j'**aurais** besoin d'un maillot de bain.

Attention! Ce n'est pas la même chose qu'une question indirecte où l'on constate tout simplement qu'on manque, ou qu'on manquait d'information sur une situation future. Dans ce cas, le **si** n'est pas hypothétique, mais il est seulement la conjonction qui introduit la question indirecte:

Je me demande **si** ce **sera** une soirée habillée. (Je me pose la question: « Est-ce que ce sera une soirée habillée? »)

Je ne savais pas **si** on **irait** à la plage ou non. (Je me posais cette question: « Est-ce qu'on ira à la plage? »)

II. *Accord des couleurs composées*

A. Si c'est une couleur simple (blanc, blanche; noir, noire) vous accordez comme d'habitude l'adjectif avec le nom qualifié. Mais si une couleur est composée de *deux éléments*, l'adjectif reste invariable:

Je voudrais une blouse verte et une jupe verte aussi.

MAIS:

Je voudrais une jupe **vert pâle** et une blouse **vert foncé**. Elle a les yeux **bleu-vert**.

une robe bleue mais : une robe **bleu marine** (ou : **bleu clair, bleu roi, bleu turquoise**).

B. Remarquez qu'il y a aussi des couleurs simples qui sont invariables, parce qu'elles sont à l'origine, non pas des adjectifs, mais le nom d'un objet de cette couleur particulière:

un costume **bordeaux** (couleur de bordeaux, de vin de Bordeaux)

un costume **marron** (couleur de marron)

des yeux **turquoise** (couleur de turquoise).

CINQUIEME LEÇON

La Maison, l'appartement, la maison d'étudiants

Comment on vit

«Quel désordre! C'est bien la dernière fois que je prends une camarade de chambre aussi désordonnée!»

CINQUIEME LEÇON

La Maison, l'appartement, la maison d'étudiants

Comment on vit

VOILA L'USAGE :

On **habite** (ou : on vit, ou : on **demeure**, ou : on **réside**) dans une maison ou dans un appartement.

Si la maison est **à vous,** vous êtes **propriétaire.**

Un **célibataire** (ou **une célibataire**) ou un **jeune ménage,** habite souvent dans un appartement, dans un **immeuble.**

L'appartement n'est pas à vous. Il est au propriétaire. Vous êtes **locataire, vous louez** l'appartement et vous payez un **loyer** tous les mois.

Beaucoup d'étudiants habitent dans des **maisons d'étudiants.***

MAINTENANT, LA QUESTION :

Où habitez-vous ?

j'habite dans une appartement

Est-ce que votre maison est à vous ou à vos parents ? Qu'est-ce qui est à vous dans la maison ?

bachelor, single person

Qu'est-ce qu'un (une) célibataire ? Etes-vous célibataire ? Pourquoi ?

Une célibataire est quelqu'un qui n'est pas marié.
oui, je suis célibataire.

Qu'est-ce qu'un locataire ?

locataire est quelqu'un qui loue un appartement et le paye un loyer tous. les mois.

Quelle est la différence entre un dortoir et une maison d'étudiants ?

c'est la même chose.

* **maison d'étudiants** : *residence hall.* Le terme américain habituel est *dormitory,* que le dictionnaire — et même certains livres de textes — traduit par « dortoir ». Mais un dortoir n'est, pour les Français, pas autre chose qu'une grande salle avec des rangées de lits.

dormitory: una sala con muchas camas.

Là, ils ont leur chambre, souvent avec un (ou une) **camarade de chambre** et ils prennent leurs repas dans une grande salle à manger commune.

Quand on a décidé de changer de maison, on cherche un autre loge-ment, on en visite plusieurs, on peut s'adresser à une **agence immobilière** et enfin on **déménage**. On **emménage** et on **s'installe** dans son nouveau logement.

Les pièces d'une maison sont : le **vestibule** (ou **corridor**, ou **hall**) la **cuisine**, la **salle de séjour**, le **salon**, le **cabinet de travail**, les **chambres** (**à coucher**) et la ou les **salle(s) de bains**.

Une pièce agréable est claire et **spacieuse**. On a besoin d'espace vital dans une maison. Il faut aussi assez de place pour **ranger ses affaires**. Mais on remarque que les gens **ordonnés** ont généralement assez de place pour tenir leurs affaires **en ordre**. Ceux qui sont **désordonnés** n'ont jamais assez de place et leurs affaires sont **en désordre**.

Dans la cuisine, il y a des **appareils ménagers** : **cuisinière à gaz** ou **électrique**, **réfrigérateur**, **machine à laver la vaisselle**. Dans l'**évier**, les **robinets** à eau chaude et froide sont marqués respectivement : « C » pour chaud et « F » pour froid. (Non, ce n'est pas par perversité !)

Avez-vous un camarade de chambre ? Pourquoi ?

Non, parce-que j'habite avec mon oncle et mon ___

Pourquoi déménage-t-on ? Donnez plusieurs raisons possibles.

on déménage parce-que la maison est très petite, où parce que le camarade de chambre est plus désordonnée. où bien parce-que les pièces de la maison ne sont pas claires, etc

Quelles sont les pièces du bâtiment *building* où nous sommes maintenant ? Y a-t-il des chambres dans ce bâtiment ? Pourquoi ?

les pièces du bâtiment où nous sommes mainte-nant sont : les salon de classes, les salles de bains et les corridors ou halls. Il n'y a pas de chambres dans ce bâtiment parce que

Quelles sont les qualités d'une pièce confortable ? Quels sont les défauts d'une pièce qui n'est pas confortable ?
Faites une petite description d'une *→ les vêtements en* chambre en désordre. Etes-vous *tout les pièces.* ordonné ? Comment est votre *la vaisselle a la* chambre aujourd'hui ? Les tiroirs de *chambre* votre bureau ? L'intérieur de votre sac ? de votre serviette ? Pensez-vous que l'ordre soit important ? Pourquoi ? *Je pensai que l'ordre est important parceque si j'ai besoin de quelquechose je saurais où est elle*

Si vous aviez le choix, préféreriez-vous une cuisine automatique ou des tableaux de maîtres sur les murs ? Pourquoi ?
Je préférais une cuisine automatique

Pourquoi le touriste qui ne sait pas le français a-t-il une surprise quand il ouvre les robinets dans sa chambre d'hôtel ?
parce-qu'il peut penser que la C est pour l'eau chaude

Une cuisine pratique a beaucoup de **placards** pour les casseroles, les provisions (produits d'épicerie) et d'**étagères** pour **la vaisselle**. Il faut aussi des **tiroirs** pour **l'argenterie** et les ustensiles.

C'est dans la cuisine qu'on fait la cuisine. Qui fait la cuisine? La **bonne** si vous en avez une, mais le plus souvent c'est la **maîtresse de maison** elle-même qui la fait. C'est aussi elle qui fait le ménage. Elle **nettoie, époussette, passe l'aspirateur, astique** les meubles, fait les lits, lave le **linge sale** dans une machine à laver et **fait les courses**.

On fait (ou on lave) la vaisselle à la main si on n'a pas de machine à laver la vaisselle et c'est une des nombreuses **corvées** qu'il faut faire dans une maison. Une corvée est un travail pas difficile, mais monotone et ennuyeux.

Dans la salle de bains, il y a un **lavabo** avec deux robinets et un miroir sur l'armoire pharmaceutique. Il y a aussi une **baignoire** et une **douche** (*shower*) et aussi (en Amérique, pas en France, où cet objet est placé dans une pièce séparée) les **WC** (prononcez « vé cé ». C'est dans la salle de bains qu'on fait sa toilette, qu'on prend un bain.

Dans la salle de séjour, il y a des **fauteuils**, un canapé, une **table à thé**, des **étagères à livres**, des tableaux sur les murs, des **bibelots**, des objets d'art. C'est la pièce où **on se tient** et où **on reçoit**.

Quels sont les autres choses qui rendent une cuisine pratique?

Si vous avez une bonne, qu'est-ce qu'elle fait?

Préféreriez-vous avoir une bonne ou faire les corvées de la maison vous-même? Pourquoi?

Dans quelle salle de votre maison passez-vous le plus de temps? Pourquoi?
Y a-t-il des gens qui passent des heures devant le miroir? Qui? Pourquoi? Qu'en pensez-vous?

Quels sont les meubles de votre salle de séjour? Quel est le plus beau à votre avis? Pourquoi? Y en a-t-il un que vous voudriez voir disparaître? Pourquoi? Aimez-vous les bibelots? Pourquoi? en avez-vous?

Dans le cabinet de travail, il y a un bureau et probablement des quantités d'étagères (ou rayons) à livres. La **machine à écrire** est souvent un objet nécessaire.

Employez-vous une machine à écrire ? Pour quoi faire ? Dans quelle pièce et sur quel meuble est-elle ?

La salle à manger est souvent, dans une maison moderne, une extension de la salle de séjour. C'est une sorte d'alcove. Et souvent même, la cuisine communique avec la salle de séjour par une sorte de comptoir qu'on appelle « un bar » qui rend le service plus facile.

Pourquoi voit-on de moins en moins de véritables salles à manger dans les maisons modernes ?

On prend le petit déjeuner à ce bar, et même le déjeuner, pour gagner du temps. Mais le soir, pour le dîner, on **met le couvert** avec soin sur la table de la salle à manger : on met une **nappe**, avec des **serviettes assorties** et des **bougies** pour créer une **ambiance** agréable. Après le repas on **débarrasse** (la table).

Où et comment dînez-vous le soir généralement ? Considérez-vous que l'ambiance soit importante ? Pourquoi ?

Quelles sont les autres choses qu'on peut faire pour créer une ambiance agréable ?

Dans votre chambre, l'objet le plus important, c'est le **lit**. Si votre lit est confortable, vous y dormez bien. Vous avez sans doute une table de nuit près de votre lit, avec un **réveil** et une lampe de chevet.

Votre chambre : y avez-vous tout ce que vous voudriez ? Qu'est-ce qui vous manque ? Quelles sont les affaires que vous avez dans votre chambre ? Avez-vous un ou des objets que votre mère déteste et voudrait voir disparaître ? lesquels ? Pourquoi ?

On **rend** les pièces où on vit plus **agréables** et **confortables** en mettant des **tapis** par terre. Il y a des **rideaux** et des **tentures** aux fenêtres, des lampes avec de(s) jolis **abat-jour** qui donnent une lumière (*light*) douce, des **coussins** ou d'autres objets de couleurs vives.

Que pensez-vous des tapis épais comparés à un parquet en plastique noir et blanc, par exemple ?

1. Vous arrivez dans une ville pour y habiter pendant un an. Que faites-vous pour trouver le logement que vous désirez ? Comment vous installez-vous ?

2. Vous devez meubler et décorer votre appartement. Celui-ci se compose essentiellement d'une grande pièce, genre studio de peintre. Etablissez vos couleurs pour les murs, choisissez vos tapis et vos tentures, choisissez aussi les meubles principaux. N'oubliez pas quelques bibelots et des tableaux pour décorer les murs. Faites une description concrète et colorée de tout cela.

3. Comparez la chambre que vous avez à la chambre que vous voudriez avoir. (Avez-vous assez de place pour vos affaires ? Votre chambre est-elle en ordre ? Comment sont vos meubles ? Votre décor ? Tout cela est-il exactement ce que vous préférez ?)

4. Préférez-vous une maison qui est à vous ou un appartement ? Comparez les avantages et les inconvénients respectifs des deux et expliquez vos préférences.

5. L'appartement idéal du jeune célibataire élégant (ou de la jeune célibataire élégante). Comment le voyez-vous ? Comment y vivriez-vous ?

POLEMIQUE

1. a. Les maisons décorées par un décorateur professionnel sont bien plus élégantes et esthétiquement réussies que celles où on fait confiance au goût des habitants.

b. Ah non, par exemple ! Je ne veux pas de décor impersonnel et artistique. Je veux une maison « habitable » et pour moi ; ce qui rend une maison habitable, ce sont...

2. a. Le décor moderne et même ultra-moderne : ses avantages, ses charmes, sa beauté.

b. Le décor ancien : ses avantages, ses charmes, sa beauté.

3. a. L'ordre ? le désordre ? Il y a des choses bien plus importantes dans la vie qu'une chambre en ordre ! D'ailleurs les psychiatres disent que le goût de l'ordre est un symptôme d'insécurité et de manque d'équilibre mental...

b. L'ordre est essentiel à une vie productive et bien organisée. On finit par ressembler au décor où on vit et d'ailleurs, je n'aime pas trouver des souris dans mes tiroirs...

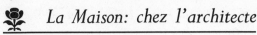
La Maison: chez l'architecte

CONVERSATION

Monsieur et madame Delage arrivent chez monsieur Decorbusier, architecte.

M. DELAGE: Monsier Decorbusier, n'est-ce pas ? Jacques Delage. Je vous ai téléphoné ce matin pour prendre rendez-vous. Permettez-moi : monsieur Decorbusier, ma femme.

L'ARCHITECTE: Mes hommages, madame!

MME DELAGE: Très heureuse, monsieur.

L'ARCHITECTE: Veuillez me suivre, mon cabinet est à droite. Voilà. Asseyez-vous donc. Madame, si vous permettez, je crois que ce fauteuil est plus confortable. Une cigarette, madame? Non? La fumée ne vous dérange pas? Merci. Vous disiez, cher monsieur?

M. DELAGE: Eh bien, voilà. Je vous en ai touché un mot au téléphone. Ma femme et moi, nous avons l'intention de faire construire une maison.

L'ARCHITECTE: Avez-vous déjà un terrain?

M. DELAGE: Oui, nous avons un très beau terrain, sur la colline qui domine la ville.

L'ARCHITECTE: Sur la colline? Il doit être en pente, alors?

MME DELAGE: Oui, il est assez en pente. J'avais pensé à une terrasse, peut-être. La vue est splendide!

L'ARCHITECTE: Certainement, madame, ce n'est pas un problème. Nous adapterons la construction au terrain et à vos goûts. Donnez-moi, si vous le voulez bien, une idée générale de ce que vous désirez.

MME DELAGE: Eh bien, voilà. Nous venons de nous marier, alors, n'est-ce pas, il n'y a que nous deux. Mais peut-être plus tard…

L'ARCHITECTE: Certainement, madame. Alors disons donc trois chambres. Une chambre principale, avec salle de bains et deux autres chambres, plus petites, communiquant par une salle de bains qu'elles partageront. Ce seront des chambres d'enfants ou des chambres d'amis, suivant les circonstances.

M. DELAGE:	Je pense que ce sera suffisant. Nous avons un budget limité, d'ailleurs.
L'ARCHITECTE:	Quelle sorte de salon voulez-vous ? Recevez-vous beaucoup ?
MME DELAGE:	Oui, nous recevons pas mal, mais surtout des amis de notre âge, des gens jeunes, donc rien de grand style. Et d'ailleurs, je n'ai pas de bonne, alors il faut que ce soit pratique.
L'ARCHITECTE:	Dans ces conditions, pas de salon. Seulement une salle de séjour. Nous la ferons aussi vaste que possible et avec des matériaux qui n'exigent qu'un minimum d'entretien : bois naturel, pierre de carrière, ça se fait beaucoup et c'est très pratique. Les murs de plâtre de couleurs claires et les papiers peints se salissent vite et d'ailleurs, on n'en fait presque plus. Une cheminée, naturellement ? Grande ? Et nous pouvons prévoir des bancs de pierre très bas, que nous construirons en même temps. Vous y mettrez des coussins, madame, et ce sera charmant pour les soirées d'hiver.
M. DELAGE:	Oui, c'est en effet assez ce que nous avions en tête, n'est-ce pas, chérie ?
MME DELAGE:	Exactement. Je suis ravie. Monsieur Decorbusier, qu'est-ce que vous me conseillez pour les couleurs ? Le mauve est à la mode, cette année, et...
L'ARCHITECTE:	Vous pourrez voir ces détails avec notre décorateur, mais franchement, madame, je ne vous conseille pas de choisir la couleur à la mode cette année comme thème de votre maison. Il vaut mieux quelque chose de neutre et de durable. Alors vous pouvez toujours donner une note de la couleur « à la mode » avec des objets faciles à changer. D'ailleurs, beaucoup de femmes ont tendance à donner à leur maison un genre trop féminin... N'oubliez pas qu'un homme est mal à l'aise dans un décor de couleurs tendres !
M. DELAGE:	Absolument d'accord ! J'aime beaucoup votre idée de quelque chose de pratique et de facile à entretenir. Ce ne sera pas trop coûteux, n'est-ce pas ? Il me faut aussi une pièce où je puisse travailler en paix. Je suis avocat, n'est-ce pas, et j'apporte pas mal de papiers à la maison...
L'ARCHITECTE:	Effectivement. Nous mettrons un cabinet de travail de ce côté-ci. Voilà : vous aurez une grande fenêtre là, pour

profiter de la vue, et sur le mur opposé, nous vous installerons des rayons à livres.

M. DELAGE: Bonne idée. Maintenant, je passe la parole à ma femme. Pour la cuisine, je lui donne carte blanche. Je lui ai promis tous les appareils ménagers dont elle a besoin.

MME DELAGE: Il est si gentil! Si vous saviez comme il me gâte! Je tâcherai d'être raisonnable. Tout ce que je veux, c'est une cuisine assez grande, bien éclairée...

L'ARCHITECTE: Regardez cette photo de la cuisine d'une maison que nous venons de terminer. Est-ce qu'elle vous plaît? Vous voulez le double évier, en acier inoxydable, le grand réfrigérateur assorti au lave-vaisselle automatique, et remarquez tous ces tiroirs. Celui-ci est prévu pour l'argenterie. Voyez que tous les placards sont en bois naturel, facile à tenir propre. Ici, les murs sont en briques, mais si vous n'aimez pas le genre rustique, nous pouvons vous mettre de la mosaïque.

MME DELAGE: Oh, c'est parfait, parfait! C'est exactement ce que je voulais. Et j'aime beaucoup ce bar, là, qui communique avec la salle de séjour. C'est idéal pour le petit déjeuner, ou pour servir les repas des enfants (enfin, je veux dire pour plus tard) et comme ça, je ne serai pas isolée, toute seule dans la cuisine. Quand nous recevrons, je pourrai préparer le dîner sans être obligée de quitter nos invités.

M. DELAGE: Je suis de l'avis de ma femme. Quand pouvez-vous aller voir le terrain?

L'ARCHITECTE: Bien. Voyons mon agenda... Eh bien, disons que je passerai cette semaine. Je ferai un croquis et j'établirai un devis préliminaire, et nous nous mettrons d'accord sur les détails de la construction, sur le coût probable et sur mes honoraires. Je vous téléphonerai d'ici quelques jours. Mes hommages, madame. Au revoir, cher monsieur.

REMARQUES ET REPLIQUES

Répliquez en restant dans l'esprit du texte:

M. DELAGE, *à sa femme*: Chérie, je te présente monsieur Decorbusier.

MME DELAGE: ...... très heureuse, monsieur.

Ces images vous parlent...

Faites une description de l'extérieur de cette maison, située, manifestement près de la plage de Malibu, en Californie. Comment imaginez-vous l'intérieur? Et qui peut bien y habiter? Qu'y a-t-il d'amusant dans l'inscription?

Dans quelle sorte de pièce sommes-nous? Décrivez-la et dites-nous ce que font les deux jeunes filles et ce qu'elles disent.

Un immeuble de luxe... Imaginez l'appartement que vous pourriez y avoir. Aimeriez-vous y habiter, et pourquoi?

Mon dieu! Qu'est-ce qui s'est passé, et où sommes-nous? Dans une fraternité après une petite soirée intime? Dans une chambre d'étudiants qui ont passé la nuit à préparer un examen... et ont fini par se suicider? Ou bien...? Décrivez ce que vous voyez et donnez votre propre interprétation.

Quelle pièce de la maison est-ce? Comment imaginez-vous le reste de la maison (ou de l'appartement, si vous pensez que c'en est un?) Où pensez-vous que cette maison — ou cet immeuble — se trouve situé? Aimeriez-vous y habiter? Pourquoi?

Paul Henry (the old guy).
à Paris.

Faites une description de cette chambre et de ses habitants. Où se trouve-t-elle probable-ment? Est-elle bien tenue? en désordre? Est-ce un désordre sympathique? Comparez-la à votre propre chambre. Et que se disent ces jeunes gens?

M. DELAGE, *à l'architecte*: Monsieur, je vous présente ma femme.

L'ARCHITECTE: *Mes hommages, madame!*

M. DELAGE: Nous avons un très beau terrain sur une colline.

L'ARCHITECTE: *Sur la colline? Il doit être en pente, alors?*

L'ARCHITECTE: Avez-vous des enfants, madame?

MME DELAGE: *Non, nous venons de nous marier, alors, n'est-ce pas, il n'y a que nous deux. Mais peut-être plus tard....*

L'ARCHITECTE: Est-ce que trois chambres seront suffisantes?

MME DELAGE: *Je pense que ce sera suffisant. Nous avons un budget limité, d'ailleurs.*

L'ARCHITECTE: Voulez-vous un salon grand style?

MME DELAGE: ......

MME DELAGE: J'aime beaucoup le rose et le mauve. Me les conseillez-vous pour ma salle de séjour?

L'ARCHITECTE: *il vaut mieux quelque chose de neutre et de durable. Alors vous pouvez toujours donner une note de couleur "à la mode".*

M. DELAGE: J'ai besoin d'une pièce où je puisse travailler. Qu'est-ce que vous suggérez?

L'ARCHITECTE: ......*Nous mettrons un cabinet de travail de ce côté-ci. voilà: vous aurez une grande fenêtre là, pour profiter de la vue, et sur le mur opposé, nous vous installerons des rayons à livres.*

M. DELAGE: J'ai promis à ma femme tout ce qu'elle voudrait dans sa cuisine.

MME DELAGE: ......*Il est si gentil! Si vous saviez comme il me gâte! Je tâcherai d'être raisonable.*

M. DELAGE: Pouvez-vous aller examiner notre terrain bientôt?

L'ARCHITECTE: ......*Bien, voyons mon agenda... Eh bien, disons que je passerai cette semaine.*

QUESTIONS SUR LA CONVERSATION

sloping, on a slope.

1. Est-ce que le terrain de M. et Mme Delage est plat ou en pente? Qu'est-ce qu'on peut avoir si on construit une maison sur un terrain en pente?

2. Combien de chambres et de salles de bains l'architecte suggère-t-il? Qu'en pensez-vous?

3. Qui les Delage reçoivent-ils? Comment reçoivent-ils?

4. Comment est la salle de séjour que suggère l'architecte? Quels en sont les avantages? Vous plaît-elle? Pourquoi?

5. Que pensez-vous des maisons décorées dans le style « du jour »? Quel est l'inconvénient de ce genre de décoration?

6. L'architecte suggère des matériaux « naturels »: bois, pierre. *stone* Que pensez-vous de ces matériaux? Les préférez-vous aux papiers peints et aux imitations de marbre? Pourquoi?

Banlieu = suburbs.

7. Décrivez le cabinet de travail de M. Delage. Qu'en pensez-vous?

8. Description de la cuisine que suggère l'architecte? Qu'en pensez-vous?

EXPRESSIONS ET CONSTRUCTIONS IDIOMATIQUES A REMARQUER

I. *Révision des pronoms interrogatifs* : **qui, que, quoi; qui (que) + est-ce qui, qui (que) + est-ce que**

Le pronom interrogatif dépend de deux facteurs : (1) la personne ou la chose à laquelle il se réfère — c'est l'antécédent qui peut être une personne, ou bien une chose ou une idée, (2) son rôle grammatical dans la phrase : sujet, objet, complément d'une préposition.

A. Pronoms interrogatifs : *sujet*
  1. **Qui,** si l'antécédent est une personne:
      Qui passe des heures devant le miroir?
      Qui a besoin d'un téléphone dans la salle de bain?

Qui est-ce qui est une formule plus longue, composée de deux éléments interrogatifs : **qui + est-ce qui,** mais le sens et l'ordre de la phrase sont les mêmes qu'avec **qui.** Pourquoi une forme plus longue? Vous savez qu'en français on ajoute souvent une touche affective (une émotion, une insistance que l'on désire exprimer dans ses paroles) en employant une formule qui rend la phrase effectivement plus longue (voir leçon II). **Qui est-ce qui** est surtout de la langue parlée et est un peu plus fort que **qui,** par le fait qu'il exprime une certaine émotion (surprise, indignation, plaisir, horreur, etc.):
      Qui est-ce qui a fait ça? Attendez un peu que je l'attrape, celui
        qui a fait ça!
      Qui est-ce qui va être capable de comprendre ça? (A mon avis,
        personne, parce que c'est incompréhensible!)

  2. **Que,** si l'antécédent n'est pas une personne. Dans la langue parlée, **que** est presque toujours employé avec **est-ce qui** : = **qu'est-ce qui.**
      Qu'est-ce qui est à vous dans la maison?
      Qu'est-ce qui vous manque dans votre chambre?
La forme courte **que,** qui est plus littéraire, demande un sujet impersonnel il et l'ordre interrogatif:
      Que vous manque-t-il dans votre chambre?

B. Pronoms interrogatifs : *objet*

    1. **Qui,** si l'antécédent est une personne :

        Qui les Delage reçoivent-ils ?

        Qui engage-t-on pour faire construire une maison ?

Naturellement, quand on parle, on évite l'ordre interrogatif (inversion du verbe et du sujet + pronom) en employant **qui est-ce que** :

        Qui est-ce que les Delage reçoivent ce soir ?

        Qui est-ce qu'on engage pour faire construire une maison ?

    2. **Que** si l'antécédent n'est pas une personne :

        Que me conseillez-vous pour les couleurs ?

        Que peut-on faire avec un terrain en pente ?

Ou bien, **que** + **est-ce que** = **qu'est-ce que** sans ordre interrogatif :

        Qu'est-ce que vous me conseillez pour les couleurs ?

        Qu'est-ce qu'on peut faire avec un terrain en pente ?

C. Pronoms interrogatifs : *complément de préposition*

    1. **Qui,** si l'antécédent est une personne :

        Chez qui va-t-on pour faire décorer sa maison ?

        Avec qui avez-vous discuté des plans de votre maison ?

Ou bien, **qui** + **est-ce que** sans ordre interrogatif :

        Chez qui est-ce qu'on va pour faire décorer sa maison ?

        Avec qui est-ce que vous avez discuté des plans de votre maison ?

    2. **Quoi,** si l'antécédent n'est pas une personne :

        Avec quoi fait-on la vaisselle ?

        Sur quoi met-on des coussins ?

        De quoi avez-vous besoin ?

Ou bien, **quoi** + **est-ce que** sans ordre interrogatif :

        Avec quoi est-ce qu'on fait la vaisselle ?

        Sur quoi est-ce qu'on met des coussins ?

        De quoi est-ce que vous avez besoin ?

RESUME	PERSONNE	CHOSE	
Sujet	qui	que	ou : + est-ce **qui**
Objet	qui	que	ou : + est-ce **que**
Complément de préposition	qui	quoi	ou : + est-ce **que**

II. Qu'est-ce que...? Qu'est-ce que c'est que...?

On emploie ces formules quand on demande une définition, une explication, une identification. Il n'y a pas d'autre verbe après le(s) verbe(s) de la formule interrogative :

A. **Qu'est-ce que...?** veut une définition ou une explication logique. Il n'y a pas d'élément émotif (*emotional*) dans la question :

> **Qu'est-ce qu'**un célibataire ?
> **Qu'est-ce que** la culture ?

B. **Qu'est-ce que c'est que...?** au contraire, exprime une émotion devant la chose qui vous étonne, vous surprend, vous indigne, ou celle que vous ne comprenez pas du tout :

> **Qu'est-ce que c'est que** cette histoire ?
> **Qu'est-ce que c'est que** ça ? Une maison ou une habitation sur la planète Mars ?

III. Lequel (laquelle, lesquels, lesquelles)

Lequel est un pronom interrogatif qui demande une distinction entre deux ou plusieurs possibilités différentes. Il remplace l'adjectif interrogatif **quel** + *nom*, et il est employé comme sujet, objet, ou complément de préposition :

> Nous avons deux terrains : un sur une colline et l'autre dans une vallée. **Lequel** serait préférable pour y construire notre maison ?
> Voilà des meubles ravissants. **Lesquels** aimeriez-vous avoir chez vous ?
> J'aime également ces couleurs. **Laquelle** préférez-vous, vous ?

IV. *Remarquez les différents emplois idiomatiques de certains verbes.*

A. **Etre à** + *pronom* (appartenir à) exprime la possession :

> Qu'est-ce qui **est à vous** dans votre maison ? (Qu'est-ce qui vous appartient ?)
> Ce tourne-disque **est à moi** et je ne le prête à personne.

B. **En toucher un mot à quelqu'un** (mentionner quelque chose à quelqu'un) :

> Je **vous en ai touché un mot** au téléphone. (Je vous en ai vaguement parlé au téléphone.)

C. **Recevoir** (sans complément d'objet exprimé). Recevoir des gens, des amis, des invités ; donner une réception, un dîner, une soirée = *to entertain* :

> MME DELAGE : Oui, nous **recevons** pas mal. (Nous avons souvent des invités chez nous.)

D. **Passer** (ou **donner**) **la parole a quelqu'un.** (Donner à quelqu'un le droit ou l'occasion de parler = *to give the floor to someone*) :

> M. DELAGE: Je **donne la parole** à ma femme.

E. **Donner carte blanche à quelqu'un** (laisser une liberté entière à quelqu'un):

> M. DELAGE: Pour l'organisation de la cuisine, je **donne carte blanche à** ma femme.

F. **Veuillez** (impératif de **vouloir**) +*infinitif* (s'il vous plaît):

> M. DECORBUSIER: **Veuillez me suivre.** (Suivez-moi, s'il vous plaît.)

G. **Avoir en tête** (avoir une certaine idée):

> M. DELAGE: Oui, c'est plus ou moins ce que j'**avais en tête.** (C'est plus ou moins l'idée que j'avais.)

SIXIEME LEÇON

Les Voyages

« *Surprise! Surprise! Nous partons tous avec vous! Nous le savions bien, que vous seriez content!* »

SIXIEME LEÇON

Les Voyages

VOILA L'USAGE:

On **fait** un voyage. On fait un long, un grand ou un petit voyage. Suivant ses raisons et son but, c'est un **voyage d'affaires** ou **d'agrément**. Il peut aussi combiner les deux.

Un petit voyage d'agrément avec un **but** précis, pour aller visiter un endroit ou un monument célèbre, par exemple, c'est une **excursion**.

On **va** quelque part (à Paris, à Londres, à New York, etc..., **en** France, **en** Europe, **en** Amérique du Nord ou du Sud, **en** Angleterre etc...; **au** Canada, **au** Japon, **au** Danemark*).

On y va à pied, à bicyclette; **par** le train, **par** bateau; **en** auto; en autobus, en avion. Les excursions

MAINTENANT, LA QUESTION:

Donnez un exemple concret d'un voyage d'affaires? d'agrément? Dans quelle catégorie placez-vous le dernier voyage que vous avez fait? Pourquoi?

Quels sont les buts d'excursion intéressants dans votre région? Comment y va-t-on? Qu'est-ce qu'on y voit?

Si vous êtes à Paris, vous êtes en France, en Europe. A Dublin? à Madrid? à Berlin? à Toronto? à Acapulco? à Lima? à Tokyo? à Chicago?

Comment allez-vous : à l'école? au cinéma? à la bibliothèque? au supermarché? à la ville voisine? à

goal, object (handwritten note)

---

* Rappelons ici brièvement l'usage des prépositions avec les noms de lieux:
    à + le nom d'une ville ou d'une île (à Cuba)
    en + le nom d'un pays féminin (terminé par **e** muet)
    au + le nom d'un pays masculin (terminé par une autre lettre que **e** muet)
    aux + le nom d'un pays écrit au pluriel (**aux** Etats-Unis, **aux** Indes)

organisées, comme celles de la Compagnie Cook, ont des autocars. La plupart des **avions** sont **à réaction** et vous ferez sans doute un jour des voyages **en fusée**!

New York? à Paris? dans une île? en Amérique du Sud? dans la lune?

Il faut une heure ou deux heures, ou huit heures ou trois jours pour arriver à destination.

Combien de temps faut-il pour aller de votre ville à Paris? à Mexico? à Chicago?

On va souvent à l'école à pied. Si on habite loin, on prend l'autobus ou on prend sa voiture, ou quelquefois on y va à bicyclette. On laisse sa voiture dans un parc de stationnement ou parking.

Pourquoi ne prend-on pas toujours sa voiture pour venir à l'école?

On part seul, ou on **emmène** quelqu'un. On **emporte** des bagages.

Venez-vous seul à l'école? Expliquez.

On emporte une valise, un **nécessaire de toilette**, un sac de voyage, une **malle**. Un homme d'affaires emporte une **serviette** pour ses papiers et une dame élégante a besoin d'une **boîte à chapeaux**.

Un touriste emporte un **appareil photo** (-graphique) et des **jumelles**. Quelquefois, les touristes les plus incorrigibles emportent une **caméra** pour prendre des films de cinéma.

Qu'est-ce que vous emportez le matin pour venir à l'école? Quels bagages emportez-vous pour partir en week-end? Pour aller passer l'année dans une université en Europe? Pour avoir l'air d'un touriste? Pour avoir l'air d'une star de cinéma?

Si vous êtes sportif, vous aimez le grand air, l'exercice et le camping. Vous partez, **sac au dos**, à pied, à bicyclette, en tandem. Vous emportez votre **équipement**, vous **dressez votre tente** dans un endroit pittoresque et vous couchez dans un **sac de couchage**.

Pourquoi faites-vous du (ou ne faites-vous pas de) camping? Qu'est-ce qu'il faut emporter pour faire du camping?

Si vous campez dans les bois, vous serez peut-être attaqué par des animaux **sauvages,** comme des **ours.** Mais c'est peu probable. Il est beaucoup plus probable que vous serez attaqué par des **moustiques,** des **fourmis** et d'autres **petites bêtes** qui sont moins grosses, mais bien plus dangereuses !

Qui aimez-vous (ou n'aimez-vous pas) emmener faire du camping ? Pourquoi ?
Quels sont les avantages et les agréments du camping ?

Le camping le plus civilisé se fait avec une **caravane,** véritable maison sur roues.

Aimeriez-vous faire un grand voyage de camping avec une caravane très luxueuse ? Pourquoi ?

Beaucoup de gens habitent d'ailleurs toute l'année dans une caravane, surtout sous les climats chauds, comme en Floride, en Californie et sur la Côte d'Azur.

Aimeriez-vous habiter toute l'année dans une caravane ? Pourquoi ?

Si vous partez en voiture, mettez les bagages dans le **coffre,** ou, s'il n'y a pas assez de place, sur le toit, avec une **galerie** (*luggage rack*). Si vous emmenez quelqu'un de sympathique, faites-le (la) asseoir à côté de vous sur le **siège avant.** Mettez les autres sur le **siège arrière.** Prenez le **volant.** Conduisez prudemment, et bon voyage !

Que fait le « chauffeur du siège arrière » ? Quelle est votre réaction à ce genre de... collaboration ?

On voyage de moins en moins par le train, et pourtant c'est une façon bien reposante de voyager. Un ami vous conduit à la gare, vous prenez votre billet et vous montez dans votre wagon. Vous pouvez déjeuner ou dîner au **wagon-restaurant** et dormir dans un **wagon-lit.**

Avez-vous jamais voyagé par le train ? Pourquoi ? Expliquez.

Si vous partez par avion (à hélice ? à réaction ?) vous faites vos bagages avec beaucoup de soin :

Quel était votre dernier voyage par avion ? Où êtes-vous allé ? Pourquoi ?

82

n'emportez pas trop d'affaires si vous ne voulez pas payer d'**excédent de bagages.**

Arrivez à l'**aéroport** une heure à l'avance. Allez au comptoir de votre **ligne aérienne.** Faites peser vos bagages et prenez votre billet. Vous montez dans l'avion, où un **signal lumineux** vous dit :

Quel est la différence entre les voyages en première classe et ceux en classe touriste ? A votre avis, justifie-t-elle la différence de prix ? Expliquez.

« Défense de fumer. Attachez vos **ceintures de sûreté** ». Quand l'avion **décolle, l'hôtesse de l'air** vous offre des revues, pour passer le temps. Plus tard, elle vous sert un cocktail et un repas délicieux, ingénieusement arrangé sur un plateau.

Les voyages par avion sont si rapides, qu'on se trouve souvent **dépaysé** à l'**atterrissage** : un climat complètement différent, une différence d'heure considérable; par exemple, en quelques heures vous allez de San Francisco à Paris, mais quand vous arrivez à Paris, il est midi à votre montre et 8 heures du soir à Paris.

Expliquez ce que veut dire « dépaysé » ? Pourquoi est-on dépaysé après un long voyage en avion ?

Arrivé à destination, vous prenez un taxi, ou vous louez une voiture.

Pourquoi beaucoup de gens louent-ils des voitures en arrivant à l'aéroport ?

Vous **descendez** sans doute à **l'hôtel** où vous avez **des réservations.***

Quand on voyage **à l'étranger,** comme par exemple si on va des

Avez-vous un passeport ? Quand a-t-on besoin d'un passeport ?

***des réservations :** Les puristes vous diront que c'est un américanisme et qu'il faut dire « retenir ou louer une chambre (ou : une place d'avion, de bateau, de théâtre, etc.) ». Les autres, c'est-à-dire les non-puristes, diront « J'ai fait des réservations » parce que c'est une formule simple et pratique et que « tout le monde » le dit. Alors, décidez vous-même, avec l'aide de votre professeur, si vous préférez être un puriste ou non.

Etats-Unis en Europe, on a besoin d'un passeport sur lequel il y a votre signalement et votre photo (souvent absolument horrible!). Il vous faut aussi un certificat de vaccination. Comme il est interdit d'introduire certains objets dans certains pays sans payer une somme d'argent, on passe par **la douane** où **le douanier** ouvre vos bagages et les **fouille**, et vous fait payer des **droits** de douane (par exemple, si vous emportez des cigarettes américaines en France, il faut payer des droits au douanier français; mais si vous emportez une robe, modèle original d'un couturier français, aux Etats-Unis, il faut payer des droits au douanier américain).

Pourquoi et quand le certificat de vaccination est-il nécessaire?

Ceux des élèves qui ont voyagé à l'étranger : racontez comment vous avez passé la douane. Avez-vous payé des droits? Pourquoi?

Arrivé dans sa ville de destination, on visite les monuments, les musées, les endroits célèbres ou pittoresques. On goûte la cuisine locale et on fait des **achats** pour emporter des **souvenirs**.

Si un touriste arrive dans votre ville, qu'est-ce qu'il peut y voir? y faire? Quels sont les souvenirs à y acheter? Les spécialités à y goûter?

Les touristes invétérés prennent des quantités de photos et envoient des **cartes postales** à tous leurs amis.

Que pensez-vous des gens qui vont en Europe et prennent leur photo debout devant tous les monuments célèbres?

Si vous ne savez pas la langue du pays que vous visitez, vous aurez besoin d'un **interprète**. L'interprète **traduit** d'une langue dans une autre.

Pourquoi est-il préférable de savoir la langue du pays où on voyage?

Il faudra aussi changer votre argent en francs, marks, livres, lires, drachmes, pesetas, etc. et vous habituer au **système métrique** qui est en usage dans toute l'Europe, sauf en Angleterre.

Comment mesure-t-on la distance dans le système métrique? le poids? les liquides?

1. Une hôtesse de l'air : son apparence, son costume, ses occupations. Quels sont les avantages et les inconvénients de sa profession ?

2. Vous faites du camping. Racontez une de vos expéditions, ou bien une aventure très amusante qui vous est arrivée pendant une expédition de camping.

3. Racontez le voyage le plus inoubliable que vous avez fait. (Avec qui ? où êtes-vous allé ? pourquoi ? Qu'avez-vous emporté ? Comment y êtes-vous allé ? Qu'est-ce que vous avez fait ? vu ? Qu'est-ce qui rend ce voyage in-oubliable ?)

4. Le **voyage de noce** (*honeymoon trip*) que vous voudriez faire.

5. Un touriste typique va en Europe pour la première fois.

6. Pour ceux qui ont de l'imagination : le voyage de vos rêves.

POLEMIQUE

1. a. Moi, quand je voyage, je veux aller dans les endroits célèbres et voir ce que tout le monde voit. Si je vais en Europe, je veux aller à Paris, descendre dans un grand hôtel, faire l'ascension de la tour Eiffel, etc...

   b. Moi, je veux rester hors des chemins battus (*to stay off the beaten track*). Je veux explorer des régions peu connues, voir ce que les touristes ne voient pas. Paris ne m'intéresse pas. Mais je suis sûr qu'il y a des villages isolés, dans les Alpes, par exemple, que je voudrais explorer...

2. a. Pourquoi voyager ? Qu'est-ce qu'on trouve dans les autres pays qu'on ne trouve pas aux Etats-Unis ? Rien. Et même à mon avis, ce n'est pas très patriotique d'aller dépenser son argent à l'étranger. Les étrangers sont tous sales, malhonnêtes et ignorants ; la preuve : ils ne parlent même pas anglais !

   b. C'est en voyageant qu'on apprend à connaître son propre pays, en le comparant aux autres qu'on peut juger de ses qualités et de ses défauts. C'est aussi très patriotique de faire connaissance avec les étrangers, de les comprendre et d'en faire ses amis, etc...

🌸 Le Tour du monde en vingt-quatre jours

M. et Mme Bernard sont un jeune ménage. Ils vont faire cette année un grand voyage, leur premier voyage d'agrément depuis leur voyage de noces. Ils sont chez eux, assis sur le tapis, lequel est jonché de brochures, de dépliants et de cartes.

M. BERNARD: Je me demande, après tout, si nous avons bien fait d'aller dans toutes ces agences de voyage. Avant, je savais très bien où je voulais aller et comment y aller. Maintenant, je ne sais vraiment plus!

MME BERNARD: Moi non plus... Avant, je voulais aller en Europe, surtout à Paris et à Rome... Maintenant, j'ai envie d'aller partout... Même à Karachi... A propos, c'est dans quel pays, Karachi?

M. BERNARD: Laisse-moi regarder les tarifs des lignes aériennes... Voyons... Tu sais, au fond, nous pourrions peut-être faire les deux. C'est plus cher, évidemment... Mais regarde cette brochure. Si nous allions à San Francisco par avion, nous pourrions y prendre un autre avion à destination de Papeete. Papeete, pour les faibles en géographie, c'est la capitale de Tahiti.

MME BERNARD: Mais je sais, voyons, Tahiti, tout le monde connaît; c'est là que Van Gogh...

M. BERNARD: Ecoute, il y a des gens qui te diront que c'était Gauguin, mais n'y fais pas attention...

MME BERNARD: Oui, oui, bien sûr, enfin, un peintre. Tu es d'un pointilleux! Et de Tahiti?

M. BERNARD: Eh bien, de Tahiti, je verrais assez une autre escale à Manille, peut-être, puis Tokyo et Hong-Kong, si tu me promets d'être raisonnable dans les magasins!

MME BERNARD: Raisonnable! Tu me connais! D'ailleurs avec les prix qu'on vous fait à Hong-Kong, ce ne serait pas raisonnable de ne pas emporter quelques souvenirs : des perles... quelques jades... enfin rien de lourd, surtout si on voyage par avion!

M. BERNARD: Evidemment, ce serait moins cher, si nous allions par bateau, surtout sur un de ces cargos dont parlait l'agent de voyages. Malheureusement, nous ne pouvons pas prendre

	de telles vacances! Le cargo prendrait des semaines!... Non, décidément, je crois que ce sera l'avion pour nous... (*Petit silence*) Nous disions donc Hong-Kong, Bangkok ou Calcutta...
MME BERNARD :	Oui, oui, Calcutta! Je mettrai un sari et je monterai à dos de... de... de chameau, n'est-ce-pas? Tu prendras des photos.
M. BERNARD :	C'est ça. Je prendrai ta photo à Calcutta, montée sur un chameau, devant les pyramides. Nos amis seront fous de rage!
MME BERNARD :	Il n'y a pas moyen d'être sérieux avec toi! Tu tournes tout en plaisanterie. Continue notre itinéraire, c'est passionnant!
M. BERNARD :	Il fera sans doute beaucoup trop chaud pour Aden... D'ailleurs, il n'y a pas grand-chose à voir. Alors, le prochain arrêt, c'est Constantinople, qui s'appelle d'ailleurs Istanbul maintenant. Nous visiterons Sainte-Sophie, le Bosphore...
MME BERNARD :	Nous boirons du vrai café turc... A propos, c'est dans quel pays, Constantinople?
M. BERNARD, *sans écouter* :	De Constantinople, nous pourrions prendre un des bateaux qui font des croisières aux îles grecques... J'ai toujours voulu voir les îles grecques. Comme dans « Hélène »* tu sais : (*il déclame*) « Je pleurais... Ils chantaient leurs triomphes obscurs Et les golfes enfouis aux poupes de leurs barques... »
MME BERNARD :	J'ai justement un petit ensemble croisière qui est chou comme tout! Tu sais, celui avec le pantalon en lastex et le grand chapeau de pêcheur. D'après ce que tu dis, c'est tout à fait le genre.
M. BERNARD :	Tout à fait. Alors Athènes, l'Acropole, le Parthénon, le Temple de Jupiter Olympien... De là, Rome, ville éternelle.
MME BERNARD, *interrompant* :	Tout le monde dit qu'à Rome, il y a deux choses à voir : le décor de « Cléopâtre » et... et... enfin une église, Saint-Quelque-Chose...
M. BERNARD, *sans écouter* :	...de Rome, nous ferons des excursions : nous

* « **Hélène** » : Il s'agit ici d'un sonnet de Paul Valéry (*Album de vers anciens*). Ces lignes sont prononcées par Hélène à son retour de captivité.

irons à Naples, nous verrons le Vésuve, nous prendrons le bateau pour Capri. Ah, tous mes souvenirs d'histoire romaine reviennent à mon esprit!

MME BERNARD: Pas au mien... Mais Capri, ça alors, je sais pourquoi c'est célèbre. C'est là qu'on a inventé le pantalon capri! J'en achèterai une douzaine comme souvenir...

M. BERNARD: Maintenant, nous arrivons à Paris! Nous voilà assis à la terrasse d'un café sur les Champs-Elysées... Il n'est que huit heures, il est beaucoup trop tôt pour dîner. A Rome, faisons comme les Romains...

MME BERNARD: Tu viens de dire que nous étions à Paris!...

M. BERNARD: Tais-toi, on va nous prendre pour des touristes. S'il y a une chose que nous détestons à Paris, ce sont les touristes, chère Madame! La Tour Eiffel? Notre-Dame? le Louvre? Mais ne m'en parlez pas, ce sont des endroits pour touristes, les Parisiens n'y vont jamais... Garçon, garçon, dites-moi... Connaissez-vous un bon petit endroit où il n'y ait vraiment pas de touristes, où nous serions entre nous, où on puisse vraiment passer une heure tranquille, sans entendre ces horribles accents étrangers?

LE GARÇON: Alors dans ce cas, je conseille à Monsieur et à Madame le « Drugstore », en haut des Champs-Elysées. C'est nouveau, c'est chic, c'est très parisien. On y sert le vrai Pepsi-Cola, la root beer, l' ice cream sundae... Enfin c'est vraiment l'endroit chic, maintenant!

REMARQUES ET REPLIQUES

Répliquez en restant dans l'esprit du texte:

MME BERNARD: J'ai envie d'aller en Europe et en Orient. Lequel faut-il choisir?

M. BERNARD: ......

MME BERNARD: Dans quel pays se trouve Karachi?

M. BERNARD: ......

MME BERNARD: Tahiti? Mais tout le monde connaît. C'est là que le peintre Van Gogh...

SIXIEME LEÇON

M. BERNARD:	......
M. BERNARD:	Promets-moi d'être raisonnable dans les magasins si nous allons à Hong-Kong!
MME BERNARD:	......
MME BERNARD:	A Calcutta, je mettrai un sari et je monterai sur un... sur un... un chameau, n'est-ce pas?
M. BERNARD:	......
MME BERNARD:	Constantinople! Quelle bonne idée! Nous y boirons du vrai café turc... Chéri, c'est dans quel pays, Constantinople?
M. BERNARD:	......
M. BERNARD:	Ah! Une croisière dans les îles grecques! Ça me rappelle mes souvenirs d'histoire ancienne. Homère, tu sais, et l'Odyssée...
MME BERNARD:	......
M. BERNARD:	Ah! L'île de Capri! Cette île rendue célèbre par l'empereur Néron...
MME BERNARD:	......
M. BERNARD:	Ah! Nous voilà à Paris. Il est beaucoup trop tôt pour dîner. On dîne tard à Paris. Et à Rome, moi, je fais comme les Romains!
MME BERNARD:	......
M. BERNARD:	Garçon, quel endroit me recommandez-vous pour passer une heure tranquille, loin des touristes? Un endroit chic, vraiment parisien?
LE GARÇON:	......

QUESTIONS SUR LA CONVERSATION

1. Y a-t-il une intention amusante (et une référence à un autre voyage) dans le titre « Le Tour du monde en vingt-quatre jours »?

2. Résumez le voyage que projette M. Bernard: d'où partiront-ils? comment? Où feront-ils escale?, etc.

3. Mme Bernard n'est pas forte en géographie. Quelles sont ses erreurs géographiques... ou ses déficiences sur les questions d'art, de littérature? Est-elle plus forte sur les questions de mode? Expliquez.

Frank Sinatra

Ces images
vous parlent . . .

Un wagon à bestiaux : étrange façon de voyager ! Ont-ils essayé de voir l'Europe avec cinq dollars par jour ? Ou qu'est-ce qui peut expliquer ce mode de locomotion... dépourvu de confort ?

Peut-être un voyage important dans la vie de cette jeune fille. Où va-t-elle ? Pourquoi ? Qu'emporte-t-elle ? Que lui dit sa mère ?

Un endroit un peu primitif
mais très central, pour
passer vos vacances.
Pourquoi et comment ces
jeunes gens y sont-ils venus ?
De quoi parlent-ils ?

Voyage d'affaires, ou d'agrément ? *Eric Albert.*
Où ? Et qu'est-ce que ce monsieur
a emporté ?

Décrivez cette photo : Qui
y voyez-vous et que font
ces personnes ?

Une dame touriste qui achète des
souvenirs ? Pour les rapporter à ses amis,
ou pour jouer un mauvais tour à ces
derniers ? Ces objets exotiques vous
tentent-ils, et pourquoi ?

Debra Kerr

Bolivia D. *le dents d'éléphant*

91

4. Pensez-vous que M. Bernard prendra la photo de sa femme à dos de chameau devant les pyramides à Calcutta? Pourquoi?

5. Qu'est-ce que Mme Bernard veut acheter à Hong-Kong? Pourquoi?

6. Comparez le voyage par avion et le voyage par cargo. Quels sont les avantages et les inconvénients des deux.

7. Rome rappelle à Monsieur Bernard ses souvenirs d'histoire romaine Mais pas à Mme Bernard. Pourquoi?

8. Dîne-t-on tôt ou tard en Europe? Et aux Etats-Unis? Pourquoi? Quel système préférez-vous? Pourquoi?

9. Qui était Paul Valéry?

10. Quel est l'endroit vraiment parisien et chic que le garçon recommande? Pourquoi est-ce l'endroit à la mode?

EXPRESSIONS ET CONSTRUCTIONS IDIOMATIQUES A REMARQUER

I. *Quelques emplois du verbe* **prendre**

A. Pour aller quelque part, on **prend** son auto (sa voiture), l'autobus, le train, l'avion, le bateau, etc. Le verbe **prendre**, dans ce sens, indique seulement le moyen de transport que vous utilisez. Il *n'indique pas* le déplacement ou le mouvement entre un endroit et un autre. Si vous dites votre destination, il faut employer un verbe de mouvement:

> Je **prends** le train quand je **vais à** Chicago.
>
> **J'ai pris** l'avion pour **aller en** France, mais j'**ai pris** le bateau pour **revenir** aux Etats-Unis.

Ne dites surtout pas : « J'ai pris l'avion à Kansas City.» Cela veut dire que vous êtes monté dans l'avion à Kansas City, mais on ne sait pas où vous êtes allé. Ne dites pas non plus « J'ai conduit à Philadelphie.» Cela veut dire que vous avez roulé dans la ville de Philadelphie. Si vous voulez dire que vous êtes allé à Kansas City par avion, ou que vous êtes allé à Philadelphie en voiture, vous dites:

> Je suis allé à Kansas City **par** avion.
>
> Je suis allé à Philadelphie **en** voiture.

B. « **J'ai pris** ma petite amie chez elle à 7 heures » (*I picked up my girlfriend at 7.*)

   1. Après l'avoir prise, vous l'emmenez quelque part:

> ...et je l'ai emmenée voir un film.

2. Autre exemple:

Je vous prends à votre hôtel à midi et je vous emmène déjeuner dans
un bon restaurant.

3. Remarquez aussi:

Je prends ma serviette et je l'emporte en classe.

Vous pouvez donc **prendre** une personne ou une chose, mais si vous les
transportez quelque part, il faut un autre verbe de plus:

emmener (ou : amener) une personne

emporter (ou : apporter) une chose

C. **Prendre** + *temps* + **pour** + **infinitif**

Ça va nous **prendre une heure pour faire** nos valises.

Le cargo **prendrait des semaines pour** y arriver.

Combien de temps est-ce que ça **prend pour aller** à New York en
avion?

Remarquez une construction alternative avec **il faut** + *temps* + **pour** +
infinitif:

Il va nous **falloir une heure pour faire** nos valises.

Il faut trois heures pour aller à Seattle.

Combien de temps faut-il pour aller à New York en avion?

D. « On va nous **prendre pour** des touristes » (On va penser que nous
sommes des touristes.)

Je me demande pour qui il se prend! (Je me demande quelle haute
opinion il a de lui-même).

Lui et son frère se ressemblent tant qu'on les prend souvent l'un
pour l'autre.

E. On **prend** des photos, on **prend** la photo de quelqu'un

Je prendrai ta photo à Calcutta.

F. On **prend** un repas (le petit déjeuner, le déjeuner, le dîner, etc.) et on ne
le « mange » pas! (Voir leçon VII.)

Avez-vous soif? Vous prendrez bien quelque chose? (Vous boirez
bien quelque chose?)

Je suis au régime : je ne prends absolument rien entre les repas
(je ne mange rien).

II. *Nom* (ou *pronom*) + **à** + *infinitif* (à sens passif)

> A Rome, il y a surtout deux **choses à voir**.
>
> Nous avons toute une liste de **monuments à visiter** à Paris.
>
> Quelles sont les **spécialités turques à goûter** à Istanbul ?
>
> On dit qu'on trouve des tas de **souvenirs à acheter** à Hong-Kong.

L'infinitif est donc employé à sens passif et comme adjectif. Il doit être précédé de la préposition **à** :

> choses à voir (choses à être vues)
>
> spécialités à goûter (spécialités à être goûtées)

III. Endroit *et* **place**

A. **Endroit** est un terme général qui indique un pays, une ville, un site, une maison, un restaurant, etc. :

> Vous dressez votre tente dans un **endroit** pittoresque.
>
> Connaissez-vous un bon petit **endroit** où il n'y ait vraiment pas de touristes ?
>
> Le « drugstore », c'est vraiment l'**endroit** chic.

MAIS :

> La **Place** de la Concorde à Paris est une des plus belles **places** du monde.
>
> A Beyrouth, la **Place** des Martyrs est au centre de la ville.

(On dit aussi *square* [skwâr] en français, mais alors il s'agit d'une place transformée en parc minuscule, avec des arbres et des fleurs.)

B. Vous avez aussi votre **place** dans la salle de classe (votre chaise), une **place** dans l'avion, dans le train, dans un cinéma ou au théâtre (votre siège). **Place** veut aussi dire **espace** :

> Avez-vous assez de **place** pour vos affaires ?
>
> J'ai pris des **places** de théâtre.
>
> Mettez chaque chose à sa **place** si vous voulez vivre dans l'ordre.
>
> Chaque chose à sa **place**, une **place** pour chaque chose.

SEPTIEME LEÇON

La Cuisine et les repas

« J'ai pourtant suivi exactement la recette du livre de cuisine! »

SEPTIEME LEÇON

La Cuisine et les repas

Les Aliments

VOILA L'USAGE:

Il y a trois repas principaux :
le petit déjeuner, le déjeuner et le
dîner.

On **prend** un repas.
On **déjeune.**
On **dîne.**

*[handwritten:] Oui, quelquefois je prene trois repas.
J'en prene moins quand je n'ai faim.*

On **prend son petit déjeuner** (ou,
si le contexte est clair, on dit
simplement « Je déjeune.» Par
exemple « Quand j'ai une classe à
huit heures, je n'ai pas le temps de
déjeuner avant de partir! »)

On **mange quelque chose.*** On
mange beaucoup, ou peu, et si la
cuisine est bonne, on mange bien.**
Si elle est mauvaise, évidemment,
on mange mal.

On fait la cuisine soi-même. Ou
bien quelqu'un d'autre — la
maîtresse de maison ou la

MAINTENANT, LA QUESTION:

Prenez-vous toujours trois repas?
Dans quelles circonstances en
prenez-vous moins? Plus?

Où déjeunez-vous généralement à
midi?

Connaissez-vous des restaurants
où on mange bien? mal? Lesquels?
Pourquoi?

Savez-vous faire la cuisine? Si
oui, quelle est votre spécialité?
Sinon, pourquoi pas?

---

* **manger** : Attention à l'usage de ce verbe. On ne dit absolument pas en français « Je
mange mon dîner. » C'est horrible. On dit **Je dîne. Manger** s'emploie strictement avec
le nom de ce que vous mangez : **Je mange beaucoup de pain; Les végétariens ne
mangent pas de viande.** Une autre faute qu'il faut éviter, c'est l'emploi du verbe **avoir,**
comme en anglais : *I have soup for dinner.* C'est dans ce cas-là, précisément, que vous direz :
Je mange de la soupe au dîner. Vous pouvez aussi employer le verbe **servir** : *We seldom
have steak* sera **.On ne nous sert pas souvent de bifteck.**

** Remarquez : **On mange bien** = *The food is good.*

cuisinière — la fait. Une
excellente cuisinière est un cordon
bleu.

On achète les provisions ou
le ravitaillement au supermarché.
Dans un supermarché, il y a
plusieurs **rayons** :

La viande : Il y a la viande
de bœuf — rôti, filet de bœuf,
bifteck — de mouton — gigot
(*leg of lamb*), côtelettes — de porc
— rôti, côtelettes — et viandes
préparées comme le jambon (*ham*),
le saucisson, (*salami*) et les saucisses
(*sausages*).

Il y a aussi **la volaille** : le poulet,
la dinde, le canard.

Dans la même section on trouve
le poisson : sole, saumon, et les
crustacés : homard, crevettes et
crabes.

La viande et le poisson sont riches
en **protéines.**

L'épicerie, ce sont les produits
comme le sucre, le café, les pâtes,
le chocolat, les légumes secs, le sel,
les épices.

Les fruits et les **légumes** sont
dans une section spéciale :
pommes de terre, oignons, salades,
tomates, radis roses, céleri,
asperges, artichauds, etc… Et les
pommes rouges, jaunes ou vertes,

Un homme doit-il être chargé de
faire le ravitaillement ? Pourquoi ?
Faut-il rédiger une liste de provisions à acheter chaque fois qu'on
va au supermarché ? Pourquoi ?

Si vous n'avez pas de liste quand
vous allez faire le ravitaillement dans
un supermarché, y allez-vous avec
des idées déjà en tête ? Ou formulez-
vous un menu en passant devant
les différents rayons ? Ou la
variété des produits vous fait-elle
changer d'avis ?

Qui fait le ravitaillement dans
votre famille ? Votre mère ?
Procède-t-elle de façon logique et
raisonnable ? Et vous ?

Prenez-vous souvent un fruit
comme dessert ? lequel ? avec quel
repas ? Quels fruits vous manquent
en hiver ? Y a-t-il des légumes
qu'on ne trouve pas congelés ?
lesquels ? Pourquoi ? Pour quelles

les poires, les bananes, les pêches, les abricots, les raisins blancs ou noirs.

On peut aussi, naturellement acheter des légumes **congelés** ou **surgelés** qui sont bien plus pratiques et pas plus chers.

Les produits laitiers sont réfrigérés : le lait, la crème, le beurre et les fromages. Les œufs sont toujours placés avec les produits laitiers et pourtant ils ne proviennent certes pas du même animal.

Les fruits et les légumes sont riches en vitamines et pauvres en calories. Les produits laitiers, au contraire, sont riches en calories, mais surtout aussi en cholestérine.

L'élément essentiel de tout repas en France, c'est le **pain**. En Amérique, on achète souvent son pain au supermarché, enveloppé de cellophane.

Mais en France le pain s'achète à la **boulangerie**. Il est délicieux, en forme de « baguette », de « flûte », de petits pains; les célèbres croissants et les brioches du classique petit déjeuner français viennent aussi de la boulangerie.

A la **pâtisserie**, qui est souvent un magasin complètement séparé, on trouve les gâteaux, les *french pastries* : éclairs, choux à la crème, mille-feuilles ou Napoléons, babas, etc... et naturellement, les spécialités locales.

raisons est-on végétarien ? L'êtes-vous ? Pourquoi ?

Le yaourt, est-ce un produit laitier ? Est-il vraiment bon pour la santé ? Qu'en pensez-vous ?

Quels aliments ont tendance à vous faire grossir ? Pourquoi ?

Où posez-vous un morceau de pain en mangeant ? Dans votre assiette ? sur la nappe ? Faites-vous très attention à ne pas éparpiller de miettes ?

Comprenez-vous pourquoi les Français mangent tant de pain ?

Décrivez l'état psychologique d'un amateur de pâtisseries qui doit suivre un régime rigoureux ? Imaginez une pâtisserie que vous lui offrez pour ajouter à sa misère ! Description ? forme ? couleurs ? ingrédients ? Comment l'appelle-t-on ? (Crème-Himalaya ? Délices tahitiennes ?)

Beaucoup de grandes villes en France ont des supermarchés qui ressemblent assez à ceux des Etats-Unis. Mais on est loin d'en trouver partout! A la campagne, dans les petites villes, il faut aller chez le **boucher** pour acheter la viande, chez le **charcutier** pour les viandes de porc préparées, chez l'**épicier** pour l'épicerie, chez le **marchand de primeurs** pour les fruits et les légumes. Il faut même aller à la **crémerie** pour les produits laitiers.

Combien de temps faut-il à votre mère pour faire son ravitaillement chaque semaine? Et à une ménagère française qui habite un petit village? (Devinez!) Celle-ci doit-elle se plaindre de sa situation ou attend-elle avec impatience l'installation du premier supermarché?

Aller de boutique en boutique pour acheter les ingrédients d'un seul repas? Quelle complication inutile, direz-vous! Oui, mais pour beaucoup de dames françaises, « faire le marché », avec les rencontres d'amies et de connaissances, les discussions avec les marchands, les découvertes intéressantes, c'est une distraction aussi importante que le *Women's Club* pour les Américaines...

Aimeriez-vous faire le marché à la manière française? Pourquoi?

La Composition des repas

Le **petit déjeuner** français est léger : du café nature (*black*) ou du **café au lait** (composé de moitié café, moitié lait chaud). Avec le café, un « toast » ou **pain grillé** avec du **beurre** et de la **confiture**, ou bien des **croissants**.

Seriez-vous satisfait d'un petit déjeuner à la française tous les jours?

Le *breakfast* américain est plus substantiel : du **jus de fruit**, des céréales avec de la crème, des **œufs au jambon** ou **au bacon**.

Que prenez-vous d'habitude comme petit déjeuner? Et quand vous voyagez?

Le **déjeuner de midi** est encore, pour la plupart des familles

En France on mange très peu le matin, et à midi on fait un repas françaises, le repas principal de la journée. Les enfants rentrent déjeuner à la maison, beaucoup de femmes qui travaillent rentrent préparer et servir le déjeuner traditionnel.

Pourtant, surtout dans les grandes villes, on commence un peu à adopter le système du *lunch* américain qui est bien plus pratique.

Le menu du déjeuner varie, et va du simple au somptueux. Un bon déjeuner de famille, comme en servirait une famille française comparable à la vôtre sera, par exemple :

Hors d'œuvres : salade de tomates, salade de concombres, thon, saucisson, radis roses.
Entrée : Filets de sole meunière.
Plat de résistance : rôti de bœuf aux haricots verts.
Salade verte, à l'huile et au vinaigre;
Fromages assortis;
Fruits de saison;
Café; liqueurs (*brandy*, *cordials*).

Et naturellement, on sert du vin avec tout le repas : rouge avec les viandes rouges, blanc avec le poisson et la volaille. La salade suit toujours la viande et les légumes. On mange du pain avec tous les plats.

Les Français n'ont pas encore perfectionné l'art de faire de bons sandwiches, comme aux Etats-Unis. Mais, on trouve à Paris des snack-bars qui ont beaucoup de succès auprès des jeunes.

important. Qui a raison ? Comment expliquez-vous cette différence de coutumes ?

Encore un autre contraste frappant! En France on sert la salade et le fromage vers la fin du repas, en Amérique c'est avant! Qu'en pensez-vous? Quelles autres différences vous frappent?

Il est midi. Vous avez faim. Vous avez trois quarts d'heure pour déjeuner. Que choisissez-vous : le déjeuner français? un sandwich style américain? Pourquoi?

Le **dîner** en France, est servi tard, 8 ou 9 heures du soir. C'est en général un repas léger : de la soupe, un légume, du fromage. Rarement de la viande le soir. Mais toujours pain et vin, naturellement.

Prenez-vous d'habitude quelque chose tard le soir deux ou trois heures après le dîner ? par exemple ?

Qu'est-ce qu'on boit?

Eh bien, du **vin**, à tous les âges, et à tous les repas. Il n'y a aucune loi qui ressemble à la loi américaine qui prescrit l'âge légal de boire de l'**alcool** (*liquor*).

Que pensez-vous de la loi américaine qui interdit de servir de l'alcool à ceux qui n'ont pas encore atteint l'âge de la majorité ? Et que doivent penser les Français de cette loi ?

On boit moins de **boissons gazeuses** (*carbonated drinks*) qu'aux Etats-Unis. Mais on trouve partout le « Pschitt » (nommé d'après le bruit que fait la bouteille quand on l'ouvre) et le Coca-Cola, « La pause qui repose », a beaucoup de succès.

Une autre nouvelle forme de consommation commence à se voir en France, c'est la « Pause-café ». Qu'est-ce que c'est ? D'où vient probablement cette coutume ?

Les Français boivent aussi des **eaux minérales** : eau de Vichy, eau d'Evian, eau Perrier (qu'on trouve parfois en Amérique). Ils boivent rarement du **lait** ou des jus de fruits.

Que prenez-vous comme boisson avec vos repas ? Et que buvez-vous si vous ne mangez pas ?

Avant les repas, on prend souvent **un apéritif** qui est un vin préparé : Vermouth, Saint-Raphael, Byrrh, etc... On boit rarement des cocktails tels qu'on en sert en Amérique. Après le repas, **on déguste** lentement, en causant, un petit verre de cognac ou de liqueur pour les dames.

Comment prépare-t-on les aliments?

Certains **aliments se mangent crus**, d'autres se mangent **cuits**.

La cuisine est-elle un art, ou une science ? Expliquez votre opinion.

On **fait cuire** les aliments :
on **fait bouillir** (dans l'eau)
on **fait frire** (dans une grande
    quantité d'huile très chaude)
on **fait rôtir** (dans le four)
on **fait sauter** (dans du beurre)
on **fait griller** (sans **matière
grasse**, à haute température).

On sert un aliment bouilli, frit, rôti, sauté, grillé. On le sert **nature** ou **assaisonné**, avec ou sans sauce.

Et quand vous faites de la cuisine, suivez-vous les recettes à la lettre ? Est-il facile de suivre exactement une recette de cuisine ? Est-il toujours facile de comprendre les instructions imprimées sur les boîtes de conserves, de légumes congelés, etc. ? Ou faut-il avoir (un) génie supérieur à celui du cordon bleu ?

Les **assaisonnements** : il y a les **herbes aromatiques** : le persil (*parsley*) le cerfeuil (*chervil*) le thym et l'estragon (*tarragon*); il y a aussi les épices : poivre, sel, etc...

le vin rouge ou blanche la salade, le filet
apéritif

SUJETS D'EXPOSE

1. Faites le menu d'un repas que vous allez servir pour une occasion vraiment très spéciale : les plats que vous allez servir et leur préparation.

2. Vos repas : où les prenez-vous; comment sont-ils ? Pourquoi ?

3. Donnez une recette intéressante et pas trop compliquée.

4. Pensez-vous qu'il faut qu'une jeune fille apprenne à faire la cuisine ? Pourquoi ? quelles sont les alternatives ?

5. Un repas mémorable que vous avez fait. Pourquoi était-il mémorable ? (A cause de la cuisine ? de l'ambiance ? des circonstances ? des personnes avec qui vous étiez ?) Racontez.

POLEMIQUE

1. a. Il faut manger pour vivre. C'est tout. La cuisine n'a aucune importance. Il ne faut pas perdre de temps à table.

b. Au contraire, les meilleurs moments — ou presque — de la vie, sont ceux qu'on passe autour d'une bonne table. La bonne cuisine est un art, l'apprécier un signe de civilisation.

2. a. Le système américain : un lunch rapide. Un dîner substantiel et servi de bonne heure. De temps en temps, une cocktail-party avec plusieurs *drinks* solides.

   b. Moi, je préfère le système français : des repas préparés avec soin, un déjeuner qui coupe la journée, pas de cocktail, parce qu'alors on n'apprécie pas ce qu'on mange, etc...

❀ Une Occasion mémorable

CONVERSATION

Jeannine Lamiaud est fiancée. Les parents de son fiancé doivent venir dîner dimanche soir pour faire la connaissance de M. et Mme Lamiaud. Nous sommes le soir du lundi précédent. M. et Mme Lamiaud, Jeannine et son frère Pierre, 18 ans, sont dans leur salle de séjour. M. Lamiaud lit le journal. Pierre étudie plus ou moins.

MME LAMIAUD : Mais oui, naturellement, je suis enchantée qu'ils viennent! Depuis le temps que nous entendons parler des parents de Maurice, il faut bien finir par les recevoir. Mais je ne sais pas ce que je vais leur servir, et puis, j'ai honte de la salle à manger telle qu'elle est. Le tapis est taché et je n'ai pas le temps de le faire nettoyer d'ici samedi. Tu aurais bien dû me prévenir plus tôt!

JEANNINE : Ecoute, maman, il faut que ce soit très, très bien. Les Duval ont une maison splendide, et Mme Duval est une maîtresse de maison accomplie. Je t'en prie, maman, faisons très bien les choses.

MME LAMIAUD : Alors, voyons, pour le tapis, je verrai comment je peux m'arranger. Mais qu'est-ce qu'on va leur servir?

PIERRE : Moi, j'ai une idée. Jeannine n'a qu'à leur faire un de ces plats de haricots brûlés dont elle a le secret. L'autre soir, quand papa et toi étiez sortis, elle devait faire notre dîner, eh bien, figurez-vous, elle a ouvert une boîte de haricots, les a mis sur le feu et puis elle est allée s'admirer dans la glace. C'est la fumée qui m'a fait venir... J'étais prêt à appeler les pompiers! Alors si les Duval veulent savoir ce qui attend le pauvre Maurice...

JEANNINE, *furieuse*: Oh, celui-là et son grain de sel! Qui te demande quelque chose, d'abord?

MME LAMIAUD: Restez tranquilles, vous deux... Peut-être que Papa pourrait nous emmener tous au restaurant? Non, ce n'est pas une bonne idée. Les Duval penseraient que nous avons honte de notre maison, ou alors que nous ne savons pas recevoir. Voyons, Jeannine, as-tu une idée?

JEANNINE: Si tu faisais un gigot à l'ail, bien tendre, juste à point, comme tu as fait quand l'associé de papa est venu dîner? C'était délicieux!

MME LAMIAUD: Un gigot? Oui... (*Hésitante*) Tu crois que c'est assez bien? Ce n'est pas que je veux leur jeter de la poudre aux yeux, mais enfin.. Un filet de bœuf peut-être? Qu'en penses-tu, Ernest?

M. LAMIAUD, *sans lever les yeux de son journal*: Non, pas de bœuf maintenant, nous sortons de table. Une autre tasse de café, oui.

MME LAMIAUD: Je devrais savoir qu'on ne peut pas compter sur lui non plus... Alors, disons un filet de bœuf. Je ferai des petites pommes rissolées, bien croustillantes...

PIERRE: Fais-en une quantité énorme, tu n'en fais jamais assez.

JEANNINE: Mon frère est un goinfre. Si on s'occupe de lui, on n'en finira pas. Tu pourrais faire des petits pois, aussi. Achetons-les frais, je les écosserai, et tu les feras à la française, tu sais, avec une feuille de laitue, des petites carottes nouvelles et des petits oignons blancs.

M. LAMIAUD: Et mon café, ça vient?

MME LAMIAUD: Pierre, ta sœur et moi, nous sommes occupées. Va donc à la cuisine chercher une tasse de café pour ton père. Tu peux en profiter pour manger quelque chose, je crois que c'est l'heure de ton sandwich d'après-dîner. (*Petit silence. Elle réfléchit*) Alors, voyons, nous disions... Pour commencer, potage? non... des bouchées à la reine? C'est un peu prétentieux... Des escargots? non... c'est lourd, et puis on en sert dans tous les restaurants maintenant... Je sais: je vais faire des asperges sauce mousseline. Et on les servira sur le grand chauffe-plat d'argent qui nous vient de grand-mère.

JEANNINE: Sensationnel! Maman, tu es un ange! Tu vois comme c'est

	simple! Il ne reste plus que la salade et le dessert. Je m'en charge. Je vais faire une belle salade bien fraîche, romaine, endive et laitue. Et comme dessert, cette crème renversée au chocolat que je réussis si bien. Tais-toi, Pierre. Un petit biscuit, des sablés* au beurre, peut-être, avec la crème ?
PIERRE :	Tiens, ça, c'est une idée ! Ça m'étonne de toi. Mais alors, si tu fais des sablés, fais-en assez pour qu'on puisse en savoir le goût. La dernière fois...
M. LAMIAUD (*boit son café, plie son journal*) :	Qu'est-ce que c'est que ces histoires de sabler ? J'ai fait sabler les allées du jardin l'année dernière, ne me dites pas qu'elles en ont encore besoin !
MME LAMIAUD :	Mais non, voyons, Ernest ! Il est question depuis une heure du dîner que nous allons servir aux Duval, les parents de Maurice, qui viennent dîner dimanche !
M. LAMIAUD :	Toujours des secrets, toujours des complots... On ne me dit jamais rien ! Alors, qu'est-ce qu'on leur sert à ces fameux Duval ?
MME LAMIAUD :	Nous pensions à des asperges sauce mousseline, un filet de bœuf aux pommes...
M. LAMIAUD :	Pas trop cuit, surtout !
MME LAMIAUD :	Des petits pois à la française, une salade, des fromages et une crème renversée.
M. LAMIAUD :	Bon. Alors, j'irai à la cave voir ce qu'on peut faire... Voyons. Je crois qu'il reste quelques bouteilles de St. Emilion blanc. Bien frais, ça ira avec les asperges. Il faut quelque chose de solide avec le bœuf... Je verrai dans les Bordeaux rouges ce que nous avons. Maintenant, avec le fromage, mes enfants, je vous ouvrirai un de ces Bourgognes, vous m'en direz des nouvelles ! Et avec le dessert... eh bien, il me semble que c'est le jour ou jamais de servir du champagne ! Ce n'est pas que je sois tellement heureux de marier ma fille... après tout, elle est bien jeune... Mais j'ai justement ce magnum de champagne... J'attendais une occasion... Ça devrait suffir pour sept...
PIERRE :	Vive la mariée !
TOUS LES AUTRES EN CHŒUR :	Tais-toi, Pierre ! Celui-là, alors !

* **des sablés** : (*a sort of butter cookie*). C'est un jeu sur les mots « sablé » et « sabler ». M. Lamiaud entend le mot « sablés » et comprend « sabler » (*to spread with sand and gravel*). Il vient de faire sabler les allées du jardin et ne veut plus entendre parler de « sabler ».

Ces images vous parlent . . .

Un étalage bien appétissant. Qu'y achèteriez-vous
pour un pique-nique?

Clairement, un dîner de famille. Imaginez quelle
en est l'occasion. La bonne apporte la soupe. Quel
est sans doute le reste du menu? Et que disent les
convives à propos du repas?

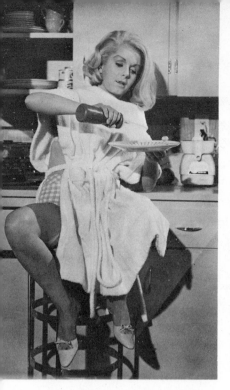

En voilà une qui n'est sûrement pas cordon-bleu! Elle a même l'air de faire une cuisine assez simplifiée… Qu'est-ce qu'elle prépare? Et quelles sont vos prédictions au sujet de la cuisine qu'elle servira à son mari?

Dans un restaurant en plein air. Qu'est-ce qu'ils mangent, et que regardent-ils?

Quel repas lui sert-on? Décrivez la scène et le repas, imaginez qui sont ces gens.

REMARQUES ET REPLIQUES

Répliquez en restant dans l'esprit de la conversation:

MME LAMIAUD : Les parents de ton fiancé! Les parents de ton fiancé! Mais je ne sais pas ce que je vais leur servir, moi!

JEANNINE : ......

MME LAMIAUD : Ecoute, je ferai de mon mieux. Mais je n'ai pas d'idées!

PIERRE : ......

JEANNINE : Nous pourrions peut-être demander à Papa de nous emmener tous au restaurant?

MME LAMIAUD : ......

JEANNINE : Si tu faisais un gigot?

MME LAMIAUD : ......

MME LAMIAUD : Je pourrais faire un filet de bœuf. Qu'en penses-tu, Ernest?

M. LAMIAUD : ......

MME LAMIAUD : Je vais faire des pommes de terre rissolées, bien dorées, bien croustillantes...

PIERRE : ......

MME LAMIAUD : Et comme entrée... Ecoute, Jeannine, je peux faire des asperges sauce mousseline. Je les servirai sur le chauffe-plat d'argent...

JEANNINE : ......

JEANNINE : Je vais faire une crème renversée et des sablés au beurre pour le dessert.

PIERRE : ......

M. LAMIAUD : Mais enfin, de quoi parlez-vous? toujours des secrets, toujours des complots. Ah! Les Duval viennent dîner! Alors, qu'est-ce qu'on leur sert à ces fameux Duval?

MME LAMIAUD : ......

MME LAMIAUD : Et qu'est-ce qu'on va servir à boire? Ernest, as-tu quelque chose à la cave?

M. LAMIAUD : ......

QUESTIONS SUR LA CONVERSATION

1. Qui doit venir dîner chez les Lamiaud? Qui participe à la conversation?

2. Que pensez-vous de la réaction de Mme Lamiaud : ma maison n'est pas prête et je ne sais pas ce que je vais servir?

3. Quelles sont les différentes entrées auxquelles pense Mme Lamiaud ? Que veut dire « jeter de la poudre aux yeux » ?

4. Quel sera le plat principal ? les légumes ?

5. Quelle sera la part de Jeannine dans la préparation de ce repas ?

6. Quelle idée Pierre a-t-il sur ce qu'on pourrait servir aux Duval ? Est-ce une bonne idée ? Pourquoi ? Que diriez-vous à Pierre s'il était votre frère ?

7. Est-ce que M. Lamiaud écoute la conversation ? Quand on lui parle de filet de bœuf, qu'est-ce qu'il répond ? Et quand on parle de sablés, qu'est-ce qu'il comprend ?

8. Mais quelle est la contribution de M. Lamiaud à ce dîner ?

9. Quel est le menu complet ?

10. Quelles seraient les différences entre ce dîner et un repas correspondant en Amérique ?

EXPRESSIONS ET CONSTRUCTIONS IDIOMATIQUES A REMARQUER

I. *Le verbe* devoir

Le verbe **devoir** exprime soit une idée d'obligation, soit une idée de probabilité. Remarquez bien les différents emplois de ce verbe, car le temps (*tense*) auquel il est employé situe non seulement la phrase dans le temps (*time*) mais détermine également la nuance d'obligation ou de probabilité (stricte obligation morale, exigence inévitable, quelque chose de simplement préférable mais pas absolument obligatoire, etc.). Il est utile, pour une fois, de considérer la signification par rapport à son équivalent idiomatique en anglais :

A. **Devoir** au présent (*must, to be to, to be supposed to, expected to, etc.*).

1. Une supposition plus que probable qui se réalisera normalement dans un futur proche :

> Qui **doit** venir dîner dimanche soir ? (*Who is to come for dinner Sunday evening ? Who is supposed to… ? Who is due to … ? Who is expected to… ?*)
>
> Les parents de Maurice **doivent** venir. (*Maurice's parents are to come, are due to… are expected to…*)

2. Une simple probabilité qui n'est vérifiable que subjectivement :

> Que **doivent** penser les Français des lois américaines qui prescrivent l'âge légal pour boire de l'alcool ? (*What must the French think.. ? What do they probably think… ?*)
>
> Ils **doivent** penser que ces lois sont bizarres. (*They must think these laws are odd.*)

windows on the world (Twin Tower).

3. Une obligation, moralement ou physiquement nécessaire, ou simplement déterminée par une tradition ou une coutume que l'on respecte:

> Une ménagère française **doit** souvent faire le marché dans plusieurs magasins. (*A French housewife* must *often do the marketing in several stores.*)

> Quel vin **doit-on** servir avec la viande? (*Which wine* must *one serve with meat? Which wine* is one supposed to *serve,* is one expected to *serve...* ?)

> On **doit** servir du vin rouge. (*Red wine* must *be served,* is supposed to *be served...*)

Remarquez que pour exprimer une idée d'obligation (mais pas de probabilité!) les Français emploient souvent indifféremment

> **devoir** + **infinitif** ou **il faut** + **subjonctif**

En réalité, **il faut** donne une plus forte impression de nécessité mais cette nuance n'est pas toujours définissable. Dans beaucoup de cas, ce sont simplement des constructions synonymes:

> Une ménagère **doit faire** le marché. (**Il faut qu**'une ménagère **fasse** le marché.)

B. **Devoir** à l'imparfait (*was or were supposed to; must have*)

1. Une obligation passée avec l'idée descriptive d'une situation qui est toujours le propre de l'imparfait:

> C'est Jeannine qui **devait** faire le dîner. (*Jeannine was supposed to cook dinner.*)

2. Une probabilité passée, avec idée descriptive:

> Vous **deviez** avoir faim! (*You* must have been *hungry!*)

C. **Devoir** au passé composé (*had to; must have*).

1. Une obligation passée et accomplie, avec l'idée d'une action terminée, qui est toujours le propre du passé composé:

> Mme Lamiaud **a dû** faire un grand repas. (*Mme Lamiaud* had to *prepare a big meal.*)

2. Une probabilité passée avec une idée d'action terminée:

> Pierre **a dû** se moquer de sa sœur. (*Pierre* must have *made fun of his sister.*)

D. **Devoir** au conditionnel (*should; ought to*).

1. Une obligation moins forte qu'au présent:

> Je **devrais** savoir qu'on ne peut pas compter sur lui. (*I* should *know you can't count on him.*)

> Ce menu **devrait** suffire pour sept personnes. (*This* ought to be *enough for seven people.*)

Ne confondez pas le sens de **devoir** au conditionnel +*infinitif* et le sens d'un autre verbe simplement au conditionnel :

> Je **devrais** lui **dire** que je n'aime pas les asperges. (*I* ought to tell
> her...)
>
> Je lui **dirais** que je n'aime pas les asperges si j'osais. (*I* would tell
> her that I don't like asparagus if I dared.)

E. **Devoir** au conditionnel passé (*should have; ought to have*).

A ce temps, **devoir** exprime, à l'affirmatif, quelque chose qu'on avait l'obligation de faire mais qu'on n'a pas fait :

> Tu **aurais dû** me prévenir. (*You* ought to have *told me sooner.*)

Ou, au négatif, quelque chose que vous aviez l'obligation de *ne pas faire*, mais que vous avez fait quand même :

> Elle **n'aurait pas dû** les inviter. (*She* should not [*or* ought not to]
> have *invited them.*)

II. *Quelques emplois idiomatiques du verbe* **faire**

faire les courses	(*to go shopping*)
faire le marché	(*to go marketing*)
faire un menu	(*to plan a meal*)
faire un repas	(*to prepare* or *eat a meal*)
faire un plat	(*to prepare a dish*)
faire la cuisine	(*to cook*)
faire cuire quelque chose	(*to cook something*)
faire bouillir quelque chose	(*to boil something*)
faire frire quelque chose	(*to fry something*)
faire sauter quelque chose	(*to pan fry something*)
faire griller* quelque chose	(*to broil something*)
faire rôtir quelque chose	(*to roast something*)

* **faire griller** : Si c'est de pain et non pas de viande qu'il s'agit, **faire griller** veut dire *to toast:*

> Pour le petit déjeuner, je prépare du café et je **fais griller** du pain.

Le **pain grillé** est *toast*.

HUITIEME LEÇON

Les Professions et les professions
libérales

« Des dactylos, ça? On se croirait plutôt chez la
Belle au Bois Dormant! Réveillez-vous,
mesdemoiselles! Et remettez-moi ces machines en
marche... Si le patron peut travailler quinze heures
de suite, vous pouvez en faire autant.... »

HUITIEME LEÇON

Les Professions et les professions
libérales

VOILA L'USAGE:

Vous avez sans doute des projets d'avenir. Qu'est-ce que vous voulez être plus tard quand vous aurez fini vos études? Pourquoi?

Vous **voulez être médecin, avocat, ingénieur, architecte,** ou vous **voulez entrer dans l'enseignement** comme instituteur (ou institutrice), professeur d'école secondaire ou professeur d'université.

Une **profession,** (par opposition à un **métier** (*trade*), est une occupation d'ordre essentiellement intellectuel. On **est admis à exercer** une profession après avoir fait certaines études et **passé avec succès** certains examens universitaires. **Il faut des diplômes universitaires** pour être médecin, avocat, architecte, ingénieur ou professeur.

Pour être médecin, on commence par faire une **demande d'admission** à la Faculté de Médecine.

MAINTENANT, LA QUESTION:

Pourquoi un étudiant d'université est-il obligé d'avoir une idée, au moins générale, de ses projets d'avenir?

Parce-que s'il n'a une idée, il ne saura pas qu'est ce qu'il va étudier.

Quelle est la différence essentielle entre une profession et un métier?

est essentiellement intellectuel et un métier est manuel.

Comment est-on admis à exercer une profession libérale?

On est admis à exercer une profession libérale si on a le diplôme d'études secondaires.

Comment entre-t-on dans une Faculté de Médecine? Pourquoi est-ce assez difficile?

Après quatre ans d'études, l'étudiant en médecine **obtient** le **titre** de Docteur en Médecine, et on l'appellera désormais « Docteur ». Il est médecin.

Mais avant de commencer à **exercer** la médecine, il faut deux ans de stage dans les hôpitaux comme interne.

Après ces deux ans, le jeune médecin est qualifié pour l'**exercice** de la médecine générale.

Beaucoup de médecins continuent leur internat pour se spécialiser. Il leur faut deux ans de plus pour se spécialiser : spécialiste des maladies internes, pédiatre, endo-crinologiste, oto-rhino-laryngo-logiste (prononcez ce mot ! — ça veut dire *ear-nose-throat specialist*) ou psychiatre, par exemple.

Un spécialiste exerce la médecine spécialisée.

Que fait un médecin ? En termes généraux, le médecin **soigne** les malades. Quand c'est possible, il les **guérit**. Le reste du temps, il les **soulage**.

Spécifiquement, le médecin donne des **consultations**, examine les malades, fait des analyses et des tests.*

Ensuite, il fait un **diagnostic** et prescrit des médicaments. Le

Pourquoi est-il difficile de gagner le titre de « docteur » ?

il est difficile parce il est necessaite qu'il sache beaucoup presque le corp humain

Que fait un interne en médecine ? Savez-vous à peu près combien il gagne ? (Voir leçon III.)

Quelle est la différence de préparation professionnelle pour l'exercice de la médecine générale et de la médecine spécialisée ?

qui pour la préparation de la médecine spécialisée il est necessaire étudier deux ans de plus que pour la médecine générale

Comment s'appelle le médecin qui soigne les oreilles, le nez et la gorge ? *il s'appelle oto-rhino-laryngologiste.* Qu'est-ce que le psychiatre soigne ?

Vous avez un **rhume** (*cold*) absolument terrible. Vous allez chez le médecin. Que fait-il ?

Dans quels cas fait-on une analyse du sang ?

* **tests** : C'est évidemment le mot anglais qui est maintenant accepté dans la langue fran-çaise dans ce sens spécifique.

papier illisible(!) qu'il vous donne s'appelle une **ordonnance.** Le **pharmacien,** qui en a l'habitude, la déchiffre et prépare les médicaments (ou : exécute l'ordonnance).

Comment expliquez-vous que le pharmacien puisse lire les ordonnances ?

Si le malade ne peut pas se déplacer, le médecin fait alors des visites à domicile. Il fera alors sans doute entrer le malade en clinique* où le traitement sera plus professionnel que chez soi.

A la clinique ou à l'hôpital, le malade est soigné par une **infirmière.** Celle-ci donne des **piqûres,** prend la température et fait prendre les médicaments.

Quels sont les avantages d'un petit séjour en clinique si on n'est pas trop malade ?

Si vous avez besoin d'une **opération chirurgicale** — comme dans le cas de l'appendicite — c'est un **chirurgien** qui vous opère. L'anesthésiste (prononcez ça aussi !) vous endort, et vous ne sentez rien. Pensez à ce qu'était la chirurgie avant la découverte des anesthésiques !

Vous n'êtes pas satisfait de la forme de votre nez ou de celles de vos oreilles. Est-ce irrémédiable ? Pourquoi ?

Que pensez-vous de l'idée que la souffrance physique est bonne pour l'**âme** (*soul*) ?

Le **dentiste** soigne, évidemment, les dents. Il fait une radio de votre mâchoire aux rayons X. Il **plombe** vos dents si elles ont des **caries.** Il les **arrache** et les remplace par un bridge ou un dentier. Pour des raisons esthétiques, il couvre les dents **abîmées** de **couronnes** d'or ou de porcelaine.

Votre dernière visite chez le dentiste. Qu'est-ce qu'il vous a fait ? Quel était votre état d'esprit avant ? après la visite ?

Est-ce par vanité qu'on se fait mettre des couronnes de porcelaine ?

Le dentiste vous fait une piqûre de novocaïne, mais il a l'habitude de

Il est clair que les gémissements n'ont ni valeur préventive, ni

---

* **entrer en clinique** : Remarquez la distinction en français.
        clinique (**petit** établissement **privé**)
        hôpital (**grand** établissement **public**)

                         HUITIEME LEÇON

faire mal, aussi les **gémissements** (*moans and groans*) ne l'attendrissent pas.

Pour être **avocat**, on commence par aller à la Faculté de **Droit**. On fait des **études de droit**, et on passe sa **Licence en droit**. En France, le jeune avocat fait un stage chez un avocat établi.

En Amérique, il passe l'examen du barreau (*bar*). Il est alors admis au barreau.

En France, l'avocat, comme le médecin, a un titre. On l'appelle Maître.

L'avocat reçoit ses clients dans son **étude**. Ses clients sont des gens qui ont des **ennuis légaux** (*legal trouble*), ceux qui veulent **intenter un procès** ou se défendre contre une poursuite judiciaire (*against a law suit*).

Il y a aussi ceux qui veulent divorcer et ceux qui ont commis un crime (non, ce ne sont pas toujours les mêmes… !) L'avocat connaît la **loi**. Il étudie le **cas,** consulte les précédents, fait des recherches. Enfin, il donne des conseils au client: faire un compromis entre particuliers (*to settle out of court*) ou passer devant les tribunaux. Là, l'avocat défend son client, il plaide sa cause. Il gagne la cause… ou il la perd!

Le perdant est alors condamné à payer une amende ou même… à la prison (à mort aussi — mais c'est plus rare et jamais dans les cas de divorce).

valeur curative. Alors, pourquoi gémissez-vous ? Expliquez et justifiez!

Expliquez le sens respectif des mots « le droit » et « la loi ».

Qu'est-ce que c'est, exactement, que le Barreau ?

Etes-vous, vos parents ou un ami, allé récemment chez un avocat? Expliquez.
Donnez des exemples précis de cas dans lesquels on va chez un avocat.

Si vous étiez avocat, préféreriez-vous vous spécialiser dans les divorces ? Pourquoi ?

Comment un avocat se met-il en position de donner des conseils à un client?
Que pensez-vous des avocats qui recommandent le compromis ? De ceux qui insistent sur la poursuite judiciaire ?

Dans quel cas peut-on être condamné à mort ? Dans quels pays la peine de mort est-elle abolie ?

L'architecte exerce aussi une profession libérale. Il fait des études d'architecture. On consulte un architecte quand on veut faire construire une maison, un **immeuble de rapport** (*income building*).

Il y a aussi des architectes urbains qui travaillent à l'**embellissement** des villes.

L'architecte fait des **plans** (*blueprints*), un **croquis** (*sketch*), parfois une **maquette** (*scale model*) du bâtiment. Ensuite, il confie la construction à un **entrepreneur** (*contractor*).*

L'ingénieur, lui, peut se spécialiser dans les diverses branches de la chimie, de la mécanique, de l'électricité, de la thermodynamique, de l'aéronautique, de l'acoustique, etc... La technologie moderne offre de nombreux **débouchés** (*openings*).

Un ingénieur peut ouvrir un bureau et mettre ses services à la disposition des **particuliers.** C'est un **ingénieur-conseil** (*consulting engineer*).

Mais la plupart des ingénieurs préfèrent accepter une situation dans l'industrie ou le gouvernement.

Le médecin, l'avocat, le dentiste, l'architecte et l'ingénieur gagnent bien leur vie. L'argent qu'ils

Pourquoi va-t-on chez un architecte? Dans la conversation de la leçon V, qui allait chez un architecte et pourquoi?

Que pensez-vous de l'architecture de votre école? Qu'est-ce qu'il faudrait mettre? enlever? modifier? Pourquoi?

Quelle est la différence entre un entrepreneur et un architecte?

Qui développe un nouveau médicament? une antenne plus perfectionnée? un avion plus rapide? une machine à calculer plus perfectionnée? une machine à reproduire le son?

Dans quels cas **un particulier** (*a private person*) peut-il avoir besoin d'un ingénieur?

---

* **un entrepreneur :** Le verbe **entreprendre** veut dire littéralement *to undertake*. Pourtant, un entrepreneur n'est pas un « *undertaker* ». C'est simplement celui qui entreprend la construction et on l'appelle en anglais *contractor*. Ne confondez pas le mot « entrepreneur » avec le mot « entreprenant », adjectif qui a le sens très spécialisé de « osé », audacieux (*fresh, who has a fast line*). Une mère dira : « Je n'aime pas que ma fille sorte avec ce jeune homme; il est trop entreprenant » et à propos, un « *undertaker* » est un « entrepreneur de pompes funèbres ».

reçoivent, ce sont leurs **honoraires** (*honorarium fees*, *payment*, *retainer*).

Expliquez la différence entre un salaire et des honoraires.

Dans l'**enseignement**, il y a d'abord les instituteurs et institutrices. Ceux-ci enseignent dans les écoles maternelles et élémentaires. (Voir leçon III.)

Que fait une institutrice d'école élémentaire?

Les professeurs d'école secondaire se spécialisent en deux ou trois matières. Les **professeurs d'université** (ou de **faculté**) sont hautement spécialisés : ils font des cours, donnent des conférences, publient le résultat de leurs recherches.

Nommez quelques groupes de matières qui peuvent former un champ de spécialisation pour un professeur d'école secondaire (par exemple, physique et chimie). Pensez à quelques-uns de vos professeurs d'université. Quelle est leur spécialité?

Le professeur, comme l'instituteur, est un **fonctionnaire*** (*government or state employee*) et l'argent qu'il reçoit tous les mois est son **traitement** (*fixed salary, calculated on a yearly basis*).

Quels sont les avantages et les inconvénients d'une carrière de fonctionnaire. Comparez ceux-ci aux avantages et inconvénients des professions libérales.

Ce traitement est modeste, mais il est fixe. Et puis, il y a les vacances et la **retraite** (*retirement pay*).

SUJETS D'EXPOSE

1. Quels sont vos projets d'avenir? Pourquoi avez-vous fait ces projets? comment allez-vous les réaliser? Quelles seront vos occupations une fois que vous aurez atteint votre but? comment sera votre vie? (Et n'oubliez pas de parler du rapport entre votre personnalité et les qualités nécessaires à l'exercice de cette profession).

> Pour chacun des sujets suivants, on chargera *deux élèves* (ou trois, ou quatre, et dans ce cas chaque « médecin », « avocat », « dentiste » aura plusieurs clients successifs) de préparer un petit sketch qu'ils joueront devant la classe. L'humour est à recommander, mais il ne faut pas tomber dans la grosse farce (*slapstick*):

* Comme la France n'a pas de système fédéral de gouvernement comme en ont les Etats-Unis, il est difficile de traduire avec exactitude le mot **fonctionnaire,** qui veut dire que vous êtes nommé et rémunéré par le gouvernement. Le terme *civil servant* est probablement la meilleure approximation.

2. Chez le médecin. Monsieur, vous serez le médecin. Un(e) autre élève sera le (ou la) malade. (Il pourrait s'agir, par exemple d'un cas sérieux de « flemmingite aiguë... »)

3. Chez l'avocat. Une dame qui veut divorcer consulte un avocat. Elle se plaint de la façon dont son mari la traite, de la personnalité difficile et des actions bizarres (vêtements? maison? aspect physique?) de celui-ci. L'avocat pose des questions, donne des conseils — dont la légalité peut être... fantaisiste (*fanciful*). Pour bien préparer ce sketch, vous pouvez employer des termes appris dans toutes les leçons précédentes aussi bien que dans celle-ci. (Quelle est la profession de ce monsieur? sa personnalité? Comment s'habille-t-il? Que fait-il dans la maison?)

4. Vous voulez être acteur (ou actrice) de cinéma. Grande discussion avec votre père ou votre mère (ou les deux) qui, eux, veulent que vous soyez instituteur.

POLEMIQUE

Le choix de votre carrière et l'attitude de vos parents envers cette dernière.

a. Vous voulez être acteur (ou actrice) de cinéma. Vous considérez que le devoir de vos parents c'est de vous encourager dans cette voie. Exposez vos arguments et essayez de les convaincre.

b. Groupe des « parents ». Ceux-ci considèrent que leur devoir c'est au contraire de vous empêcher de suivre cette voie. Ils voudraient que vous soyez instituteur (ou institutrice). Ils vont, eux aussi, exposer leurs arguments et essayer de vous gagner à leur point de vue.

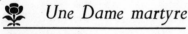 *Une Dame martyre*

CONVERSATION

Nous sommes dans la salle d'attente d'un médecin. Il n'y a qu'une malade qui attend, assise dans un fauteuil. C'est une grosse dame, visiblement riche, vêtue d'un manteau de fourrure, et qui porte beaucoup de bijoux. Elle soupire de temps à autre. On sonne à la porte. L'infirmière entre, va ouvrir la porte. C'est un monsieur qui vient consulter le médecin.

L'INFIRMIERE :	Vous avez rendez-vous, monsieur ?
M. PAGET :	Oui, mademoiselle. J'ai téléphoné hier matin pour prendre rendez-vous. Je m'appelle André Paget.
L'INFIRMIERE :	Ah, oui, en effet, monsieur. Si vous voulez bien attendre un instant. Le docteur est un tout petit peu en retard sur son horaire, aujourd'hui. Il a été retenu à l'hôpital ce matin. Une opération d'urgence, n'est-ce pas…
M. PAGET :	Il y a beaucoup de malades à passer avant moi ? Je pourrais revenir un autre jour…
L'INFIRMIERE :	Oh non, monsieur, juste une dame, ce ne sera pas long. Un petit quart d'heure…
	Le monsieur s'installe.
M. PAGET :	Pardon, madame, vous ne lisez pas cette revue, n'est-ce pas ?
LA DAME :	Non, monsieur. (*Silence*) D'ailleurs, vous pouvez prendre toute la pile, si vous voulez. Moi, je suis beaucoup trop nerveuse pour lire…
M. PAGET :	Je ne voudrais pas être indiscret, madame…
LA DAME :	Oh, monsieur, il n'y a pas d'indiscrétion… Je suis toujours nerveuse chez le médecin. Pensez donc ! C'est le cinquième que je vois cette semaine ! On serait nerveuse à moins.
M. PAGET :	Le cinquième ?
LA DAME :	Le cinquième ! Et pas le dernier, j'en ai peur. Figurez-vous, monsieur, que je souffre d'une maladie qui défie la science moderne. Oh, j'ai tout essayé : traitements au radium et à l'électricité, cures à la mer, à la montagne et dans le désert; j'ai vu des spécialistes et des guérisseurs; j'ai consulté toutes mes amies et tous les médecins qu'elles ont recommandés, rien n'y fait : ni les régimes, ni les médicaments, ni les piqûres, ni les traitements ! Alors, vous pensez si je suis nerveuse ! Je prends toujours une pilule pour me calmer les nerfs et une autre pour me donner du courage avant de venir chez un médecin. Sans ça, je ne pourrais jamais !
M. PAGET :	Mais enfin, tous ces médecins, ils font bien un diagnostic ?
LA DAME :	Ah, monsieur, j'hésite à vous le dire, mais l'ignorance de ces prétendus « hommes de science » est effrayante. Pour cacher leur perplexité, ils me disent tous que je n'ai rien. Oh, ils m'examinent, ils m'auscultent, ils me font des prises de sang, des analyses; on me prend la tension artérielle, on me

dit de revenir… Et c'est toujours le même diagnostic : « Vous n'avez rien du tout, madame, vous vous portez comme un charme. » C'est bien la peine d'être médecin, de faire des études pendant des années pour me dire ça! Tenez, mon mari qui n'y connaît rien en médecine, me dit la même chose lui-même!

M. PAGET : Mais, madame, c'est peut-être vrai?

LA DAME : Moi, monsieur, me porter comme un charme! Ah, monsieur, personne ne connaît le martyre que je souffre! Tenez, par exemple, prenez ce matin. Eh bien, ce matin encore, j'avais la migraine quand je me suis réveillée à dix heures. Quand la bonne m'a apporté mon petit déjeuner, j'ai à peine mangé : quelques croissants, deux petites tasses de chocolat… Je n'ai pas d'appétit. Et je suis très débilitée. Hier soir, en rentrant de mon club de bridge, j'étais morte de fatigue… Je suis allée me coucher tout de suite. Ne me dites pas que c'est normal, ça! Et je grossis, malgré le fait que je mange si peu. Vous devriez les entendre tous ces charlatans : « Supprimez les desserts, la glace, la crème chantilly, et pas de gâteaux avec votre thé de l'après-midi; limitez-vous à un cocktail avant le dîner. » C'est un martyre, je vous dis, monsieur, un véritable martyre… Faut-il que je souffre tant à cause de l'ignorance de ces… des ces (*sarcastique*) de ces « hommes de science »?

M. PAGET : Je vois que vous avez l'air très occupée… Vous avez sans doute besoin de repos. Avez-vous essayé de vous reposer?

LA DAME : Me reposer? Ah, monsieur, j'ai essayé, mais c'est impossible. J'ai tant d'obligations, de travail, de responsabilités! Je suis tout simplement surmenée! Ce matin, par exemple, j'ai passé deux heures chez ma couturière, à essayer des robes, et puis un lunch avec une amie, qui a beaucoup d'ennuis et que je réconforte, et puis deux heures encore chez le coiffeur… et si j'en ai la force, une cocktail-party ce soir…

L'INFIRMIERE : Madame, si vous voulez bien, le docteur vous attend…

LA DAME, *se lève* : Au revoir, monsieur. J'espère que ça vous a fait du bien de vous confier un peu à moi… On en a tant besoin, n'est-ce pas, quand on souffre! Courage, monsieur, courage, prenez exemple sur moi. Je souffre le martyre, mais est-ce que je me plains, moi?

REMARQUES ET REPLIQUES

Répliquez en restant dans l'esprit de la conversation:

M. PAGET: Pourquoi êtes-vous nerveuse, madame? Mais je ne voudrais pas être indiscret.

LA DAME: ......

M. PAGET: Mais, madame, pourquoi consultez-vous tant de médecins?

LA DAME: ......

M. PAGET: C'est une chose étrange que tous ces médecins ne trouvent pas quelle maladie vous avez. Qu'est-ce qu'ils font pour essayer d'établir un diagnostic?

LA DAME: ......

M. PAGET: Et qu'est-ce que votre mari en pense?

LA DAME: ......

M. PAGET: Mais... de quoi souffrez-vous, madame?

LA DAME: ......

M. PAGET: Il faut peut-être simplement vous reposer un peu. Avez-vous essayé de vous reposer?

LA DAME: ......

M. PAGET: Les docteurs vous ont-ils donné un régime à suivre?

LA DAME: ......

M. PAGET: Ah, voilà l'infirmière. C'est mon tour. Au revoir, madame, j'espère que vous irez mieux.

LA DAME: ......

QUESTIONS SUR LA CONVERSATION

1. Où se passe la scène et quels en sont les personnages?

2. Quelle opinion avez-vous de la dame, seulement d'après sa description?

3. Pourquoi le médecin est-il en retard? Dans quels autres cas un médecin est-il obligé de changer son horaire?

4. Combien de temps faut-il que M. Paget attende, d'après l'infirmière? Quelle est la différence (probable!) entre « un petit quart d'heure » et un quart d'heure ordinaire?

5. Qui parle le plus dans cette conversation? Pourquoi? Les gens qui sont vraiment malades, sont-ils aussi volubiles? Pourquoi?

Quelle est probablement la profession du monsieur derrière le bureau?
Pour quelle raison la dame est-elle venue le voir? Et qu'est-ce qu'elle
lui dit?

Imaginez la profession de ce monsieur, le contenu de sa serviette, le lieu
et le but de son voyage d'affaires.

Ces images
vous parlent . . .

Un docteur prend la tension artérielle d'un malade. Quelle peut bien être la profession de ce dernier? Pourquoi a-t-il appelé le médecin à son bureau?

Quelles sont les professions respectives des deux personnes que vous voyez? Aimeriez-vous travailler dans ce milieu, et pourquoi?

Quelle est la profession du monsieur assis, et quel emploi peut bien lui demander ce jeune homme?

6. Qui cette dame a-t-elle consulté?

7. Qu'est-ce que les médecins ont fait pour trouver la cause de sa maladie?

8. Quels traitements a-t-elle suivis? Quel a été le résultat?

9. Quelle expression emploie-t-on pour dire qu'une personne est en excellente santé? (On se porte comme...)

10. Que pensez-vous du diagnostic du mari de cette dame?

11. Cette dame a des symptômes... sérieux. Lesquels?

12. Elle grossit. C'est bizarre. Pensez-vous que ça vient des glandes endocrines... ou d'autre chose? Imaginez la journée de cette dame, ses activités et ce qu'elle mange et boit sans doute...

13. Faites votre propre diagnostic de la maladie de cette dame. Et prescrivez le traitement.

EXPRESSIONS ET CONSTRUCTIONS IDIOMATIQUES A REMARQUER

L'adverbe

L'adverbe, en français comme en anglais, peut qualifier un verbe, un adjectif ou un autre adverbe, mais il faut faire particulièrement attention à sa *place* dans la phrase française.

A. Un adverbe qui qualifie un adjectif ou un autre adverbe ne présente pas de difficulté, puisqu'il se place presque toujours devant l'adjectif ou l'adverbe qu'il qualifie:

> Le docteur est **très en retard**.
> Le docteur est **un peu en retard**.
> Le docteur est **un petit peu en retard**.
> Le docteur est **un tout petit peu en retard**.

> Les professeurs d'université sont **hautement spécialisés**.
> C'est une grosse dame **visiblement riche**.
> Je suis **tout simplement surmenée**.

B. Les autres adverbes, ceux qui qualifient un verbe, indiquent la manière, le lieu ou le temps de l'action et leur place dans la phrase peut varier considérablement. Pourtant, dans le doute, suivez le principe que la place la plus naturelle de l'adverbe en français c'est *après le verbe*, surtout en ce qui concerne les adverbes *courts* les plus employés : **bien, toujours, déjà, encore**.

Je voudrais **bien** être ingénieur.

Je pense **encore** me faire médecin.

Cherche-t-on **toujours** une carrière qui rapporte beaucoup d'argent ?

C'est **déjà** décidé.

1. Aux temps composés (passé composé, plus-que-parfait, futur antérieur, etc.) ces mêmes adverbes se mettent entre l'auxiliaire (**avoir** ou **être**) et le *participe passé*:

J'aurais **bien** voulu être ingénieur.

Je n'ai pas **encore** trouvé de profession qui m'intéresse.

Elle est **souvent** allée chez ce médecin.

Nous aurons **déjà** décidé avant la date limite.

2. Remarquez qu'avec un infinitif, **bien** et **toujours** sont placés devant le verbe:

Pour **bien** préparer cette composition, employez un vocabulaire varié.

Il a tort de **toujours** vouloir choisir le sujet le plus difficile.

3. Surtout, ne mettez jamais l'adverbe entre le sujet et le verbe : « Il toujours veut faire comme son père », est une *horrible faute*. Il faut dire : « Il veut **toujours** faire comme son père. »

C. Le même principe (qui consiste à mettre l'adverbe après le verbe) est applicable dans la majorité des cas. Mais observez bien que, quand il y a plusieurs sortes d'adverbes dans la même phrase, l'*adverbe de manière* (**comment, à quel degré**) suit le verbe principal qu'il qualifie et les *compléments adverbiaux de lieu et de temps* (**où** et **quand**) viennent généralement à la fin et dans l'ordre suivant:

Il fallait **absolument** présenter sa demande **au guichet B entre midi et cinq heures.**

Je suis allé **tout simplement à mon rendez-vous** avec le directeur **dans son bureau à 11 heures.**

D. Dans des phrases courtes, certains adverbes de temps (**aujourd'hui, hier ce matin, hier soir, cette semaine, un jour, le mois dernier, après-demain, dans un an**, etc.) peuvent être soit au début, soit à la fin de la phrase:

Hier soir, j'étais morte de fatigue. (ou : J'étais morte de fatigue **hier soir**.)

Aujourd'hui, le docteur est un peu en retard. (ou : Le docteur est un peu en retard **aujourd'hui**.)

Ce matin, j'ai pris une grande décision. (ou : J'ai pris une grande décision **ce matin**.)

Un jour, je voudrais être cosmonaute. (ou : Je voudrais être cosmonaute **un jour.**)

Dans un an, j'entrerai à la Faculté de Médecine. (ou : J'entrerai à la Faculté de Médecine **dans un an.**)

E. Les adverbes polysyllabiques en **-ment**, qui qualifient l'idée générale de toute la phrase (**naturellement, évidemment, généralement, probablement, effectivement, forcément, malheureusement,** etc.) peuvent être après le verbe ou bien au début de la phrase :

Le dentiste soigne, **évidemment,** les dents. (ou : **Évidemment,** le dentiste soigne les dents.)

On comprend, **naturellement,** que vous hésitiez à vous décider. (ou : **Naturellement,** on comprend que vous hésitiez à vous décider.)

F. D'autres adverbes aussi peuvent être après le verbe, ou bien au début de la phrase. Mais attention! Au début de la phrase, il faut un **que** en plus :

Heureusement que j'ai pensé à m'informer d'avance. (ou : J'ai **heureusement** pensé à m'informer d'avance.)

Sans doute que vous avez des projets d'avenir. (ou : Vous avez **sans doute** des projets d'avenir.)

Peut-être que c'est vrai. (ou : C'est **peut-être** vrai.)

Une troisième construction, plus littéraire, avec l'adverbe au début, veut une inversion du sujet et du verbe. On emploie surtout cette construction avec **peut-être, sans doute, aussi, ainsi** :

Sans doute avez-vous des projets d'avenir.

Peut-être est-ce vrai.

Ainsi se passa son premier jour à l'université.

G. Remarquez que, dans une phrase négative, certains adverbes sont entre le verbe et le **pas** :

Je **ne** pense **vraiment pas** pouvoir y aller.

Ce **n'**est **probablement pas** le meilleur choix.

Je n'ai **naturellement pas** compris.

La police **n'a toujours pas** arrêté le coupable. (*The police* still haven't *arrested the guilty party.*)

MAIS :

La police n'arrête **pas toujours** le coupable. (*The police* don't always *arrest the guilty one.*)

H. Beaucoup d'adverbes sont en réalité des conjonctions qui servent de mots de transition entre une phrase et une autre, et la langue parlée est constamment ponctuée de quantité de ces petits mots qui marquent non seulement une cohérence, mais aussi quelquefois une pause ou une hésitation, ou bien un certain élément d'émotion :

Alors, vous pensez si je suis nerveuse !
D'ailleurs, vous pouvez prendre toute la pile si vous voulez.
Mais enfin, ces médecins, ils font bien un diagnostic !
Et puis, il y a les vacances et la retraite.
Ensuite, ils font un diagnostic.
Enfin, ils donnent des conseils à leurs clients.

Rappelons ici que les différentes formules de transition, d'ordre émotif, sont aussi nombreuses que nécessaires dans la langue parlée et que vous avez déjà appris à vous en servir :

Eh bien, ce matin encore, j'avais la migraine.
Tenez ! (*Why!*) mon mari, qui n'y connaît rien en médecine, me dit la même chose.
Figurez-vous, monsieur, que je souffre d'une maladie qui défie la science moderne !

NEUVIEME LEÇON

Les Evénements courants, l'actualité

Comment on se tient au courant

*Le reporter : « Et maintenant, mes chers auditeurs,
le gagnant du gros lot à la loterie nationale va nous
faire part de ses impressions et de ses projets.... »*

NEUVIEME LEÇON

Les Evénements courants, l'actualité

Comment on se tient au courant*

VOILA L'USAGE :

Tous les jours, **il se passe** quelque chose : **quelque chose d**'intéressant, quelque chose **de** triste ou **de** tragique, quelque chose **d'heureux, de** bizarre ou **d'amusant.**

Souvent, c'est quelque chose d'important. Quelque chose d'important, c'est un **événement.** Les **événements courants** constituent l'**actualité.****

Il faut **se tenir au courant** (*keep informed*) de l'actualité, et pour cela il y a plusieurs moyens : D'abord, il y a **le journal.**

Dans chaque grande ville, il y a plusieurs journaux **quotidiens.** Ceux du matin sont plus modérés dans le **reportage** des **nouvelles.** Ceux du soir se spécialisent dans le reportage des crimes sensationnels.

MAINTENANT, LA QUESTION :

S'est-il passé quelque chose de triste, récemment ? d'amusant ? de sensationnel ?

Expliquez, avec des exemples, ce que c'est qu'un événement.

Pourquoi lit-on le journal ? Donnez plusieurs raisons.

Expliquez l'adjectif **quotidien** (quotidien**ne**) et nommez quelques-unes de vos activités quotidiennes.

* Note : Il est à recommander, pour cette leçon, d'apporter en classe un ou plusieurs exemplaires de journaux, français de préférence.

** **l'actualité** (*current events*) : **Actuel** (*current*) et **actuellement** (*currently*) sont de faux-amis. Attention ! ne les employez pas dans leur sens anglais.

On achète souvent un journal à cause des **manchettes** (*headlines*) qui vous donnent l'impression qu'il est arrivé quelque chose d'important.

Y a-t-il un journal du matin et un journal du soir dans votre ville? Faites-en un bref commentaire. Quelles sont les manchettes dans le journal que vous avez sous les yeux? Qu'est-il arrivé d'important?

A la première page et sous des manchettes qui sont souvent **hors de proportion** avec leur importance, on trouve les nouvelles de la politique internationale et nationale.

Pourquoi les manchettes sont-elles souvent hors de proportion avec les nouvelles qu'elles annoncent?

S'il y a une **guerre**, un pays attaque l'autre et **envahit** son territoire. Les **batailles** et les **bombardements** se succèdent. Ou bien, c'est une **guérilla**, les combattants sont armés de **mitrailleuses** (*machine guns*) et de **mitraillettes** (*submachine guns*). Ils font des **patrouilles** et des raids. Il y a des prisonniers, des morts et des blessés.

Il y probablement une guerre en ce moment. Entre quels pays? Pourquoi? Quelles nouvelles les journaux en donnent-ils? Qu'est-ce qui cause généralement une guérilla : une situation politique ou le désir de conquête territoriale? Expliquez, donnez des exemples de guérillas.

Parmi les nouvelles nationales, celles du gouvernement sont aussi en première page : vote du Sénat et du Congrès qui approuvent ou rejettent un **projet de loi, campagne électorale** d'un candidat qui se **présente** au Congrès ou à la Présidence.

Est-ce que les campagnes électorales jouent un rôle important dans les élections? Pourquoi?

Les **électeurs** lisent le texte des discours dans les journaux, se décident et votent pour ou contre. Le candidat est **élu**, Si, au contraire, il est **battu**, il blâme la campagne de presse contre lui.

Comment les électeurs se décident-ils à voter pour un candidat ou un autre?
Pourquoi le candidat qui est battu blâme-t-il souvent la presse?

En première page, il y a aussi le **compte-rendu** (*account*) des crimes sensationnels : **vols à main armée** (*armed robbery*) dans une banque, par exemple, **cambriolage** (*theft*) de résidence et vol de bijoux ou d'argent, **attentat, assassinat, meurtre**, gens qui se suicident. Il y a des photos de la victime et du **meurtrier**. On raconte l'**arrestation** et le **procès** en détail. Si quelqu'un a commis un **crime passionnel**, le public a souvent plus de sympathie pour le meurtrier que pour sa victime, et le coupable est souvent acquitté, surtout en France où on adore les « causes célèbres ».

En deuxième page, on trouve souvent l'**article de fond** (*editorial*) dans lequel le **rédacteur** (*editor*) donne son **avis** (*opinion*). Cet article vous révèle la position politique du journal.

En troisième page, sous la **rubrique** (*heading*) locale et régionale, on trouve surtout les **faits-divers** (*miscellaneous facts*) : querelles de voisins, accidents mineurs de la circulation, naissance d'un veau à cinq pattes. Les faits-divers sont souvent **cocasses**, c'est-à-dire, bizarres et amusants. Malheureusement, pour ceux qui en sont victimes, ce sont parfois des tragédies.

Plus loin, la rubrique des sports : le nom des **équipes** (*teams*), des **joueurs** (*players*), quels matches ils ont joué, qui a gagné et qui a perdu. Il y a aussi le **résultat** des **courses** (*races*) : courses à pied, à bicyclette, comme le célèbre Tour de France; courses d'autos, de

Regardez votre journal : quels compte-rendus de crimes y trouvez-vous ? De quelles sortes de crimes s'agit-il ?

Il y a sûrement des photos en première page de votre journal. Qu'est-ce qu'elles représentent ? Et pourquoi sont-elles dans le journal ?
Qu'est-ce qu'un crime passionnel ? Donnez des exemples de ce qui peut constituer un crime passionnel. Pourquoi pensez-vous qu'on acquitte facilement ce genre de crime en France ?

Cherchez le (ou les) article(s) de fond dans votre journal. De quoi y est-il question ? Quelle opinion exprime-t-il ? Quelle est la différence fondamentale entre un article de fond et un compte-rendu ?

Cherchez quelques exemples de faits-divers dans votre journal et racontez de quoi il s'agit.

Cherchez la rubrique des sports. Quelles sont les nouvelles sportives intéressantes ?

Qu'est-ce que le Tour de France ? Si un monsieur lit toujours le

chevaux. Si on aime **le jeu** (*gambling*) on **parie** (*bets*) sur les chevaux. Alors, on gagne, et plus souvent... on perd.

résultat des courses de chevaux, est-ce nécessairement parce qu'il s'intéresse aux sports ? Expliquez.

Si vous avez des **actions** (*stocks*) vous vous intéressez naturellement à la **Bourse** (*stock market*). Les journaux publient tous les jours les **cours en bourse** (*closing average*).

Cherchez la Bourse. Est-ce que le marché est en hausse ou en baisse ? Qu'est-ce qui fait monter ou baisser les actions ?

Sous la rubrique des spectacles on trouve : le théâtre, le cinéma, l'opéra, les concerts, le ballet. Le journal vous indique quand et où a lieu une **représentation** (*performance*).

Cherchez la rubrique des spectacles. Je voudrais voir un bon film ce soir. Lequel me recommandez-vous ? Où se joue-t-il ? A quelle heure commence la représentation ? (Même chose pour une pièce de théâtre...) Quels autres spectacles y a-t-il à voir ?

Sous la rubrique **mondaine** (*society page*) on parle de bals de charité, de réceptions, d'expositions. Vous y trouvez le **faire-part** (*announcement*) **de mariage** de vos amis, et parfois, hélas! le **faire-part de décès** de quelqu'un que vous connaissez.

Cherchez des faire-parts de mariage et dites-nous ce qu'ils disent.

Enfin, voilà les **petites annonces classées** (*classified ads*), utiles si vous cherchez un appartement, du travail ou une voiture d'occasion. Elles sont souvent difficiles à lire à cause de leur style télégraphique et des abbréviations qui économisent de la place. En France, beaucoup de journaux ont une **colonne** de petites annonces réservées aux **annonces matrimoniales.***

Je voudrais louer une maison meublée. Cherchez-m'en une dans les petites annonces et dites-moi ce que vous trouvez. Cherchez une voiture d'occasion qui a l'air d'une bonne affaire.

Expliquez la différence entre une

* **annonce matrimoniale** : une annonce placée dans la colonne des petites annonces classées, par le monsieur ou la dame qui cherche une femme ou un mari. Elles sont permises par la loi en France et la plupart du temps, elles sont parfaitement sincères. Il y en a d'amusantes : « Mons., bien sous tous rapports, cherche j. fille avec maison, voiture, fortune. Accepterait travailler dans affaire père. » D'autres sont pathétiques — des veufs cherchant à remplacer la mère de leurs enfants, ou des parents essayant de marier une fille laide.

Celles-ci sont souvent cocasses, souvent touchantes aussi, si on sait lire entre les lignes.

annonce matrimoniale et un faire-part de mariage. Pourquoi les annonces matrimoniales sont-elles souvent touchantes? Qu'est-ce qu'elles révèlent?

On lit aussi des **revues** ou **magazines hebdomadaires**, c'est-à-dire qui **paraissent** (*are issued*) une fois par semaine.

Expliquez ce que veut dire **hebdomadaire**. Quelles sont vos activités hebdomadaires?

Si vous avez un **abonnement** (*subscription*) vous en recevez un **numéro** (*issue*) régulièrement dans votre courrier. Il y a toutes sortes de revues: générales et illustrées, littéraires, scientifiques, spécialisées comme les revues pour les amateurs de roses ou les collectionneurs de timbres.

Pourquoi est-il pratique de s'abonner à une revue?

sus cribe.

Quelles revues lisez-vous plus ou moins régulièrement, et pourquoi? Lisez-vous — ou connaissez-vous quelqu'un qui lit — une revue spécialisée? Laquelle et pourquoi?

Vous lisez attentivement votre journal ou votre revue si un article vous intéresse. Sinon, vous **parcourez** (*run through*) rapidement en jetant un **coup d'œil** aux manchettes et aux titres. Si vous tournez les pages, ou feuilles, rapidement, vous **feuilletez** (*leaf through*) pour avoir une idée des événements courants.

Quelles parties du journal ou d'une revue parcourez-vous? Lesquelles sautez-vous (*Which do you omit*)? Lesquelles lisez-vous attentivement?

On apprend aussi les nouvelles à la radio, c'est le **journal parlé**. A la télévision, un commentateur passe en revue, avec films pris sur les lieux, les événements de la journée. Au cinéma, le film qui montre les nouvelles, s'appelle **les actualités**.

Par quel moyen peut-on entendre les nouvelles les plus récentes? Depuis que tout le monde a la télévision, est-ce que les actualités du cinéma sont plus ou moins intéressantes? Pourquoi?

Comment apprend-on encore ce qui se passe? Eh bien, parfois si vous êtes **sur place** (*on the spot*), vous voyez un événement arriver, vous en êtes **témoin** (*eye witness*). Mais le plus souvent quelqu'un vous raconte ce qui est arrivé, **vous entendez parler de quelque chose** (*you hear about something*), vous entendez dire que quelque chose d'intéressant est arrivé. C'est donc aussi par la conversation que vous vous tenez au courant de l'actualité.

Avez-vous jamais été témoin d'un événement intéressant? Racontez.

Si vous entendez dire quelque chose, est-ce nécessairement exact, ou même vrai? Pourquoi faut-il se méfier des rumeurs?

SUJETS D'EXPOSE

1. a. Rédigez quelques petites annonces que vous placeriez dans le journal si vous étiez en France et si vous cherchiez

   a. un appartement à louer.

   b. du travail

   c. à acheter ou à vendre quelque chose (Quoi?)

   ou, si vous voulez vous amuser un peu:

   b. Rédigez l'annonce matrimoniale que vous placeriez dans un journal français pour trouver une femme ou un mari.

   (Il serait très désirable pour ce genre d'exercice que vous ayez au moins quelques exemplaires de journaux français.)

2. Le journal de votre école ou le journal principal de votre ville. Quelles sont ses qualités? ses défauts? Qu'est-ce qu'il contient? Pourquoi le lisez-vous?

3. Quelles sont les nouvelles politiques actuelles? Pourquoi sont-elles intéressantes? Que pensez-vous du compte-rendu qu'en font les journaux?

4. Racontez un crime sensationnel — actuel, récent, ancien, classique — selon votre préférence. (Exemple: Un jeune étudiant à Moscou ne va plus à l'université. Il passe son temps dans sa chambre, il a de mauvaises fréquentations et finit par tuer, **à coups de hache** (*with an axe*) une vieille usurière. La police ne le soupçonne pas, mais il... Vous avez deviné. Il s'agit, naturellement, de *Crime et châtiment* de Dostoïevsky.)

5. Cherchez et racontez quelques exemples de faits-divers bizarres, cocasses ou tragiques.

6. Faites-nous le résumé de la rubrique mondaine d'un journal de cette semaine.

7. Cherchez la rubrique des spectacles dans un journal français. Maintenant, dites-nous ce que nous pourrions voir à Paris cette semaine, comme film

français, américain; comme pièces de théâtre. Donnez-nous une idée du sujet de ces spectacles, dites-nous où et quand nous pourrions les voir.

8. Une revue spécialisée. Apportez-en une en classe. En quoi cette revue se spécialise-t-elle? Qui la lit? Pourquoi?

POLEMIQUE

1. Les journaux et la vérité.
   a. Les journaux ne nous disent pas la vérité. Toutes les nouvelles sont transformées, surtout s'il s'agit de quelque chose d'important. Le public est toujours dupe. (Exemples.)
   b. Pas du tout. Le reportage est aussi impartial que possible. Les journaux nous disent toute la vérité. Le gouvernement veut que le public soit tenu au courant. (Exemples.)

2. Prenons une question d'actualité sur laquelle notre gouvernement a pris une certaine position. (Question d'aide financière et militaire à un autre pays, par exemple.)
   a. Le gouvernement des Etats-Unis a eu raison, parce que...
   b. Le gouvernement des Etats-Unis a eu tort, parce que...

3. Pourquoi le public aime-t-il tant savoir les nouvelles, surtout s'il s'agit d'affaires sordides et sensationnelles?
   a. Parce qu'on aime être informé, c'est une réaction très objective.
   b. Pour des motifs beaucoup moins avouables, et parce qu'au fond, nous sommes tous un peu sadiques...

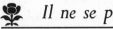 *Il ne se passe jamais rien!*
CONVERSATION

Chez le jeune ménage Bernard (Ce sont les mêmes Bernard qui ont fait récemment le « Tour du monde en vingt-quatre jours »). Mme Bernard est toujours aussi jolie, mais ni son intelligence, ni la somme de ses connaissances n'ont sensiblement augmenté.

Nous sommes après le dîner. M. Bernard, installé dans son fauteuil, lit le journal. Mme Bernard tricote, mais elle s'ennuie et a envie de causer.

MME BERNARD: Quelque chose d'intéressant, aujourd'hui?

M. BERNARD: Pas grand-chose, Ah, si tiens, dans les sports, il y a quel-
                 que chose. En Amérique, les *World Series* viennent de finir.
                 Ce sont les Dodgers qui ont gagné.

MME BERNARD: Ils ont gagné quoi?

M. BERNARD: Eh bien, ils ont gagné plus de matchs que les autres. Alors
                 ils ont gagné les *Series*.

MME BERNARD: Ah, il y a des matchs. Alors, c'est un jeu. Mais quel jeu?

M. BERNARD: Le baseball.

MME BERNARD: Qu'est-ce que c'est, le baseball?

M. BERNARD: Laisse tomber.

                 *Petit silence. On entend seulement le bruit des pages du journal
                 pendant que* M. BERNARD *continue sa lecture. Soudain, il s'ex-
                 clame:*

M. BERNARD: Ah, ça alors, c'est trop fort!

MME BERNARD: Quoi? Qu'est-ce qu'il y a?

M. BERNARD: Le journal dit que le gouvernement vient d'augmenter les
                 impôts. L'Assemblée nationale a voté en majorité pour une
                 augmentation de 5 pour cent de l'impôt sur le revenu!
                 Ah ça, alors! Et sais-tu qui a proposé cette réforme brillante?
                 C'est le député Lemonnier. Lemonnier, tu te souviens, c'est
                 cet imbécile qui promettait, pendant sa campagne électorale,
                 de faire abolir les impôts. Eh bien, je peux te dire que je suis
                 content de ne pas avoir voté pour lui.

MME BERNARD: Moi, j'ai voté comme tu m'as dit, mon chéri! Du moins,
                 j'espère... Je me trompe souvent de nom, tu sais, quand je
                 suis dans cette petite cabine. Mais toutes mes amies, elles,
                 elles ont voté pour Lemonnier. Il est si beau garçon! Tu
                 te souviens, quand il a fait ce discours à la télévision...

M. BERNARD: Ah, le vote des femmes! Voilà à quoi ça nous conduit...
                 Ah, c'est joli, le progrès... (*Silence*) Tiens, les Russes ont
                 arrêté un autre espion.

MME BERNARD: Qu'est-ce qu'il faisait?

M. BERNARD: Eh bien, il espionnait, je suppose. Ou bien, il n'espionnait
                 pas, si ça se trouve. Parce que tu sais, en Russie, si on veut

t'arrêter, on t'arrête, et voilà tout. Pas besoin d'explications. Tiens, si j'étais en Russie, je le ferais arrêter, ce Lemonnier, et je le ferais exécuter. Sans explications. Ça lui apprendrait à faire des campagnes honnêtes, à l'avenir, et à ne pas se moquer des gens...

MME BERNARD: Moi, c'est la concierge que je ferais arrêter. Elle est si désagréable avec moi, ça lui apprendrait.

M. BERNARD, *qui n'écoute pas*: Une autre révolution en Amérique Centrale... On a renversé le gouvernement...

MME BERNARD, *que ça n'intéresse pas*: Ah oui? Tiens...

M. BERNARD: Eh, dis donc, la police n'a toujours pas arrêté le coupable dans cette affaire d'escroquerie. C'est sûrement le directeur qui est coupable. Il a disparu le jour où on a découvert le pot-aux-roses. Et il manque vingt millions! Mais on a au moins arrêté la petite amie du monsieur. Une soi-disant actrice. Pas mal, si on aime ce genre de blonde...

MME BERNARD: Fais voir, fais voir! Oh, dis donc, ce manteau qu'elle a, c'est d'un chic! C'est du vison, je crois. Tu penses que la police va le confisquer?

M. BERNARD: La police se fiche d'un manteau. C'est les vingt millions qu'ils veulent... Mais le monsieur est déjà loin. Moi, à sa place, je sais bien où j'irais. Mais d'abord, je mettrais le pèze dans une banque suisse...

MME BERNARD: Oh oui, ce serait pratique pour les sports d'hiver!

M. BERNARD: Tu es une dinde. Je mettrais l'argent dans une banque suisse, et moi, je m'en irais au Brésil... Pas d'extradition!

MME BERNARD, *vexée*: Oh toi, tu es si intelligent, mais voilà, ce n'est pas toi qui as les vingt millions... (*Petit silence*) Toujours pas de nouvelles de l'assassinat de la rue Morgue?

M. BERNARD: Rien de nouveau. La police n'y comprend rien. On ne sait même pas comment le meurtrier est entré : les portes et les fenêtres étaient fermées de l'intérieur. Et ces deux pauvres femmes, la mère et la fille, n'avaient pas d'argent. Donc, le vol n'était pas le mobile du crime...

MME BERNARD, *toujours brillante*: J'ai une idée : c'est peut-être un accident, ou un double suicide...

M. BERNARD, *sarcastique*: Tu es un vrai Sherlock Holmes. Tu aurais fait un détective sensationnel. On pourrait te dire, évidemment, que peu de gens se suicident à coup de hache sur la tête... Et comme accident, ce serait assez original... Tiens! C'est curieux! Voilà un entrefilet qui dit qu'on a trouvé des empreintes digitales, mais qu'elles ne correspondent à aucun type humain. Bi-zarre, vrai-ment bi-zarre... (*Petit silence*) Dis donc, si on allait au cinéma ce soir, puisqu'il ne se passe rien d'intéressant dans la réalité?

MME BERNARD: Quelle bonne idée, quelle bonne idée! Je vais m'habiller tout de suite. Heureusement qu'il y a le cinéma! Allons voir un film avec beaucoup d'aventures, ça nous changera un peu...

REMARQUES ET REPLIQUES

Répliquez en restant dans l'esprit de la conversation:

MME BERNARD: Qu'est-ce que c'est que les *World Series*?
M. BERNARD: ......

MME BERNARD: Qu'est-ce que c'est que le baseball?
M. BERNARD: ......

MME BERNARD: Qu'est-ce qu'il vient de faire, Lemonnier?
M. BERNARD: ......

MME BERNARD: Il a fait ça lui qui est si joli garçon! Toutes mes amies ont voté pour lui.
M. BERNARD: ......

M. BERNARD: Tiens, les Russes ont arrêté un autre espion.
MME BERNARD: ......

M. BERNARD: Si la France était comme la Russie, je ferais arrêter et exécuter ce Lemonnier.
MME BERNARD: ......

M. BERNARD: On a renversé un autre gouvernement en Amérique Centrale.
MME BERNARD: ......

Ces images vous parlent...

Identifiez ce visage énigmatique.
Donnez-lui une histoire qui
explique sa présence derrière
ces barbelés.

Un avion léger s'est
écrasé au sol et a pris feu.
Comment cet accident
est-il arrivé et quelles
sont les victimes?

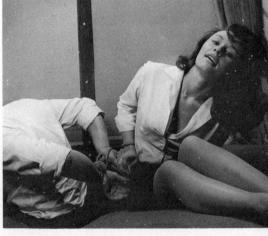

Des victimes de qui, et de quoi?
Imaginez une légende pour cette photo,
telle qu'elle paraîtrait dans un journal
du soir. Composez aussi la manchette
de l'article qui l'accompagnerait.

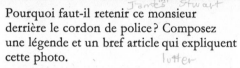

Pourquoi faut-il retenir ce monsieur *James Jim Stwart* derrière le cordon de police? Composez une légende et un bref article qui expliquent cette photo. *lutter*

Invasion? Mouvement de troupes? Manœuvres? Quoi encore? Composez une légende pour cette photo. Composez aussi un très bref article pour l'accompagner.

Ce champion vient de battre un record. De quel record s'agit-il? Imaginez l'interview qu'il va donner tout à l'heure à la presse.

M. BERNARD:	Tiens, on donne la photo de la petite amie du directeur de banque, tu sais, celui qui a escroqué vingt millions.
MME BERNARD:	......
M. BERNARD:	Moi, si j'étais à la place de ce monsieur, je mettrais le pèze dans une banque suisse.
MME BERNARD:	......
MME BERNARD:	Y a-t-il des nouvelles de l'assassinat de la rue Morgue?
M. BERNARD:	......
MME BERNARD:	Mais quel est le mobile du crime?
M. BERNARD:	......
MME BERNARD:	A-t-on trouvé des empreintes digitales?
M. BERNARD:	......
M. BERNARD:	Dis donc, si on allait au cinéma ce soir?
MME BERNARD:	......

QUESTIONS SUR LA CONVERSATION

1. Pourquoi Mme Bernard ne sait-elle pas ce que c'est que les *World Series*?
Parce qu'ell ne sait pas ce que c'est le baseball.

2. Qu'est-ce que l'Assemblée nationale vient de voter? Pourquoi M. Bernard *Elle vient de voter pour une augmentation de 5 pour cent de l'impôt sur le* est-il furieux? Et surtout si on pense aux promesses de Lemonnier... Quelles *revenu* étaient ces promesses? Pourquoi ne faut-il pas être trop surpris?

3. Pourquoi les amies de Mme Bernard ont-elles voté pour Lemonnier? Et Mme Bernard, pour qui a-t-elle voté, elle?

4. Pourquoi a-t-on arrêté l'espion en Russie? M. Bernard n'aime pas les impôts pourtant il trouve que les Russes ont raison. *Il n'en pas* Son raisonnement est-il très logique? Et pourquoi éprouve-t-il ces sentiments?

5. Mme Bernard, elle aussi, est assez tentée par la perspective de faire arrêter les gens qu'elle n'aime pas. Qui ferait-elle arrêter si elle était en Russie? Et que pensez-vous de l'idée que se font les Bernard du système russe?

6. Quelle est la réaction de Mme Bernard aux nouvelles que le gouvernement d'un pays d'Amérique centrale vient d'être renversé? Pourquoi?

7. Le directeur de la banque est sans doute un escroc. Qu'est-ce qu'il a probablement fait?

8. De qui donne-t-on la photo? Comment est-elle? Pourquoi est-ce que cette photo intéresse Mme Bernard?

gëton

9. M. Bernard rêve... Si j'étais à la place de ce monsieur... avec les vingt millions... Que ferait-il? Que veut dire « le pèze »?

10. Pourquoi M. Bernard dit-il à sa femme qu'elle est une dinde? Est-ce un compliment? A-t-il tort ou raison? Pourquoi?

11. Quelles sont les victimes de l'assassinat de la rue Morgue? Qui est le meurtrier? Pourquoi l'affaire est-elle si mystérieuse?

12. Avez -vous déjà entendu parler de l'assassinat de la rue Morgue? Où? par qui? Qu'en savez-vous?

13. Etes-vous d'accord, après cette conversation qu' « il ne se passe jamais rien »? Pensez-vous qu'un film puisse inventer des événements beaucoup plus sensationnels que ceux dont M. et Mme Bernard viennent de parler? Expliquez.

14. Vous remarquez que M. Bernard — et probablement aussi Mme Bernard — s'identifient avec les personnes dont parlent les nouvelles. Donnez des exemples spécifiques de cette identification. Pourquoi les gens font-ils cela? Le faites-vous? Pourquoi?

EXPRESSIONS ET CONSTRUCTIONS IDIOMATIQUES A REMARQUER

*Comment parler des nouvelles, exprimer son opinion et
commenter l'opinion des autres.*

Devant les événements de l'actualité, vous avez sans doute une réaction et une opinion personnelles. Mais lorsque vous parlez de ce qui se passe dans le monde, il faut commencer par **dire (raconter)** les informations que vous avez lues ou vues. Par exemple, si on vous demande de résumer l'article d'un journaliste célèbre (Jack Weston, par exemple), sur l'interview d'un grand homme politique et d'exprimer votre avis à propos de cette interview, vous ne voulez pas en parler de façon aussi inintéressante, imprécise et banale que celle-ci:

> Il dit que l'homme politique est maintenant à Paris. Il dit qu'il parle avec le Président de Gaulle. De Gaulle n'est pas content. Il dit que les Américains ne sont pas contents non plus. Ils ont parlé de la situation. Ils ont dit qu'il n'y avait pas de solution. Il dit qu'ils ont besoin d'un compromis. Il a raison. De Gaulle a tort. C'est une situation difficile.

Non, ce n'est pas le genre de reportage qui excite l'intérêt de votre interlocuteur! Pourquoi? D'abord, ce n'est pas exact (Qui parle? Qui est « il »? « ils »? Qui est le journaliste? Qui est l'homme politique? Quelle est la situation ?). Ensuite, tout est raconté dans un style incolore, avec répétition des mêmes verbes (« Il dit... », « Il est... », « Ils sont... », « Il a... », « Ils ont... »). Le tout est complètement incohérent, et l'opinion exprimée n'est ni subtile, ni convaincante (« Il a raison... », « Il a tort... »).

Que faut-il faire ? Voilà le même résumé exprimé différemment :

Dans cet article que je résume pour vous, Jack Weston, journaliste célèbre, **parle de** l'interview du Sénateur Smith, chef du Comité des Affaires étrangères du Sénat, après son entretien cette semaine avec le Président de Gaulle. Le sénateur américain **se trouve à présent** en Europe pour s'informer sur place de l'opinion actuelle dans les différentes capitales occidentales. **D'abord il s'agit de** la position précise de la France envers l'OTAN et **ensuite** des démarches à faire dans la réorganisation du Pacte Atlantique lorsque la France s'en sera retirée définitivement. **D'autre part, il est question de** redéfinir, forcément, le statut des troupes françaises en Allemagne, problème épineux sur lequel, selon le sénateur américain, le Président de Gaulle se serait exprimé en termes prudents. M. Smith a remarqué, **pourtant,** que le Président, tout en clarifiant la politique extérieure de la France, **faisait preuve d'**une attitude conciliante et **se montrait** ouvert à des négociations futures. M. Smith, **d'ailleurs, s'avérait** satisfait de l'entretien et a signalé plusieurs fois l'intérêt de ces conversations avec le Président français. **Par contre,** Jack Weston **se révèle** plus pessimiste **à cet égard.** Celui-ci **constate** que le regroupement des forces alliées ne pourrait pas se réaliser sans bouleverser tout le concept de la politique américaine en Europe, et, **en plus,** entraîner de grosses dépenses auxquelles la France ne semble guère disposée à participer. **Quant aux** troupes françaises en Allemagne, **il n'a pas l'air de** croire à une solution immédiate. **Néanmoins,** il espère un compromis, en faisant remarquer que la France **paraît** vouloir rester fidèle à ses alliés **malgré** sa position indépendante.

A **mon avis,** le journaliste a raison, car **je trouve qu'**en fin de compte, la France ne peut pas agir de façon absolument indépendante. **En effet,** l'intransigeance apparente de de Gaulle nous déconcerte; **cependant,** à la place des leaders occidentaux, je chercherais à élaborer les domaines où la France doit nécessairement collaborer. **Bref, il me semble** qu'un compromis éventuel est possible et **quoi qu'il en soit,** la France restera **enfin** fidèle à ses anciens amis.

I. *Pour indiquer* le sujet *d'un article, d'un livre, d'un film, employez des formules telles que :*

il s'agit de :	Dans cet article de Jack Weston, **il s'agit de**...
il est question de :	Dans ce livre, **il est question de**...
on parle de :	Dans le journal d'aujourd'hui, **on parle de**...

(Attention! Ne dites jamais en français : « L'auteur écrit de... » ni « Le livre dit de... »)

II. *Evitez l'emploi excessif du verbe* **dire**. *Au lieu de répéter le même verbe, variez votre expression :*

Il constate que...	*(He notes that ...)*
On annonce que...	*(It is announced that ...)*
On déclare que...	*(It is said that ...)*
Il remarque que...	*(He notes that ...)*
Il fait remarquer que...	*(He points out that ...)*
Il signale que...	*(He points out that ...)*
Il observe que...	*(He notes that ...)*

III. *Evitez l'emploi excessif du verbe* **être**. *Remarquez que dans le deuxième résumé donné ci-dessus, le verbe* **être** *ne s'emploie pas du tout :*

Il est en Europe.	Il **se trouve** en Europe.
De Gaulle est conciliant.	Il **fait preuve** d'une attitude conciliante.
M. Smith est satisfait.	Il **s'avère** satisfait.
Jack Weston est pessimiste.	Il **se révèle** pessimiste.
La France n'est pas disposée.	Elle **ne semble pas** disposée.
Weston n'est pas convaincu.	Il **témoigne d'**une certaine réserve...
Ce qui est impossible.	Ce qui **paraît** impossible...
Il n'est pas du tout persuadé.	Il n'**a** pas **l'air** de croire...

IV. *Ponctuez votre résumé de verbes qui donnent une impression d'ordre logique :*

d'abord ou **tout d'abord**	*(first, first of all)*
en premier lieu	*(in the first place)*
puis, ensuite, etc.	*(then, next, etc.)*
enfin, finalement	*(last, finally)*
en dernier lieu	*(last of all)*

A. Introduisez un nouveau sujet par des formules convenables:

quant à	(*as to*)
à l'égard de	(*with respect to*)
en ce qui concerne	(*as far as ... goes*)
à propos de	(*on the subject of*)
au sujet de	(*on the subject of*)

B. Employez des adverbes qui servent de transition:

d'autre part	(*in addition, on the other hand*)
d'ailleurs	(*besides*)
en outre	(*moreover*)
en plus	(*in addition*)
en revanche ou par contre	(*on the other hand*)
au contraire	(*on the contrary*)

C. Employez aussi des adverbes qui se prêtent à un résumé d'opinion, à une conclusion d'idées:

malgré ou en dépit de	(*in spite of*)
en effet ou effectivement	(*indeed*)
bref ou en somme	(*to sum up*)
quoi qu'il en soit	(*whatever the case may be*)
en tout cas ou dans tous les cas	(*in any case*)

D. Variez même les adverbes de temps. Ne répétez pas toujours « maintenant ». Employez

actuellement	(*now, nowadays, currently*)
en ce moment	(*right now*)
à présent	(*at present*)

V. *Employez le conditionnel passé pour exprimer* **la rumeur:**

> M. Smith **aurait déclaré** au président que les Etats-Unis cherchent un compromis. (*It would seem that Mr. Smith stated to the President that the United States was seeking a compromise.*)
> Le Président de Gaulle **se serait exprimé** en termes prudents. (*It would seem that President de Gaulle expressed himself in guarded terms.*)

VI. *Pour exprimer votre opinion, vous pourriez, bien sûr, observer sans nuance:*

> « La France a tort. »

mais, évidemment, tous vos interlocuteurs ne seraient pas d'accord avec vous et cela ne convaincrait pas ceux qui ne le sont pas. Disons alors que pour des raisons de tactique et de courtoisie, l'expression de votre opinion

doit être accompagnée de certaines formules qui feront peut-être considérer vos idées avec l'appréciation qu'elles méritent :

A mon avis, la France a tort.

Il me semble que la France a tort (ou : La France, **me semble-t-il,**
a tort.)

Je trouve que la France a tort.

J'estime que la France a tort.

La France **aurait** tort (un conditionnel qui diminue la force de
votre déclaration).

DIXIEME LEÇON

L'Argent, les revenus et les dépenses, les transactions financières

« *Comment ça se fait, que j'aie tout cet argent? Eh bien, voyons, j'ai travaillé pendant les vacances, et puis j'ai fait des économies. Ah oui, et puis, aussi, j'ai hérité d'un oncle millionnaire...* »

DIXIEME LEÇON

L'Argent, les revenus et les dépenses, les transactions financières

VOILA L'USAGE:

L'argent est une des nécessités journalières de la vie. Sous une forme ou une autre, il fait partie de la plupart des activités humaines.

L'argent est sous forme de **billets** (le terme complet est « billet de banque ») et de **pièces** (de monnaie). Les **sommes importantes** sont en billets, les **petites sommes** sont en pièces.

Si vous achetez quelque chose qui coûte 60 cents, par exemple, et si vous payez avec un billet d'un dollar, la différence sera la **monnaie**. Le marchand vous rend la monnaie, dans ce cas, 40 cents. Pour prendre l'autobus, vous avez besoin de monnaie : le conducteur refuse souvent de **changer** les billets.

MAINTENANT, LA QUESTION:

A quels moments, au cours d'une journée ordinaire, avez-vous besoin d'argent ? Avez-vous toujours de l'argent sur vous ? Pourquoi ? *Quand je viens à l'école pour payer l'autobus et quand ;*

Quelles sont les pièces de monnaie américaines ? (Il y a la pièce de 1 cent, et puis… ?) Quels sont les billets ?

Si vous payez $37,83*, que donnez-vous en billets et en pièces ?

Quand avez-vous besoin de monnaie au cours d'une journée ?

---

* $37,83 : Remarquez qu'en français la virgule indique un chiffre décimal, tandis que le point indique la séparation entre unités, dizaines, etc. : 10.000. L'usage est donc exactement l'inverse de l'usage américain, où le point est décimal ($37.83) et où la virgule sépare unités, dizaines, etc. : 10,000.

Comment **se procure-t-on** de l'argent? Le plus souvent, on **travaille** et on **gagne*** de l'argent.

On gagne « **tant** » (*so much*) de l'heure, « tant » par semaine, « tant » par mois, « tant » par an.

Quand vous travaillez, vous recevez de l'argent : vous **touchez** de l'argent; vous dites : « Je **touche** un **salaire** de « tant » par mois ». Après avoir touché votre salaire, vous **êtes en possession** d'une somme d'argent, soit sous forme d'**argent liquide** (*cash*) soit sous forme de chèque. Qu'est-ce que vous en faites?

Vous avez sans doute un **compte en banque** et vous y **déposez** votre argent.

Mais vous avez probablement des **notes** à payer : le **loyer** de votre appartement, votre note de téléphone, etc. Il vous faut aussi de l'argent pour vivre. Vous **dépensez** donc une partie de votre argent. L'argent que vous dépensez **à votre guise** (*as you wish*), c'est votre **argent de poche** (*spending money*).

Si vous êtes **économe**, vous **faites des économies**. Comment? Eh bien, vous mettez peut-être une **partie** de votre **revenu**, c'est à

Travaillez-vous maintenant? Et pendant les vacances? Etes-vous payé à l'heure? A la semaine? Combien gagnez-vous? (Vous pouvez modifier la vérité.)

Quel jour touchez-vous votre salaire? (Question évidemment destinée à ceux qui travaillent.)

Touchez-vous votre salaire sous forme de chèque ou d'argent liquide?

Quelle est la première chose que vous faites après avoir touché votre argent?

Quelles notes avez-vous à payer?

Comment dépensez-vous généralement votre argent de poche?

Faites-vous, ou avez-vous fait à un certain moment, des économies? Dans quel but?

---

* **gagner de l'argent** : un honnête homme travaille et **gagne de l'argent**. **Faire de l'argent** a, en français, un sens tout différent. En fait, « faire » de l'argent, c'est être un contrefacteur, et la contrefaction est un crime!

dire de l'argent que vous touchez,
dans un compte spécial, tandis que
le reste de votre argent, celui que
vous **avez l'intention** de dépenser
sera dans un **compte courant.**
Quand vous avez besoin d'argent
liquide, vous allez à la banque et
vous touchez un chèque. Vous
payez aussi la plupart de vos notes
par chèque.

Si vous êtes **dépensier,** au contraire, vous ne faites pas
d'économies. Vous n'avez jamais
assez d'argent, et souvent vous
faites des **dettes.** Mais économe ou
dépensier, ne soyez surtout pas
avare (*stingy*). Il faut savoir
profiter de votre argent et en
même temps **vivre selon vos
moyens** (*live according to your means*).

Quand est-on obligé de **faire des
dettes**? Eh bien, si on a besoin
d'une **somme élevée** pour acheter
une voiture, par exemple, la
banque vous **prête** de l'argent.
Cette somme s'appelle un **prêt**
(*loan*). La banque prête à ses clients,
et le client **emprunte** (*borrows*) à la
banque. Naturellement, il faut
rembourser l'argent qu'on
emprunte! Le plus souvent, le
remboursement se fait par
échéances (*payments*) mensuelles,
c'est-à-dire qu'à des dates fixes,
une fois par mois par exemple, on
rembourse « tant » à la banque. Le
remboursement dure deux ans,
par exemple, s'il s'agit de l'**achat**
d'une voiture. Il faut ajouter les
intérêts qui **se montent** à six ou
sept **pour cent** de la somme
empruntée.

Votre revenu vous suffit-il? Pourquoi?
Préférez-vous payer vos notes par
chèque? Pourquoi?

Vous considérez-vous dépensier
ou économe? Expliquez.

Connaissez-vous quelqu'un d'avare?
Donnez des exemples de son avarice.
Que pensez-vous des gens avares?
Est-ce que les avares ont beaucoup
d'amis? Pourquoi?

Avez-vous des dettes en ce
moment? Y pensez-vous beaucoup?
Détestez-vous avoir des dettes, ou
bien **est-ce que ça vous est égal**
(*is it all the same to you*)?

Quand emprunte-t-on de l'argent à
la banque? Donnez quelques
exemples.

Si vous allez à la banque et
demandez à emprunter, disons
3.000 dollars dans quelles conditions la banque vous prêtera-
t-elle cette somme? Comment la
rembourserez-vous?

Vous empruntez 3.000 dollars à
six pour cent, remboursables en
3 ans. Pouvez-vous calculer combien vous paierez d'intérêt et le
montant de chaque échéance?

Si vous n'avez besoin que d'une petite somme, dix ou vingt dollars, vous pouvez généralement l'emprunter à un ami. Dans ce cas, vous ne payez pas d'intérêt. Mais remboursez — ou **rendez** — cet argent à la date fixée, si vous ne voulez pas perdre votre ami.

Un des moyens les plus agréables de dépenser son argent consiste à faire des achats dans les magasins. On **paie comptant** (*You pay cash*) à moins d'avoir un **compte**. Un compte est dangereux si on a tendance à être dépensier. Et puis, il y a la surprise désagréable de l'arrivée de la note — ou **facture**.

Au restaurant, le petit papier que le garçon vous apporte à la fin du repas s'appelle **l'addition**. Quand on paie — ou **règle** (*settle*) — l'addition, on laisse aussi un **pourboire** de dix à quinze pour cent.

Le pourboire représente une coutume plus ou moins répandue dans divers pays. En France, cette coutume fleurit, et les voyageurs ont parfois l'impression de passer leur temps à distribuer des pourboires : aux garçons de café et de restaurant, au maître d'hôtel, à la **femme de chambre** (*chambermaid*) de leur hôtel, au **concierge**, aux **chauffeurs de taxi**, et même à l'**ouvreuse** (*usherette*) qui leur montre leur place au théâtre et au cinéma.

Peut-on prêter et emprunter à ses amis autre chose que de l'argent ? Par exemple...

Si on emprunte à un ami, que faut-il faire pour ne pas perdre son amitié ?

Aimez-vous faire des achats ?
Qu'aimez-vous aller acheter en particulier ?
Quand on fait des achats, quels avantages y a-t-il à payer comptant ? à avoir un compte ? Lequel des deux systèmes préférez-vous personnellement ?
Est-ce qu'un accompte est dangereux pour les gens économes ? Pourquoi ?
Qui, dans votre famille, reçoit et paie les notes ? Quelle est sa réaction la plus générale à l'arrivée de celles-ci ?

Pensez-vous que le système du pourboire, qui constitue souvent l'essentiel du revenu d'un garçon de restaurant, soit bon ?

Que pensez-vous des gens qui donnent des pourboires énormes ? Est-ce la générosité qui les guide ? Sinon, quels sont probablement leurs motifs ?

A qui donne-t-on un pourboire en Amérique ? Sans regarder votre livre, dites-moi à qui on donne des pourboires en France ?

Certaines personnes ont un **revenu** autre que l'argent qu'elles gagnent par leur travail. Si on possède un capital avec lequel on achète des immeubles, des terrains, des **actions** (*stocks*) on a des **placements** ou **investissements**. Un bon placement **rapporte**. Un placement **sûr** rapporte moins qu'un placement **spéculatif**, mais évidemment, si on spécule, on peut aussi tout perdre. Il faut savoir si on préfère **courir des risques** (*take chances*) ou, au contraire, éviter les soucis.

Malheureusement, l'argent que vous gagnez n'est pas tout à vous! Hélas, non! Le gouvernement veut sa part, ce sont les **impôts** (*taxes*). Il y a toutes sortes d'impôts, mais le plus universel, c'est l'**impôt sur le revenu** (*income tax*), qui prend un pourcentage substantiel de votre revenu.

La **taxe** est la somme que le gouvernement ajoute au prix de certaines marchandises : il y a une taxe sur l'alcool, une taxe sur l'essence, une taxe sur les cigarettes et sur certains objets de luxe.

Les **droits** (*fee*), c'est la somme que vous payez pour **avoir le droit** de faire quelque chose. Vous payez des droits d'importation sur certains

Si ce n'est pas indiscret, voulez-vous nous dire en quoi consiste le revenu de vos parents? le vôtre? Qu'est-ce qu'on peut acheter si on a un capital à placer? Que pensez vous d'un monsieur qui achète, par exemple, des actions sur une mine d'or inexploitée dans la région de l'Amazone? Quelles prédictions voulez-vous faire au sujet du **rapport** (*return*) de ces actions? Que pensez-vous d'autre part des gens qui cachent leur capital dans une chaussette, sous leur matelas? Et de ceux qui l'**enterrent** (*bury*) dans leur jardin?

Quel sont les avantages et les inconvénients des placements spéculatifs?

Expliquez ce que c'est que les impôts.
Comment calcule-t-on l'impôt sur le revenu? Est-ce juste? Avez-vous un autre système à proposer?

Quand vous touchez votre chèque, est-ce que l'impôt sur le revenu est déduit? Avez-vous jamais calculé quel pourcentage vous payez?

On paie une taxe sur certains produits en Amérique. Sur les-quels, en particulier?

objets. Un étudiant paie des **droits d'inscription** (*tuition* or *registration fee*) chaque semestre; on paie des **droits de péage** sur certaines routes ou pour traverser certains ponts.

Quels droits payez-vous comme étudiant? Quand les payez-vous? Vous paraissent-ils raisonnables ou trop élevés?
Y a-t il des routes ou des ponts dans votre région sur lesquels il faut payer des droits de péage? De combien sont ceux ci?

Il faut payer une **amende** (*fine*) comme punition si on a manqué d'observer une loi ou un **réglement** (*regulation*) ou une restriction. Par exemple, si vous oubliez de rendre un livre à la bibliothèque, il faut payer une amende pour chaque jour de retard. Si on n'observe pas le code de la route le résultat du P.V. — procès-verbal — que l'agent vous donne sera inévitablement... oui : une amende.

Avez-vous eu récemment à payer une amende? De quoi étiez-vous coupable?
A quelles amendes est-on sujet dans votre école?
Y a-t-il des amendes que vous aimeriez voir instituer? lesquelles? d'autres que vous considérez injustifiées?
S'il y avait un système d'amendes dans la classe de conversation, qu'est-ce qu'elles puniraient probablement?

Quand une jeune fille se marie ses parents lui donnent quelquefois une somme d'argent qu'on appelle la **dot** (*dowry*). Cette coutume, bien que moins répandue qu'autrefois existe pourtant encore, surtout en Europe. La dot permettra au jeune ménage de s'installer et d'avoir un fond de réserve. Beaucoup de jeunes gens détestent l'idée de dot, qui leur semble synonyme avec celle de **mariage de raison**, mais il n'y a pas de doute que la dot rend les débuts d'un mariage plus faciles.

Mademoiselle, aimeriez-vous avoir une dot? Pourquoi? Monsieur épouseriez-vous de préférence une jeune fille « à dot »? Pourquoi? Quels sont les avantages et les inconvénients d'une dot?
Le mariage d'amour a des attraits si évidents qu'il est même inutile de les énumérer. Mais d'autre part, le mariage de raison a, lui aussi, ses bons côtés. Quels sont-ils?
Dans les annonces matrimoniales on voit souvent : « Jeune fille **avec espérances** ». De quelles « espérances » s'agit-il? Considérez-vous que vous, personnellement, avez des « espérances »?
Si oui, de qui espérez-vous hériter, et de quoi?

Avant de mourir, il faut faire un **testament.** Plus le **patrimoine** est important, plus l'héritage est élevé et plus le testament est nécessaire. La littérature française abonde en récits de querelles entre **héritiers** qui ne sont pas satisfaits de la **répartition** (*distribution*) de l'héritage sur lequel ils comptaient. Et à ce propos, on raconte l'histoire suivante : Un riche fermier avait deux fils très querelleurs. Il savait qu'à sa mort ceux-ci se disputeraient, quel que soit le partage indiqué dans son testament. Aussi fit-il le testament suivant : « Un de mes fils divisera le patrimoine en deux parts égales, et l'autre choisira celle qu'il préfère.» Ingénieux, ne trouvez-vous pas ?

Vous querelleriez-vous avec un frère ou un cousin sur une question d'héritage ? Pensez-vous que **ça en vaut** la peine ? Pourquoi ?

Pourquoi les instructions du fermier étaient-elles sages ?

SUJETS D'EXPOSE

1. Si ce n'est pas indiscret — et d'ailleurs, vous pouvez altérer la vérité à votre guise! — faites-nous un exposé de votre budget. Quel est votre revenu ? Quelles sont vos dépenses ? Avez-vous des notes à payer ? des droits ? Où et comment gardez-vous votre argent ? Faites-vous des économies ? Pourquoi ?

2. A votre âge, c'est certainement prématuré (mais rien que pour s'amuser un peu)... faites votre testament. Que laissez-vous, et à qui ? Pourquoi ? Quel usage souhaitez-vous que ces gens en fassent ?

3. Racontez une aventure embarrassante, cocasse ou intéressante qui vous est arrivée à propos d'une question d'argent.

4. Voilà mille dollars ($1000). C'est une somme sur laquelle vous ne comptiez pas et qui vous tombe du ciel. Qu'allez-vous en faire ?

5. Faites le portrait, avec beaucoup de détails concrets, d'une personne (un de vos amis, peut-être, ou un membre de votre famille) que vous admirez parce qu'elle — ou il — est économe et sait bien organiser ses affaires d'argent. Avez-vous l'impression de lui ressembler ou au contraire, avez-vous tendance vous-même à être dépensier ?

6. Imaginez que vous avez à placer, et naturellement dans les conditions les plus avantageuses, un capital de 20.000 dollars, par exemple. Comment allez-vous l'investir, et pourquoi ?

DIXIEME LEÇON

7. Vous voulez acheter une voiture, mais vous n'avez pas assez d'argent. Vous allez à la banque pour emprunter ce qui vous manque. Racontez la transaction.

8. Parmi les faits-divers des journaux, ou bien dans la littérature, on trouve souvent le compte-rendu de la découverte d'un trésor. Racontez une de ces découvertes. Imaginez (si on ne le dit pas) qui a caché, il y a longtemps, ce trésor, et pourquoi. Dites-nous aussi comment ceux qui ont trouvé ce trésor vont en disposer.

POLEMIQUE

1. a. L'argent ne fait pas le bonheur... Et même il semble qu'il y présente souvent un obstacle : voyez tous les exemples de gens riches qui semblent malheureux. Il vaut mieux être pauvre!

   b. Pas du tout. S'il est vrai (et encore, est-ce discutable...) que l'argent ne fait pas le bonheur, il y contribue en tout cas beaucoup. Et on peut même dire que sans argent, il est impossible d'avoir la paix d'esprit et la liberté qui sont des conditions essentielles du bonheur.

2. a. Comme on ne sait jamais ce que l'avenir apportera, il faut vivre au jour le jour et dépenser son argent à mesure qu'on le gagne.

   b. Non. Les seules satisfactions valables sont celles que l'on se procure soi-même, et avec le fruit de ses efforts. Il faut donc travailler, se priver de beaucoup de choses et faire le plus possible d'économies.

3. a. Je préfère un gouvernement qui laisse les citoyens responsables de leur propre destinée. Ainsi, chacun sera récompensé selon son travail et ses aptitudes. C'est la seule justice.

   b. Moi, je suis en faveur d'un gouvernement à tendances socialistes qui prend aux riches pour donner aux pauvres. La justice ne consiste pas à donner à ceux qui sont doués, mais au contraire à assurer la subsistance de ceux qui sont déshérités par la nature et les circonstances.

✿ *Jean-Pierre est un panier percé!**

CONVERSATION

Le père de Jean-Pierre est assis à son bureau, entouré d'un tas de papiers. Nous sommes le premier du mois, et ce sont manifestement les notes et

---

*un panier percé: (literally, « a basket with a hole in it », meaning a spendthrift) un terme pittoresque qui s'applique aux gens qui dépensent à tort et à travers, sans souci de leurs moyens.

les factures qui viennent d'arriver. Il ne reste plus à M. Marchand qu'à payer ce qu'il considère généralement — et pas toujours à tort — les folies de sa famille. Voilà une note qui semble l'indigner tout particulièrement. Il appelle :

M. MARCHAND : Jean-Pierre ! Jean-Pierre ! Tu veux venir un instant ? Il faut que je te parle.

JEAN-PIERRE : Voilà, papa, j'arrive. Ah, je vois que tu es en train de payer les notes. Ah, là, au moins, moi je sais que tu n'as rien à me reprocher. Je suis si économe et si raisonnable...

M. MARCHAND : En effet... (*Ironique*) Alors dans ce cas, il y a sûrement une erreur. Qu'est-ce que c'est que cette note de cinq dollars, qui vient de la Cité du Disque ?

JEAN-PIERRE : Ah d'abord, papa, laisse-moi te dire que je me suis privé de déjeuners toute la semaine. Alors tu vois, samedi, j'avais cinq dollars d'économies. Donc, je suis allé à la Cité du Disque. Ils ont une vente réclame, tu sais, et il y a des occasions* formidables... Et comme pour une fois je n'étais pas fauché** j'ai acheté deux disques dont j'avais le plus grand besoin pour ma collection, à des prix spéciaux, bien entendu et aussi une aiguille pour mon phono. Comme ça se montait à dix dollars, je leur ai dit de t'envoyer la facture pour le reste.

M. MARCHAND : Alors, comme ça, tu avais *besoin* de disques. Est-ce que tu ne connais pas la différence entre avoir *besoin* de quelque chose et en avoir simplement *envie* ?

JEAN-PIERRE : Oh, je connais très bien la différence. Mais alors là, je t'assure, papa, que j'en avais vraiment besoin, de ces disques...

M. MARCHAND : Bon, bon, passons. Je sais que j'aurais tort de me plaindre alors que mon fils, un modèle d'économie, se laisse mourir de faim pour acheter des objets complètement inutiles, qu'il n'a d'ailleurs pas les moyens de payèr. Mais passons. Je t'ai appelé pour deux raisons, et voilà l'autre. Jean-Pierre, peux-tu m'expliquer cette autre facture : réparation de ta voiture — vingt-cinq dollars. Je me rappelle pourtant distinctement t'avoir donné ces vingt-cinq dollars le jour où tu es allé chercher ta voiture au garage. Qu'en as-tu fait ?

* **des occasions formidables :** *sensational deals* (**une occasion** = *a deal, a good deal*).

** **fauché :** un mot du français quotidien, pas tout à fait littéraire, mais pas tout à fait argot, employé très couramment: **Fauché** signifie **sans argent** (*broke*).

JEAN-PIERRE:	Ah, ça, papa, c'est facile à expliquer. Voilà. Le jour où je suis allé chercher ma voiture, j'ai rencontré au garage un ancien copain à moi, Philippe. Tu te souviens? Un type très gentil...
M. MARCHAND:	Qu'est-ce que Philippe a à voir avec le fait que tu n'as pas payé ta note?
JEAN-PIERRE:	Oh, rien du tout, papa. Seulement, Philippe voulait vendre un supercharger qu'il avait sur sa voiture à lui. Tu sais, il avait eu un accident, la voiture ne valait plus rien, mais le supercharger, il était comme neuf, et à cinquante dollars, c'était une affaire, une véritable occasion...
M. MARCHAND:	Jean-Pierre, dis-moi que je rêve et que je vais me réveiller...
JEAN-PIERRE:	Non, tu ne rêves pas. Et je dois te dire que je ne comprends pas du tout ton attitude. Moi qui croyais que tu allais me féliciter! Tu sais combien ça coûte neuf, un supercharger?
M. MARCHAND, *sarcastique*:	Oui, c'est ça, je te demande pardon, Jean-Pierre, tu es un génie financier. Accepte mes félicitations! (*Furieux*) Et maintenant, jeune idiot, dis-moi tout : comment as-tu payé ces cinquante dollars?
JEAN-PIERRE:	Eh bien, n'est-ce pas, j'avais les vingt-cinq dollars que tu m'avais donnés pour la réparation de la voiture, et puis j'avais aussi l'argent que tu m'avais donné deux jours avant pour payer mes droits d'inscription à l'Université. Alors, j'ai payé Philippe comptant — il avait besoin de son argent tout de suite — et puis j'ai dit au garagiste de t'envoyer la note. Je paierai mes droits d'inscription plus tard, même s'il y a une petite amende pour le retard. Maintenant, je vais faire des économies pour faire installer le supercharger. Oh, ce ne sera pas cher...
M. MARCHAND:	Jean-Pierre, tu vois, je fais un effort pour rester calme. Mais alors, voyons : une note de cinq dollars de la Cité du Disque, une note de vingt-cinq dollars du garage. Et il reste encore à payer tes droits d'inscription. Jean-Pierre, tu n'es pas dépensier. Tu es un panier percé, voilà ce que tu es.
JEAN-PIERRE:	Un panier percé! un panier percé! Et moi qui me prive du nécessaire pour faire des économies!
M. MARCHAND:	Oui, voilà, tu te prives du nécessaire afin de pouvoir t'acheter le superflu. Et encore, tu fais des dettes en achetant le superflu. C'est exactement ça, un panier percé!
JEAN-PIERRE:	Quelle injustice! Moi qui suis si économe et si raisonnable!

Ces images vous parlent...

Il sont deux voleurs qui viennent de voler (dérober) ~~cet~~ un banque, ils emportent l'argent à une serviette (portefeuille)

Comment ont-ils acquis cet argent ? Et où l'emportent-ils ?

Je pensais qu'il n'y a rien d'avantages du cambriolage

Quel est le rapport entre cette photo et les questions d'argent ? A vous de nous l'expliquer. Imaginez aussi la profession du monsieur et ce qu'il fait de son argent.

Façon rapide — bien que malhonnête — de s'enrichir... Quels sont les avantages et les inconvénients du cambriolage des coffres-forts ? Le recommanderiez-vous, et pourquoi ?

Mon dieu! Ce monsieur
était en train de jouer,
et il s'évanouit. A-t-il
gagné ou perdu?
Reconstituez la scène.

Chez un avocat. Quel
document celui-ci est-il
en train de lire? Et quel
en est le contenu?

REMARQUES ET REPLIQUES

Répliquez en restant dans l'esprit du texte:

M. MARCHAND:	Jean-Pierre, il faut que je te parle. Tu peux venir un petit instant?
JEAN-PIERRE:	......
M. MARCHAND:	Qu'est-ce que c'est que cette note de cinq dollars qui vient de la Cité du Disque?
JEAN-PIERRE:	......
JEAN-PIERRE:	J'avais absolument besoin de ces deux disques.
M. MARCHAND:	......
M. MARCHAND:	Qu'as-tu fait des vingt-cinq dollars que je t'ai donnés pour payer les réparations de ta voiture?
JEAN-PIERRE:	......
M. MARCHAND:	Quel rapport y a-t-il entre le fait que tu as rencontré Philippe et le fait que tu n'as pas payé ta note?
JEAN-PIERRE:	......
JEAN-PIERRE:	Tu sais que j'ai fait une affaire formidable, en achetant ce supercharger pour cinquante dollars. Tu sais combien ça coûte neuf, un supercharger?
M. MARCHAND:	......
M. MARCHAND:	Tu es un génie financier. Alors, dis-moi, comment as-tu payé ces cinquante dollars?
JEAN-PIERRE:	......
M. MARCHAND:	Jean-Pierre, as-tu payé tes droits d'inscription?
JEAN-PIERRE:	......
M. MARCHAND:	Jean-Pierre, tu es un panier percé!
JEAN-PIERRE:	......

QUESTIONS SUR LA CONVERSATION

1. A quelle époque du mois sommes-nous? Qu'est-ce que M. Marchand est en train de faire? *le premier du mois. M.Marchand est en train de payer les notes*

2. Quelle est l'attitude de M. Marchand envers les multiples notes et factures?

3. Comment Jean-Pierre a-t-il réussi à économiser cinq dollars? Qu'en a-t-il fait?

164

DIXIEME LEÇON

4. Quelle différence y a-t-il entre « avoir besoin » de quelque chose et « avoir envie » de quelque chose ? Donnez des exemples de choses dont vous avez besoin et de choses dont vous avez envie. Lesquelles faut-il acheter les premières ?

5. Expliquez en français ce que veut dire « fauché ». Etes-vous fauché en ce moment ? Pourquoi ? Quand est-on généralement le plus fauché ?

6. Qu'est-ce que Jean-Pierre a fait de l'argent que son père lui a donné pour payer les réparations de sa voiture ?
Il a payé philiphe comptant.

7. Pourquoi Jean-Pierre se considère-t-il un génie financier ? A son point de vue personnel, quelles économies brillantes a-t-il faites ?

8. Jean-Pierre a-t-il dépensé l'argent de ses droits d'inscription ? Que faudra-t-il payer s'il est en retard dans le paiement de ceux-ci ?
il faudra payer une petite amende

9. Qui va payer — sans doute — pour l'installation du supercharger ? Pouvez vous imaginer comment Jean-Pierre va arranger ça ?

10. Qu'est-ce que c'est qu'un panier percé ?

11. Que pensez-vous des gens qui achètent des objets complètement inutiles simplement parce qu'ils sont en vente-réclame ? Le faites-vous quelquefois vous-même ?

12. Comment Jean-Pierre se prive-t-il du nécessaire ? Et que fait-il du fruit de ses privations ? En faites-vous autant, parfois ?

13. Expliquez-moi ce que c'est que des dettes ? une affaire ? une occasion ?
batagim
quand le prix est reduit

14. Quelle est la meilleure occasion que vous avez vue récemment ? En avez-vous profité ? Pourquoi ? L'avez-vous regretté ?
wrongly = tort.

EXPRESSIONS ET CONSTRUCTIONS IDIOMATIQUES A REMARQUER

I. *Le verbe* falloir

Il y a beaucoup de situations où l'idée de nécessité absolue, exprimée en français par **il faut** (*one has to ... one must ...*), s'applique à une question d'argent. Nous allons donc revoir très brièvement les usages du verbe **falloir**.

Le verbe **falloir** est impersonnel, c'est-à-dire qu'il s'emploie seulement à la troisième personne du singulier et qu'il ne peut pas être conjugué.

> **Il faut rendre** l'argent qu'on emprunte. (*One must return the money one borrows.*)
> **Il faut payer** ses notes régulièrement. (*One must pay one's bills regularly.*)

A. Les constructions du verbe **falloir**

    1. **Falloir** + *infinitif* (Pour exprimer l'idée de nécessité impersonnelle) :

        Il faut rendre l'argent qu'on emprunte.

        Il faut payer ses notes régulièrement.

Remarquez que la traduction la plus probable dans la langue parlée ne sera pas la traduction littérale donnée ci-dessus (*One...*). Puisque, en anglais, *you* a souvent le sens impersonnel de *people*, la traduction de « Il faut rendre l'argent qu'on emprunte » sera probablement « *You must return the money you borrow.*» De même, la traduction de « Il faut payer ses notes régulièrement » sera, probablement, « *You must pay your bills regularly* ». Ces traductions sont beaucoup moins formelles et littéraires que celles qui traduisent **on** par *one*.

    2. **Falloir** + *subjonctif*. Dès que vous introduisez une idée de personne (je, tu, il, nous, vous, ils) en conjonction avec **il faut**, l'infinitif disparaît et il est remplacé par le *subjonctif* :

        Il faut **que je rende** l'argent que j'ai emprunté à Bill. (*I must return the money I borrowed from Bill.*)

        Il faut **que le chef de famille paie** ses notes régulièrement. (*The head of the family must pay his bills regularly.*)

B. **Falloir** au négatif.

    1. Bien que **il faut** ait le sens de *to have to* et de *must*, la forme négative a seulement le sens de *must not*.

        Il ne faut pas dépenser plus que ses revenus. (*One — or You — must not spend more than one's — or your — income*).

        Il ne faut pas que j'oublie de payer les échéances que je dois à la banque. (*I must not forget to make the payments I owe the bank.*)

    2. Vous voyez que **il ne faut pas** veut seulement dire *must not* et ne traduit pas du tout « *not to have to* ». Pour exprimer la négation de *to have to*, employez **ne pas être obligé de** :

        On n'est pas obligé de donner un pourboire au maître d'hôtel. (*One does not have to — or you do not have to — give a tip to the maitre d'.*)

        Nous sommes invités à ce dîner, mais **nous ne sommes** certainement **pas obligés** d'y aller. (*We are invited to that dinner, but we are certainly not obliged to go.*)

Pour varier votre expression, vous pouvez aussi traduire *not to have to* par **ne pas être tenu de**... qui a exactement le même sens que **ne pas être obligé de**... :

        On n'est pas tenu de donner un pourboire au maître d'hôtel.

        Nous sommes invités à ce dîner, mais **nous ne sommes** certainement **pas tenus d'**y aller.

C. Les différents temps du verbe **falloir***

Le verbe **falloir** n'a qu'une personne et ne peut pas être conjugué. Par contre, il a tous ses temps, comme n'importe quel autre verbe usuel. Ces temps sont les suivants:

Passé composé:	il a fallu	*Imparfait*:	il fallait
Plus-que-parfait:	il avait fallu	*Futur*:	il faudra
Futur antérieur:	il aura fallu	*Conditionnel*:	il faudrait
Conditionnel antérieur:	il aurait fallu**		

II. Falloir *peut changer de sens selon le temps employé:*

A. *Le passé composé*: **il a fallu**

Le passé composé est toujours associé avec l'idée de quelque chose qui a eu lieu à un moment spécifique, quelque chose qui est arrivé soudainement et qui est maintenant terminé:

> Quand je suis entré à l'université, **il a fallu** que j'apprenne à équilibrer mon budget.
>
> J'avais signé des chèques et mon compte était vide, alors **il a fallu** que je dépose mon chèque tout de suite.

B. *L'imparfait*: **il fallait**

L'imparfait est toujours associé avec l'idée de situation, ou de description d'une situation ou d'un état:

> Mon père m'a dit qu'**il fallait** que je travaille si je voulais avoir de l'argent de poche.
>
> Je suis en retard parce que je ne savais pas qu'**il fallait** être ici à 8 heures.

C. *Le futur*: **il faudra**

L'emploi du futur ne présente pas de problèmes:

> Quand vous serez marié, **il faudra** que vous preniez vos responsabilités de chef de famille.
>
> **Il faudra** qu'un jour, je cesse d'être aussi dépensier, et que je me mette à faire des économies.

D. *Le conditionnel* — **il faudrait** — et le conditionnel antérieur — **il aurait fallu**: Le conditionnel de **falloir** a à peu près le même sens que le conditionnel de **devoir**. Tous les deux traduisent *should* ou *ought to*:

---

* Les temps primitifs (*principal parts*) du verbe **falloir** sont les suivants:

Infinitif	*Part. passé*	*Part. prés.*	*Prés. ind.*	*Passé défini*
falloir	fallu	——	il faut	il fallut

Remarquez que ce verbe n'a pas de participe présent.

** Les temps littéraires du passé (passé défini: **il fallut**; passé antérieur: il **eut fallu** et ceux du subjonctif — imparfait: **qu'il fallut** et plus-que-parfait: **qu'il eût fallu**) existent, mais ne sont jamais employés dans la langue parlée.

Il **ne faudrait** jamais faire de placement spéculatif si on a peur de perdre son argent!

Il **faudrait** que vous fassiez un petit effort et que vous travailliez davantage.

Mais **il faudrait** a aussi la nuance de sens bien spécifique de *would have to*:

Pour faire tout mon travail, **il faudrait** que je me lève à quatre heures du matin.

Si vous vouliez accumuler un capital, **il faudrait** que vous fassiez des économies.

Le conditionnel antérieur **il aurait fallu** a à peu près le même sens que le conditionnel antérieur de **devoir**. Tous les deux traduisent *should have* et *ought to have*:

Il aurait fallu que je suive les bons conseils que vous m'aviez donnés.

Il n'aurait pas fallu acheter une voiture aussi chère si vous ne vouliez pas avoir ces échéances énormes tous les mois.

III. *Quelques verbes employés fréquemment pour parler de questions d'argent*

on gagne
on dépense
on touche
on place ⎫ de l'argent
on emprunte
on prête
on rend

on fait des économies

ONZIEME LEÇON

*La Santé, les maladies et leur traitement,
convalescence et guérison*

« *Ecoute, mon vieux, moi, je peux toujours dire que
je me suis coupé en me rasant... Toi, on va leur dire
que tu as mal à la tête parce que tu es resté tard au
bureau. Mais enlève ce cigare avant que ta femme
arrive!... »*

ONZIEME LEÇON

La Santé, les maladies et leur traitement,

convalescence et guérison

Quand vous êtes **en bonne santé,** vous **allez bien,** vous **êtes bien portant.** Si vous n'êtes pas **de nature** optimiste, vous direz « Je vais **assez bien, pas mal,** ou **pas trop mal.** »

Si vous n'êtes pas en bonne santé, c'est que vous **allez mal.** Vous êtes **malade.** Pendant votre **maladie,** vous n'allez pas bien. Après, vous **allez mieux.**

Quand vous êtes malade, votre maladie est **grave** ou **pas grave** (pas grave = **bénigne**). Elle peut être **contagieuse** ou chronique. Les maladies sont causées par, entre autres, des **microbes,** des **virus,** et quelquefois, par le simple désir — bien compréhensible — d'attirer la sympathie des gens.

Une **douleur** est une sensation désagréable dans une **partie du corps.** Quand vous avez une douleur, vous **souffrez,** vous **avez**

Comment allez-vous, aujourd'hui? Pourquoi?

Qui ne va pas bien aujourd'hui? Pensez-vous que vous irez mieux bientôt? Pourquoi?

Avez-vous eu une maladie récemment? Etait-elle grave? Savez-vous par quoi elle était causée?

Avez-vous une douleur en ce moment? Quelles douleurs avez-vous le plus fréquemment?

mal. Si vous allez bien vous n'avez mal **nulle part**. Il y a, hélas, une infinité de douleurs :

A la tête? Vous avez **mal à la tête**. Cette douleur s'appelle aussi **la migraine**. Ce n'est probablement pas grave. Prenez un ou deux **comprimés d'aspirine**.

Quand avez-vous mal à la tête? Avez-vous un remède à recommander contre les maux de tête?

A la gorge? Vous avez **mal à la gorge**. C'est peut-être le commencement d'un **rhume de cerveau**. Mettez une **écharpe** autour de votre **cou**, buvez de la **citronnade** chaude, **sucez** des **pastilles** pour la gorge. Si vous **éternuez**, si votre nez **coule**, c'est sûrement un rhume. Il vous faut un mouchoir et vous pouvez demander au médecin des **médicaments** contre le rhume. Ce dernier est désagréable, mais pas grave et dans quelque jours, vous irez mieux.

Si vous assistez à un match de football, au cours duquel vous criez beaucoup, où aurez-vous mal? Quel sera le remède?
Quels sont les symptômes d'un rhume de cerveau? Y a-t-il de vrais remèdes contre le rhume?

Aux yeux? Vous avez **mal aux yeux**. Vous avez trop étudié, ou la lumière était mauvaise. Mettez des **gouttes** dans vos yeux. Et vous avez peut-être besoin de lunettes.

Pendant quelle période de l'année avez-vous des chances d'avoir mal aux yeux? Pourquoi?

A **l'estomac**? Vous avez peut-être trop mangé, ou mangé quelque chose que vous ne **digérez** pas bien. Il faut **rester à la diète**, c'est-à-dire, ne rien manger pendant un jour ou deux.

Y a-t-il des aliments qui vous donnent mal à l'estomac?

Y a-t-il des aliments qui vous **rendent malade** parce que vous les associez avec quelque chose de désagréable?

Au **dos**? Aux **bras**? Aux **jambes**? Vous avez sans doute fait des

mouvements violents, et cette
douleur est le résultat de la fatigue
de vos muscles.

Aux **pieds**? Vous avez sans
doute marché longtemps, ou bien
vos souliers sont trop petits.

Où avez-vous mal : après une
longue marche? après une heure
de gymnastique? après avoir
écrit pendant deux heures? après
avoir dansé toute la soirée?

A la main droite? C'est la crampe
de l'écrivain, une douleur qui
affecte souvent celui qui écrit
beaucoup. La conséquence la plus
grave de cette douleur, c'est que
les notes que vous prenez à ce
moment seront probablement
illisibles.

Quel est l'inconvénient de notes
illisibles?

Si vous avez **mal partout**, à la tête,
à la gorge, dans les **articulations**
(*joints*) et si vous avez la **fièvre**,
alors, vous avez sans doute **la
grippe**.

Quels sont les autres symptômes
de la grippe?

Les médicaments **soulagent** le
rhume et la grippe, mais ils ne les
guérissent pas et il faut laisser
cette maladie **suivre son cours**.

Quelle est la différence entre
« soulager » et « guérir »?

they relief   cure.

Les rhumes et la grippe sont
contagieux. On **attrape** un rhume
ou la grippe parce qu'il y a des
microbes qui circulent et qui
causent une **épidémie**.

Qu'est-ce qu'une maladie contagieuse?

Expliquez ce que c'est qu'une
épidémie.

Il y a des quantités de maladies
contagieuses que les enfants
attrapent tous : la **rougeole**
(*measles*), qui couvre le corps de
taches rouges; les **oreillons**
(*mumps*), qui font ressembler le
pauvre malade à un ballon de
football avec ses joues **enflées**;
la **coqueluche** (*whooping cough*), qui

Quelles maladies enfantines avez-
vous eues? Quel souvenirs en
gardez-vous?

fait **tousser** terriblement pendant
plusieurs semaines; la **varicelle**
(*chicken pox*), forme très atténuée
de la terrible **variole** (*smallpox*),
laquelle a presque disparu
grâce aux vaccinations. La
paralysie infantile est aussi en
voie de disparition, grâce aux
découvertes de la science.

Malgré tous les progrès, les
maladies continuent à exister : il
y a les **maladies de cœur**, souvent
fatales; les **ulcères** à l'estomac, qui
affligent les gens **nerveux** ou
surmenés; le **cancer** qui fait,
hélas, de nombreuses victimes.

On associe souvent (à tort,
probablement) certains tempéra-
ments avec certaines maladies.
Quelle sorte de personne aurait
ainsi tendance aux ulcères? A la
maladie de cœur?

Mais quand on dit « J'ai mal au
cœur », cela ne veut pas dire que
vous avez une douleur au cœur.
L'expression est synonyme de « J'ai
la nausée ». Par exemple, sans
avoir exactement le **mal de mer**
ou le **mal de l'air**, bien des gens
ont mal au cœur en bateau ou en
avion. La vue de certains objets
répugnants, d'aliments que vous
n'aimez pas, vous donne mal au
cœur.

Qu'est-ce qui vous donne mal au
cœur?

Si vous tombez, ou si vous avez un
accident, comme un accident de ski,
vous vous faites mal. Vous
pouvez même **vous casser** un
membre, et alors il faut passer
plusieurs semaines dans un
plâtre. Vous êtes alors **immobilisé**,
mais vous ne souffrez pas trop,
sauf de l'ennui.

Comment peut-on se casser le bras
ou la jambe? Vous êtes-vous
jamais cassé un membre?

Aimeriez-vous vous casser la jambe
et passer trois semaines immobile
dans un plâtre? Pourquoi?

Quand vous allez chez le médecin, celui-ci ne vous fait généralement pas mal, sauf quand il vous **fait une piqûre** (*gives you a shot*). Vous détestez sans doute les piqûres, les pilules, les comprimés et les gouttes, bref, tous les remèdes et médicaments, mais vous en prenez quand c'est nécessaire.

Pourquoi les enfants ont-ils peur des médecins ?

Il y a des gens qui adorent prendre des médicaments et penser qu'ils sont malades. En connaissez-vous ? Pourquoi sont-ils ainsi ?

Quelquefois, votre maladie nécessite une **opération** ou **intervention chirurgicale**. Le docteur qui vous opère est un **chirurgien** et vous passez plusieurs jours à **la clinique***. Vous **êtes soigné** par des **infirmières**, vos amis **viennent vous voir** et vous apportent des fleurs.

Avez-vous eu une opération ? Quel est le souvenir le plus frappant que vous en avez gardé ? Quelques jours à la clinique, si on n'est pas trop malade, peuvent être presque agréables. Pourquoi ?

Il y a aussi tous les petits **bobos** (*small hurts*) qui peuvent parfois vous gâter votre journée : un insecte vous **pique** : les moustiques sont la terreur des campeurs, les fourmis, celle des pique-niqueurs. Vous pouvez aussi **vous blesser** ou **vous couper**, surtout si vous êtes **maladroit**. Si vous touchez un objet trop chaud, vous vous **brûlez**, et c'est très douloureux. Les brûlures, les coupures forment des **plaies** qui laissent une cicatrice quand elles guérissent.

Etes-vous adroit ou maladroit ? Donnez des exemples de votre adresse ou maladresse.
Vous faites-vous souvent mal ? En faisant quoi ?
Vous vous êtes sûrement brûlé plusieurs fois... En touchant quoi ? Avez-vous gardé des cicatrices ?

Enfin, il y a des maladies « nationales ». En France, si vous souffrez d'une vague douleur dans

* **la clinique** : En France, **la clinique** est pour les gens qui peuvent payer eux-mêmes leurs frais médicaux. L'hôpital est pour ceux qui ne sont pas en mesure de payer eux-mêmes ces frais. **La clinique** correspond donc à *the hospital* en anglais. (Voir note, page 116, leçon VIII.)

la région de l'estomac, on **dia-gnostiquera** sans hésiter une **crise de foie**. L'Amérique a eu pendant longtemps le monopole du *nervous breakdown* mais en France aussi, maintenant, la fatigue générale, le manque d'énergie et d'enthousiasme causé par des pressions trop fortes sur l'individu s'appellent bien aussi une **crise de dépression nerveuse**.

Beaucoup de gens ont confiance dans les **remèdes de bonne femme** : **envelopper** l'articulation douloureuse dans une peau de chat serait **souverain contre** les rhumatismes. Mettre un **pétale de lys** sur une coupure est **efficace** contre l'infection dans le Midi de la France. Chaque pays, chaque famille a ainsi des remèdes dont l'efficacité est prouvée par le proverbe :

« Il n'y a que la foi qui sauve. »

Pourquoi, à votre avis, la crise de foie est-elle la maladie nationale des Français ? Pourquoi pensez-vous que c'est en Amérique que le *nervous breakdown* est reconnu depuis le plus longtemps ?

Connaissez-vous des remèdes de bonne femme ? Y croyez-vous ? Pourquoi ?

Pensez-vous que seule la valeur scientifique d'un remède soit efficace, ou qu'au contraire il y ait d'autres facteurs qui contribuent à l'efficacité de celui-ci ?

SUJETS D'EXPOSE

1. Racontez une maladie enfantine que vous avez eue : aviez-vous mal ? qui vous a soigné ? comment ? Quelles étaient vos pensées ? vos émotions ? Quels sont les souvenirs les plus frappants que vous en avez gardés ?

2. Avez-vous jamais eu un accident qui a interrompu vos vacances, un voyage ou un semestre ? Racontez.

3. Qu'est-ce qui, à votre avis, détermine l'efficacité d'un remède ? Donnez des exemples.

4. Les maladies psychosomatiques : en avez-vous quelquefois ? Ou bien, connaissez-vous des gens qui en ont ? Donnez des exemples de ce qui les cause. Et des exemples de leurs symptômes. Quels sont les remèdes contre ce genre de maladie ?

5. Quels sont les accidents qui arrivent le plus souvent à un skieur ? un joueur de football ? un campeur ? une maîtresse de maison ?... un étudiant ?

6. (*A traiter dans une veine humoristique.*) La journée d'un étudiant qui n'a vraiment pas de chance: quels accidents peut-il avoir? Quelles maladies peut-il attrapper? Où peut-il avoir mal?

7. (*Comme le sujet précédent, à traiter dans un esprit de fantaisie.*) Imaginez la maladie idéale, à la date idéale, avec les symptômes absolument rêvés. Ce genre de maladie a tous les avantages qu'une maladie peut avoir et aucun des inconvénients.

8. Vous avez eu, récemment, une petite maladie, rhume ou grippe. Racontez vos symptômes, votre maladie, le traitement et la guérison.

POLEMIQUE

1. a. Prenez le point de vue de la Science chrétienne: la maladie n'existe pas, elle n'est qu'une illusion causée par le manque de foi. Les remèdes et les médecins sont donc, non seulement inefficaces, mais franchement mauvais, puisqu'ils ne servent qu'à encourager une erreur. Seule la foi en Dieu peut sauver.

   b. Prenez le point de vue opposé : le corps est un objet physique, réel, et de même, la maladie est de nature purement physique. Les seuls remèdes valables sont ceux qui rétablissent l'équilibre des fonctions chimiques.

2. a. Si on ne va pas bien, il faut essayer de l'oublier. On ne devrait jamais parler de ses douleurs ni de ses maladies. D'abord, cela ennuie les autres, ensuite, cela ne sert qu'à vous y faire penser davantage.

   b. Pas du tout. Il vaut beaucoup mieux extérioriser ses émotions : si on a mal quelque part, il faut en parler, se plaindre et demander des conseils. Tout le monde sait ce que c'est que la souffrance et la maladie, et peut donc sympathiser.

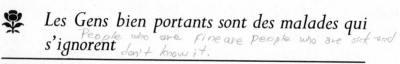

❧ *Les Gens bien portants sont des malades qui s'ignorent*

People who are fine are people who are sick and don't know it.

CONVERSATION

La scène qui suit est tirée de la célèbre pièce de Jules Romains, *Knock, ou le Triomphe de la Médecine.* Le docteur Knock, plus aventurier que professionnel, vient de s'installer dans la petite ville de Saint-Maurice, où il a repris la clientèle — à peu près inexistante — du vieux docteur Parpalaid. Afin d'attirer les premiers clients dans son cabinet, il vient d'annoncer qu'il donne des consultations gratuites. La première personne qui se présente est une riche fermière, manifestement avare.

KNOCK: C'est vous qui êtes la première, madame? Vous habitez bien Saint-Maurice?

LA DAME: Oui, j'habite la grande ferme qui est sur la route de Luchère.

KNOCK: Elle vous appartient?

LA DAME: Oui, à mon mari et à moi.

KNOCK: Si vous l'exploitez vous-même, vous devez avoir beaucoup de travail.

LA DAME: Pensez, monsieur, dix-huit vaches, deux bœufs, deux taureaux, la jument et le poulain, six chèvres, une bonne douzaine de cochons, sans compter la basse-cour.

KNOCK: Diable! Vous n'avez pas de domestiques?

LA DAME: Oh, si. Trois valets, une servante, et les journaliers dans la belle saison.

KNOCK: Je vous plains. Il ne doit guère vous rester de temps pour vous soigner?

LA DAME: Oh, non.

KNOCK: Et pourtant, vous souffrez.

LA DAME: Ce n'est pas le mot. J'ai plutôt de la fatigue.

KNOCK: Oui, vous appelez ça de la fatigue. (*Il s'approche d'elle.*) Tirez la langue. Vous ne devez pas avoir beaucoup d'appétit.

LA DAME: Non.

KNOCK: Et vous avez mal à la tête.

LA DAME: Oui, des fois.

KNOCK (*Il l'ausculte*): Baissez la tête. Respirez. Toussez. Vous n'êtes jamais tombée d'une échelle, étant petite?

LA DAME: Je ne me souviens pas.

KNOCK (*Il lui palpe et lui percute le dos, lui presse brusquement les reins*): Vous n'avez jamais mal ici le soir en vous couchant? Une espèce de courbature?

LA DAME: Oui, souvent.

KNOCK (*Il continue de l'ausculter*): Essayer de vous rappeler. Ça devait être une grande échelle.

LA DAME: Ça se peut bien.

KNOCK, *très affirmatif*: C'était une grande échelle d'environ trois mètres cinquante, posée contre un mur. Vous êtes tombée à la renverse. C'est la fesse gauche, heureusement, qui a porté.

LA DAME: Ah oui!

KNOCK: Vous aviez déjà consulté le docteur Parpalaid?

LA DAME: Non, jamais.

KNOCK: Pourquoi?

LA DAME: Il ne donnait pas de consultations gratuites.

Un silence

KNOCK (*la fait asseoir*): Vous vous rendez compte de votre état?

LA DAME: Non.

KNOCK (*il s'assied en face d'elle*): Tant mieux. Vous avez envie de guérir, ou vous n'en avez pas envie?

LA DAME: J'ai envie.

KNOCK: J'aime mieux vous prévenir tout de suite que ce sera très long et très coûteux.

LA DAME: Ah, mon dieu! Et pourquoi ça?

KNOCK: Parce qu'on ne guérit pas en cinq minutes un mal qu'on traîne depuis quarante ans.

LA DAME: Depuis quarante ans?

KNOCK: Oui, depuis que vous êtes tombée de votre échelle.

LA DAME: Et combien est-ce que ça me coûterait?

KNOCK: Qu'est-ce que valent les veaux, actuellement?

LA DAME: Ça dépend des marchés et de la grosseur. Mais on ne peut guère en avoir à moins de quatre à cinq cent francs.

KNOCK: Et les cochons gras?

LA DAME: Il y en a qui font plus de mille.

KNOCK: Eh bien, ça vous coûtera à peu près deux cochons et deux veaux.

LA DAME: Ah, là là! Près de trois mille francs! C'est une désolation, Jésus Marie!

KNOCK: Si vous aimez mieux faire un pèlerinage, je ne vous empêche pas.

LA DAME: Oh, un pèlerinage, ça revient cher aussi et ça ne réussit pas souvent. (*Un silence*) Mais qu'est-ce que je peux donc avoir de si terrible que ça?

KNOCK, *avec une grande courtoisie*: Je vais vous l'expliquer en une minute au tableau noir. (*Il va au tableau et commence un croquis*) Voici votre moëlle épinière, en coupe, très schématiquement, n'est-ce pas. Vous reconnaissez ici votre faisceau de Türck et votre faisceau de Clarke. Vous me suivez? Eh bien, quand vous êtes tombée de votre échelle, votre Türck et votre Clarke ont glissé en sens inverse (*il trace des flèches de direction*) de quelques dixièmes de millimètres. Vous me direz que c'est très peu. Mais c'est très mal placé. Et puis vous avez ici un tiraillement continu qui s'exerce sur les multipolaires. (*Il s'essuie les doigts.*)

LA DAME: Mon dieu! Mon dieu!

KNOCK: Remarquez que vous ne mourrez pas du jour au lendemain. Vous pouvez attendre.

LA DAME: Oh là là! J'ai eu bien du malheur de tomber de cette échelle!

KNOCK: Je me demande même s'il ne vaut pas mieux laisser les choses comme elles sont. L'argent est si dur à gagner. Tandis que les années de vieillesse, on en a toujours bien assez. Pour le plaisir qu'elles donnent!

LA DAME: Et en faisant ça plus… grossièrement, vous ne pouvez pas me guérir à moins cher? A condition que ce soit bien fait tout de même.

KNOCK: Ce que je puis vous proposer, c'est de vous mettre en observation. Ça ne vous coûtera presque rien. Au bout de quelques jours, vous vous rendrez compte par vous-même de la tournure que prend le mal et vous vous déciderez.

LA DAME: Oui, c'est ça.

KNOCK: Bien. Vous allez rentrer chez vous. Vous êtes venue en voiture?

LA DAME: Non, à pied.

KNOCK, *tandis qu'il rédige l'ordonnance* : Il faudra trouver une voiture. Vous vous coucherez en arrivant. Une chambre où vous serez seule. Faites fermer les volets et les rideaux pour que la lumière ne vous dérange pas. Aucune alimentation solide pendant une semaine. Un verre d'eau de Vichy toutes les deux heures, et à la rigueur, une moitié de biscuit, matin et soir, trempée dans un peu de lait. Mais j'aimerais mieux que vous ne preniez pas de biscuit. Vous ne direz pas que je vous ordonne des remèdes coûteux ! A la fin de la semaine, nous verrons comment vous vous sentez. Si vous êtes gaillarde, si vos forces et votre gaîté sont revenues, c'est que le mal est moins sérieux qu'on ne pourrait croire, et je serai le premier à vous rassurer. Si, au contraire, vous éprouvez une faiblesse générale, des lourdeurs de tête, et une certaine paresse à vous lever, l'hésitation ne sera plus permise, et nous commencerons le traitement. C'est convenu ?

LA DAME, *soupirant* : Comme vous voudrez.

KNOCK, *désignant l'ordonnance* : Je rappelle mes prescriptions sur ce bout de papier. Et j'irai vous voir bientôt. (*Il lui remet l'ordonnance et la reconduit*) Mariette ! aidez madame à descendre l'escalier et à trouver une voiture.
(*On aperçoit quelques visages de consultants que la sortie de la dame en noir frappe de crainte et de respect.*)

REMARQUES ET REPLIQUES

Répliquez en restant dans l'esprit de la conversation :

KNOCK : La ferme vous appartient ?
LA DAME : ......

KNOCK : Vous n'avez pas de domestiques ?
LA DAME : ......

KNOCK : Vous souffrez ?
LA DAME : ......

KNOCK : Vous n'êtes jamais tombée d'une échelle, étant petite ?
LA DAME : ......

KNOCK : Pourquoi n'aviez-vous pas consulté le docteur Parpalaid ?
LA DAME : ......

KNOCK : Avez-vous envie de guérir, ou pas envie ?
LA DAME : ......

KNOCK:	J'aime mieux vous prévenir que ce sera long et coûteux...
LA DAME:	......
KNOCK:	Aimez-vous mieux faire un pèlerinage?
LA DAME:	......
LA DAME:	Mais qu'est-ce que je peux donc avoir de si terrible que ça?
KNOCK:	......
LA DAME:	Pourriez-vous me soigner et me guérir à moins cher?
KNOCK:	......
LA DAME:	Qu'est-ce qu'il faudra que je fasse quand je serai rentrée chez moi?
KNOCK:	......

QUESTIONS SUR LA CONVERSATION

1. De quelle pièce célèbre est tirée cette scène? de quel auteur?

2. Qui est le docteur Knock? le docteur Parpalaid?

3. Pourquoi le docteur Knock donne-t-il des consultations gratuites?

4. Quelles indications avons-nous sur la personne et l'occupation de la dame?

5. Pourquoi Knock pose-t-il à la dame des questions sur sa ferme?

6. Pourquoi veut-il savoir si elle a des domestiques?

7. A votre avis, de quoi souffre cette dame? Est-ce normal, ou anormal?

8. Pourquoi le diagnostic de Knock (« Vous avez dû tomber d'une échelle... ») est-il très habile?

9. Si un docteur vous disait que vous êtes sans doute tombé d'une chaise quand vous étiez enfant, que lui répondriez-vous?

10. Comment le docteur calcule-t-il le prix du traitement?

11. Qu'est-ce qu'un pèlerinage? La dame y croit-elle?

12. Que pensez-vous de l'explication « scientifique » que Knock donne à la dame de sa maladie?

13. Qu'est-ce que Knock implique quand il dit: « ...les années de vieillesse, on en a toujours bien assez. Pour le plaisir qu'elles donnent! »

14. Pourquoi la dame accepte-t-elle la suggestion de Knock de la mettre en observation?

15. En quoi consiste cette période d'observation?

Ces images vous parlent...

Cette dame ne se sent pas bien. Son malaise a-t-il quelque chose à voir avec le morceau de poulet que son mari tient à la main? Imaginez ce qu'ils se disent.

Que fait ce docteur? Quel sera son diagnostic? Que va-t-il dire à la famille qui attend avec anxiété?

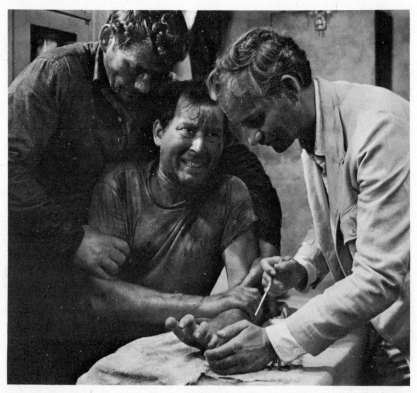

Un douillet, ou bien a-t-il vraiment mal? De quelle sorte d'accident est-il victime? Que lui fait-on? Et que lui dit-on pour le réconforter?

Malade ? Non, pas exactement… Un peu nerveux, peut-être. Et il pourrait se trouver gravement blessé dans quelques secondes. Pourquoi est-il dans cette position, et que feriez-vous à sa place ?

Que fait l'infirmière, et de quelle maladie cette dame peut-elle être atteinte ?

Reconstituez la scène qui a bien pu causer l'évanouissement de ce monsieur.

16. A la fin de cette semaine, pensez-vous que la dame se sentira « gaillarde, avec sa force et sa gaîté revenues » ou au contraire « avec une faiblesse générale, des lourdeurs de tête et une certaine paresse à se lever »? Comment expliqueriez-vous l'état de la dame après cette semaine d' « observation »?

EXPRESSIONS ET CONSTRUCTIONS IDIOMATIQUES A REMARQUER

I. *Constructions pronominales réfléchies, et réfléchies avec* **se faire** *et* **se faire faire.**

Vous connaissez déjà les verbes pronominaux, et vous savez qu'ils se divisent en plusieurs classes. La plus importante de ces classes, en ce qui nous concerne aujourd'hui, c'est celle des *verbes pronominaux réfléchis.* Les verbes réfléchis sont ceux chez lesquels le sujet et le pronom complément d'objet représentent la même personne. Par exemple:

je me lève, je me dépêche, je me demande, je me dis, je me répète

sont des verbes pronominaux réfléchis. Il faut les distinguer des *verbes pronominaux réciproques,* dans lesquels il y a interaction mutuelle d'une personne à une autre. Par exemple, **nous nous aimons, nous nous plaisons, nous nous disputons** sont des verbes réciproques.

A. Construction pronominale réfléchie

1. Quand il s'agit des différentes parties du corps, des maladies, des sensations, des soins et des traitements, il est logique d'employer fréquemment ces constructions réfléchies:

Je me blesse.	(*I hurt myself, I wound myself.*)
Je me fais mal.	(*I hurt myself.*)
Je me brûle.	(*I burn myself.*)
Je me coupe.	(*I cut myself.*)
Je me casse le bras, la jambe.	(*I break my arm, my leg.*)
Je me mets au régime.	(*I go on a diet.*)
Je me mets à la diète.	(*I don't eat* [as a treatment].)
Je me sens bien, mal, mieux.	(*I feel well, badly, better.*)

2. Vous savez déjà que les verbes pronominaux forment leurs temps composés avec l'auxiliaire **être.** Le passé composé des phrases données ci-dessus sera donc:

Je me suis blessé.

Je me suis fait mal.

Je me suis brûlé.

Je me suis coupé.

Je me suis cassé le bras, la jambe.

Je me suis mis au régime.

Je me suis mis à la diète.

Je me suis senti bien, mal, mieux.

B. Se faire +*infinitif*

1. Quand il y a un agent ou une cause qui agit entre le sujet et le verbe, nous avons alors un emploi réfléchi du **faire** *causatif*. Par exemple:

Je me soigne. MAIS Je me **fais** soigner (par un médecin).

2. Voici quelques autres exemples:

Un chirurgien **vous opère.**

Vous **vous faites opérer** par un chirurgien.

Passé composé: Vous **vous êtes fait opérer** par un chirurgien.

Un coiffeur **vous coupe** les cheveux.

Vous **vous faites couper** les cheveux par un coiffeur.

Passé composé: Vous **vous êtes fait couper** les cheveux par un coiffeur.

Un dentiste **me plombe** une dent.

Je **me fais plomber** une dent par un dentiste.

Passé composé: Je **me suis fait plomber** une dent par un dentiste.

Un avocat **le représente** au tribunal.

Il **se fait représenter** par un avocat au tribunal.

Passé composé: Il **s'est fait représenter** par un avocat au tribunal.

C. Se faire faire

Quand le deuxième verbe (celui à l'infinitif) est le verbe **faire**, la construction **se faire** +*infinitif* devient **se faire faire**. Par exemple:

Une infirmière **vous fait** des piqûres.

Vous **vous faites faire** des piqûres par une infirmière.

Passé composé: Vous **vous êtes fait faire** des piqûres par une infirmière.

Un médecin **vous fait** un traitement.

Vous **vous faites faire** un traitement par un médecin.

Passé composé: Vous **vous êtes fait faire** un traitement par un médecin.

Une couturière **lui fait** une robe.

Elle **se fait faire** une robe par une couturière.

Passé composé: Elle **s'est fait faire** une robe par une couturière.

II. *L'usage de* **il me faut** + *nom* (I need, I must have)

Vous avez déjà vu dans les leçons précédentes les divers emplois du verbe

falloir: (1) suivi d'un infinitif, (2) suivi d'un subjonctif, (3) suivi d'une expression de temps: **Il me faut une heure...** (*It takes me one hour...*). Voici maintenant un autre usage bien spécifique de **falloir**. Examinez-le dans les exemples suivants:

> Il me faut du repos. (*I must have rest.*)
>
> Il faut des soins à ce malade. (*This patient needs care.*)
>
> Il vous faut un régime spécial. (*You need a special diet.*)
>
> Mes parents déménagent; il leur faut une plus grande maison. (*My parents are moving; they need a larger home.*)
>
> Pour faire ce plat, il vous faudra quelques ingrédients et beaucoup de patience. (*In order to prepare this dish, you will need a few ingredients and a lot of patience.*)
>
> Quand vous êtes malade, il ne vous faut pas de chocs ni de soucis. (*When you are ill, you must have no shocks and no worries.*)

III. *Adverbes de lieu* : **ici** (here), **là** (there), **là-bas** (over there), **ailleurs** (elsewhere), **quelque part** (somewhere), **nulle part** (nowhere), **partout** (everywhere)

Vous savez déjà que la place normale de l'adverbe est *après* le verbe, et dans le cas d'un temps composé, après l'auxiliaire (qui est alors considéré comme le verbe):

> Je vais **bien**.
>
> Je ne suis **jamais** malade.
>
> Il a **très bien** dormi.
>
> Il ne s'est **jamais mieux** porté.

Dans le cas des adverbes de lieu (*place*), la situation est différente. Placez les adverbes de lieu à la fin de la proposition (*clause*):

> Nous étions en Europe et c'est **là-bas** que nous nous sommes rencontrés.
>
> Avez-vous mal **ici**, ou **là**?
>
> Qu'est-ce que je vois par terre, **là-bas**?
>
> Je suis fatigué de cette ville. J'ai **bien** envie d'aller faire un voyage **ailleurs**.
>
> Ce livre ne peut pas être perdu. Il faut qu'il soit dans la pièce **quelque part**.
>
> J'ai cherché, et je ne l'ai trouvé **nulle part**.
>
> Quand on a la grippe, on a mal **partout**.

DOUZIEME LEÇON

La Littérature

Dans un librairie, un auteur à une dame : « Les Dames du Cercle du Jeudi ont décidé de boycotter mon livre ? Eh bien, tant pis, madame, tant pis! Je refuse encore de changer le titre, la couverture et le dénouement! »

DOUZIEME LEÇON

La Littérature

VOILA L'USAGE:

Vous lisez le journal pour vous tenir au courant. Mais vous lisez des livres pour d'autres raisons : pour vous **distraire**, par exemple, car la lecture est une merveilleuse distraction, ou bien pour vous instruire.

Quels livres lisez-vous ? Des **romans**, surtout. Le roman est la forme de littérature la plus populaire. Un roman est un **ouvrage de fiction**.

Vous lisez aussi des **nouvelles**, qui sont de petits ouvrages de fiction comme de très courts romans. Elles sont généralement groupées en **recueils** de nouvelles.

Il y a des romans et des nouvelles de toutes sortes. Le **roman policier** commence généralement par un meurtre. Après une longue **enquête**, c'est un détective qui identifie l'**assassin**, malgré, bien sûr, la stupidité de la police. Le **roman d'aventure**, cher aux jeunes garçons, raconte des voyages

MAINTENANT, LA QUESTION:

Avez-vous le temps de lire pour vous distraire ? Pourquoi ? Que lisez-vous surtout, pendant le semestre ?

Si vous avez le cafard, préférez-vous rester seul avec un bon livre, jouer aux cartes avec un ami, ou aller au cinéma ?

Préférez-vous en général les romans ou une autre sorte de littérature ? Pourquoi ?

Quand vous lisez un bon roman, oubliez-vous parfois que c'est un ouvrage de fiction ?

Quelle est la différence entre un roman et une nouvelle ?

Lisez-vous quelquefois des romans policiers ? Qu'est-ce que vous aimez dans ce genre de littérature ?

Devinez-vous généralement bien avant la fin, qui est le coupable ?

Vous souvenez-vous d'un roman policier qui vous a frappé ? Ou du nom d'un détective rendu

fantastiques, des aventures extra-ordinaires, des poursuites, des découvertes, avec un héros qui triomphe à la fin. Le **roman d'amour** ou roman sentimental raconte comment une **héroïne**, toujours belle et parfaite, finit par épouser le jeune homme qu'elle aime. Beaucoup de romans plus adultes sont difficiles à classifier, car ils représentent des personnages et des analyses plus complexes.

célèbre par un auteur de romans policiers?

Quels étaient vos romans d'aventure favoris? Pouvez-vous encore nous dire de quoi il s'agissait dans un de ces romans?

Quel roman d'amour avez-vous lu, que vous considérez comme typique du genre? Racontez-le brièvement.

Quel roman avez-vous lu récemment qui vous a frappé et vous a paru excellent? De quoi s'agit-il?

Dans un livre, **il s'agit de** quelque chose ou de quelqu'un. Dans un roman policier, il s'agit de trouver la solution d'un crime. Dans un roman d'aventure, il s'agit par exemple, d'un enfant volé à ses parents, embarqué plus tard sur un bateau de pirates, ou bien il s'agit de la recherche d'un trésor. Dans un roman d'amour, il s'agit des aventures amoureuses d'une jeune fille.

Un livre **raconte une histoire, fait un récit, parle de quelque chose.*** *La Divine Comédie* parle de la visite de Dante aux enfers, mais on peut dire aussi que Dante, dans *la Divine Comédie* parle d'une descente aux enfers. Shakespeare, dans *Hamlet*, parle d'un homme qui ne peut pas se décider à agir. Hemingway, dans *For Whom the Bell Tolls*, parle de la guerre civile d'Espagne.

Nommez des romans célèbres que tout le monde a probablement lus et dites de quoi il s'agit dans chacun.

L'**auteur** d'un livre est un **écrivain.** S'il écrit des romans, c'est un

Nommez des auteurs célèbres. Nommez aussi quelques-uns de

---

* **parler de** : un livre, un film, une pièce de théâtre **parlent de** quelque chose. Un auteur **parle de** quelque chose dans son livre. C'est la meilleure façon d'exprimer *The book is about...*, *The author writes about...*, *The picture shows...*

romancier. Si c'est une femme, elle est auteur ou elle est écrivain — il n'y a pas de féminin pour ces deux termes. Mais on dit « une romancière ». Suivant son époque, c'est un écrivain, un auteur, un romancier ancien, classique, moderne ou **contemporain**. S'il est très connu, c'est un **auteur célèbre**.

On appelle souvent un livre « un ouvrage ». Les ouvrages d'un auteur s'appellent ses **œuvres**. Vous voyez, par exemple, dans une bibliothèque ou dans une librairie, les *Œuvres complètes de Victor Hugo*. Quand vous parlez, vous pouvez donc varier vos termes et dire « cet ouvrage » au lieu de « ce livre » et « les œuvres de cet auteur » au lieu « des livres de cet auteur ».

Un livre est **relié**, c'est-à-dire qu'il a une **couverture** en carton, solide et durable. Malheureusement, la plupart des livres vendus en France ne sont pas reliés : ils sont simplement **brochés**, et très fragiles. On peut aussi acheter beaucoup d'excellents livres **à bon marché** dans les **éditions de livres de poche**.

La **couverture** d'un livre vous donne le nom de l'auteur, et celui de la **maison d'édition** qui publie l'ouvrage. Ouvrez-le : voilà la **page de garde** qui est blanche et sur laquelle vous pouvez écrire votre nom. Puis, il y a la **page de titre**, la **table des matières** (celle-ci se trouve généralement à la fin dans les livres publiés en France). Puis, vient le texte à proprement

leurs livres les mieux connus et dites si ce sont des auteurs anciens, modernes, contemporains.

Quelles femmes écrivain célèbres connaissez-vous ? Qu'est-ce qu'elles ont écrit ? Lesquelles parmi celles-ci sont des romancières ?

Quels ouvrages faut-il que vous lisiez, ce semestre, pour vos différents cours (exception faite des livres de textes, bien sûr) ? Aimez-vous aller à la bibliothèque ? Pourquoi ? Si vous avez dix dollars à dépenser pour votre plaisir, achetez-vous des livres ? Où les achetez-vous ? Comment les choisissez-vous ?

Quels sont les avantages et les inconvénients respectifs des livres reliés, brochés, et des livres de poche ?

Vous avez sûrement quelques livres à portée de la main à présent. Faites-en la description. (Reliés ? brochés ? Comment est la couverture ? la table des matières ? Dans quelle catégorie placeriez-vous ces livres ?)

parler : premier chapitre,
deuxième chapitre et ainsi de suite,
jusqu'au chapitre final.

L'histoire racontée par le roman est
une **intrigue**, dont les éléments
sont exposés dans le premier
chapitre et dont le **dénouement** se
trouve dans le chapitre final.

Résumez brièvement l'intrigue
d'un roman qu'on lit beaucoup en
ce moment. Quel en est le dénouement?

Les gens que l'auteur **fait vivre**
sont les **personnages**.* Ces
personnages ont des **caractères**
divers : le héros et l'héroïne**
sont sympathiques, le traître est
antipathique, certains personnages
sont comiques.

Pensez à quelques-uns des livres
qui sont en ce moment des best-
sellers. Quels en sont les personnages principaux? Sont-ils vivants?
Que pensez-vous de leurs héros et
héroïnes?

Un bon auteur décrit si bien le
caractère de ses personnages que
vous avez l'impression qu'ils sont
réels et que leurs aventures sont
vraies.

Il est bon, si vous parlez d'un livre
à quelqu'un qui ne l'a pas lu de
lui dire de quoi parle le livre (ou
de quoi il s'agit dans le livre), où
l'histoire **a lieu**, ce qui **arrive** (ou
se passe). Par exemple, vous direz
« *L'Etranger* de Camus parle des
rapports de l'homme et de la
société. Il s'agit d'un jeune homme,
Meursault, et de son refus de
mentir et de jouer le jeu de la
société. L'histoire a lieu à Alger.
Meursault tue un Arabe, sans
raison réelle d'ailleurs, et il est
condamné à mort. »

Résumez brièvement un livre en
disant (1) de quoi il s'agit, (2) où
il a lieu, (3) ce qui se passe.

---

* **les personnages** : ne les appelez surtout pas les « caractères ».

** Remarquez que le **h** de **héros** est aspiré, tandis que celui d'**héroïne** est muet.

Naturellement, un tel résumé n'est pas suffisant, car dans tout bon livre les personnages, les actions et les événements sont en réalité un véhicule pour les idées plus profondes et plus générales que l'auteur veut exprimer. Mais il est bon de situer le texte de façon concrète avant de l'**analyser**.

L'analyse littéraire consiste, précisément, à découvrir quelles sont ces idées profondes, cette philosophie que l'auteur exprime sous la forme esthétique du roman.

Comment lisez-vous un livre? Selon l'intérêt qu'il présente pour vous, vous le **feuilletez négligemment** (*leaf through it casually*), vous le lisez attentivement, ou, s'il vous **passionne**, vous le **dévorez**. Il vous est sûrement arrivé de passer une **nuit blanche**, c'est-à-dire sans sommeil, parce que vous ne vouliez pas vous endormir avant d'avoir fini un livre particulièrement passionnant.

Parlant toujours du même livre, dites-nous quelles idées l'auteur exprime par les actions de ses personnages et leurs aventures.

Quelle sorte de lecteur êtes-vous? Avide? indifférent? Lisez-vous vite ou lentement? Pourquoi? Aimez-vous relire plusieurs fois le même livre?

Si un livre vous passionne, êtes-vous capable de le laisser sans le finir? Ou bien faut-il absolument que vous le finissiez, au détriment de vos autres occupations?

SUJETS D'EXPOSE

1. (Pour ceux qui sont des... « gourmets » de la lecture.) Vous avez un nouveau livre qui a l'air passionnant. Vous avez hâte de le déguster à l'aise et en paix. Comment allez-vous arranger la soirée ou la journée parfaite : comment vous installez-vous? que mangez-vous? allez-vous répondre au téléphone? Bref, dites-nous quelles sont les conditions idéales pour vraiment savourer un bon livre.

2. Racontez, de façon vivante et intéressante, un des best-sellers à la mode en ce moment.

3. Racontez un roman policier. Ne dites pas qui a commis le crime, naturellement. Il faudra que le reste de la classe le devine grâce aux indications subtiles que vous donnerez.

4. Aimeriez-vous être écrivain? Pourquoi? Comment imaginez-vous la vie d'un écrivain?

5. Beaucoup de manuscrits sont envoyés aux maisons d'édition. Là, ce sont les éditeurs qui décident et choisissent ceux qui seront publiés et ceux qui seront rejetés. Aimeriez-vous être éditeur, lire beaucoup de manuscrits, conseiller leurs auteurs au sujet des modifications à y apporter et décider de la destinée du manuscrit?

6. Beaucoup de gens ont le désir d'écrire au moins un livre. Etes-vous parmi ceux-ci? Pourquoi? Quel livre voudriez-vous écrire?

7. Quels sont vos livres préférés? Justifiez votre préférence.

POLEMIQUE

1. a. Ceux qui sont en faveur de la lecture défendront les avantages d'heures passées avec un livre.

  b. Ceux qui ne sont pas en faveur de la lecture exposeront les inconvénients qu'il y a à perdre son temps avec des livres et diront quelles meilleures façons il y a de s'occuper.

2. Ce jeune homme — ou cette jeune fille — se sent une vocation d'écrivain. Il lui faut le soutien et l'aide de ses parents car, pendant les deux ou trois ans nécessaires à la préparation de son premier ouvrage, il lui sera impossible de gagner sa vie.

  a. Complètement ridicule! Qu'il — ou qu'elle — abandonne cette idée. Il y a trop de livres dans le monde sans en ajouter encore d'autres, et puis, d'ailleurs, il n'y a aucune raison de penser que ce livre aura du succès.

  b. Il faut encourager toutes les vocations. Pensez à tous les chefs-d'œuvres qui n'auraient jamais vu le jour si quelqu'un n'avait pas offert son soutien au jeune écrivain. C'est le devoir des parents d'aider cet écrivain en herbe.

 CONFERENCE

La Science-Fiction, ou : l'Homme, le Temps et l'Univers

Pour cette dernière leçon, et puisqu'il s'agit de littérature, nous allons remplacer la conversation qui se trouve normalement à cette place dans chaque leçon par un texte d'un autre genre : la conférence de critique littéraire.

La conférence qui suit est basée sur l'abrégé d'un des essais contenus dans le recueil *Répertoire* de Michel Butor. Cet essai, intitulé « Crise de croissance de la Science-Fiction », est une pénétrante analyse de la science-fiction à laquelle il donne droit de cité parmi les genres littéraires.

Michel Butor est un auteur contemporain, bien connu pour ses œuvres de critique littéraire. C'est aussi un romancier productif et de talent, que le genre de ses œuvres (*Passage de Milan*, *La Modification*, *L'Emploi du temps*) rattache au groupe dit de l'anti-roman.

Mesdames,
Messieurs,

Si le genre science-fiction est assez difficile à délimiter — comme le prouvent abondamment les querelles des experts — il est, du moins, des plus aisés à désigner. Il suffit de dire « Vous savez, ce genre de récits où l'on parle de fusées interplanétaires », pour que l'autre personne comprenne immédiatement de quoi l'on parle. Ceci n'implique pas que dans tout récit de science-fiction intervienne un tel appareil; on peut le remplacer par d'autres accessoires qui joueront un rôle comparable. Mais c'est le plus usuel, l'exemple type, comme la baguette magique dans les contes de fées.

On peut tout de suite faire deux remarques à ce sujet. La première c'est qu'il n'existe pour le moment aucune fusée interplanétaire, ou que, s'il en existe, nous n'en savons rien. La seconde, c'est que nous croyons très fermement que de tels appareils vont bientôt exister, que ce n'est qu'une question de quelques années de mise au point. Un tel appareil est donc possible, sa notion est garantie par ce qu'on peut appeler, en gros, la science moderne, un ensemble de doctrines dont aucun occidental ne met sérieusement en doute la validité. Un tel récit situe naturellement son action dans l'avenir.

On peut imaginer, en partant de la science moderne dans son acceptation la plus large, non seulement d'autres appareils, mais des techniques de toutes sortes, psychologiques, pédagogiques, sociales, etc. On pourrait donc définir la science-fiction comme la littérature qui explore le champ du possible, tel que nous permet de l'entrevoir la science. C'est un fantastique encadré dans un réalisme. L'œuvre de Jules Verne et celle de H. G. Wells sont de parfaits exemples de la science-fiction, telle qu'elle se serait développée à partir de la science de leur temps.

Si je peux me permettre de comparer la science-fiction à une agence touristique, je dirais qu'elle propose à ses clients trois principaux types de voyages que l'on peut grouper sous les rubriques suivantes : la vie future, les mondes inconnus, les visiteurs inattendus.

Dans le cas du voyage dans la vie future, on part du monde réel tel que nous le connaissons, de la société qui nous entoure. On introduit certains changements dont on cherche à prévoir les conséquences. Par la projection dans le futur, on révèle la complexité du présent, et la science-fiction de ce genre prend volontiers un aspect satirique. On en trouve d'excellents exemples dans les œuvres de Huxley, comme *Brave New World* et celles d'Orwell, avec *1984*.

Dans le cas du voyage dans les mondes inconnus, il suffit de mentionner le nom de Ray Bradbury, dont l'œuvre la mieux connue s'appelle, dans l'édition américaine, *Martian Chronicles*, pour voir qu'un élément tout différent s'introduit là. Lorsqu'un auteur du XVIIIᵉ siècle voulait donner une apparence de réalité à une fable, il y avait un lieu idéal pour la situer : les îles du Pacifique. Or, aujourd'hui, l'exploration de la surface de la terre est bien avancée, et l'on préfère placer ses îles dans le ciel. Le peu que nous savons des îles du ciel nous prouve que tout doit y être très différent: on sait que la pesanteur est plus forte sur Vénus, mais plus faible sur Mars que sur la Terre, par exemple. Ces quelques éléments obligent l'auteur qui les respecte à un immense effort d'imagination. Si immense, en fait, qu'aucun auteur, jusqu'à présent, n'a essayé de le mener méthodiquement... Mais il y a moyen de rendre les choses plus faciles. Au lieu de décrire ce qui pourrait se passer sur Mars et Vénus, ou peut toujours aller d'un seul coup jusqu'à la planète « n » de l'étoile « n » de la galaxie « n ». Le lecteur est d'abord impressionné par ces cascades d'années-lumière. Mais il s'aperçoit rapidement que ces planètes ultra-lointaines ressemblent beaucoup plus à la Terre que ses voisines. Les auteurs ont ainsi retrouvé les îles du Pacifique. Il leur suffit d'employer un jargon vaguement scientifique et de décorer le ciel de charmantes fantaisies. Et voilà! Le tour est joué. Si on nous parle d'une immense guerre entre civilisations galactiques, nous voyons très vite que la ligue des planètes démocratiques ressemble étrangement à l'ONU et l'empire de la nébuleuse d'Andromède à l'Union Soviétique, telle qu'un lecteur du *Readers' Digest* peut se la représenter. Mais voilà : si l'auteur était resté sur la planète Mars, il aurait bien été obligé d'inventer, et la véritable invention est fort difficile.

Venons-en maintenant au troisième type de science-fiction, celui dans lequel apparaissent les visiteurs inattendus. Il est évident que la description de mondes et d'êtres inconnus amène à la description de leur intervention dans l'histoire future de l'humanité. On peut facilement imaginer que les habitants d'autres planètes aient une civilisation en avance sur la nôtre, un rayon d'action supérieur au nôtre, et des intentions insondables. L'univers devient alors menaçant, puisque des êtres inconnus peuvent à tout moment intervenir avant même que nous les connaissions. Impossible ? La plupart des précolombiens n'attendaient certes pas une invasion meurtrière venue de l'Est...

C'est dans *La Guerre des mondes*, de Wells, que l'on rencontre ce thème pour la première fois, et ses innombrables imitateurs n'y ont pas ajouté grand'chose. C'est un thème profondément moderne : il n'est en effet venu à l'idée d'aucun homme du XVIe siècle que l'Europe pourrait être découverte à son tour. C'est en même temps un thème aussi vieux que la pensée humaine : car on pourrait intégrer à l'intérieur de ce genre de science-fiction tous les récits de fantômes, d'anges et de démons, tous les vieux mythes qui parlent d'êtres supérieurs qui interviennent dans la vie des hommes.

Il semble donc bien que la science-fiction représente la forme normale de la mythologie de notre temps : une forme qui, non seulement est capable de révéler des thèmes profondément nouveaux, mais qui est capable d'intégrer la totalité des thèmes de la littérature ancienne.

QUESTIONS SUR LA CONFERENCE

1. De quoi s'agit-il dans la conférence ?

2. Cette conférence a-t-elle été composée par les auteurs de ce livre ? Expliquez.

3. Qui est Michel Butor ?

4. Comment peut-on, en gros, décrire, ou désigner, le genre science-fiction ?

5. Quel est le rapport entre une fusée interplanétaire et une baguette de fée, d'après cette conférence ?

6. Y a-t-il des fusées interplanétaires dans tous les récits de science-fiction ? Expliquez.

7. La science-fiction appartient-elle au domaine du fantastique ou du réalisme?

8. Que pensez-vous de la comparaison entre la science-fiction et une agence touristique?

9. Quels sont les trois types principaux de science-fiction?

10. Quel est le rapport entre les îles du Pacifique et les galaxies ultra-lointaines?

11. Pourquoi est-il plus facile de situer un récit de science-fiction dans la nébuleuse Andromède, par exemple, que sur Mars?

12. Quel est le défaut le plus manifeste des récits de science-fiction qui ont lieu dans des mondes inconnus?

13. En quoi l'idée de visiteurs venus de l'extérieur est-elle « profondément moderne »? En quoi se rattache-t-elle à un thème fort ancien?

14. Qu'est-ce, d'après vous, que la mythologie? Et quels sont les rapports entre la mythologie et la science-fiction?

EXPRESSIONS ET CONSTRUCTIONS IDIOMATIQUES A REMARQUER

Succession, cohérence ; rapport et continuité dans le récit

Quand un auteur fait un récit, il rapporte généralement certains faits, événements, remarques, etc... qui se suivent dans un certain ordre et qui ont un rapport les uns avec les autres. Il y a donc dans un récit, deux éléments importants : (1) ordre et succession logique des événements, (2) rapport entre ces événements.

A. Ordre et succession.
Les termes les plus fréquemment employés sont **d'abord** ou **commencer par, puis, ensuite, enfin** ou **finir par, avant de, après avoir (être).**

   1. **D'abord** et **commencer par** sont souvent interchangeables :
      Dans *L'Etranger*, Meursault **commence par apprendre** la mort de sa mère.

Remarquez que **commencer par** peut être suivi d'un infinitif comme dans l'exemple précédent, ou d'un nom:
      L'Etranger **commence par l'arrivée** d'un télégramme qui annonce la mort de Mme Meursault.

Ces images
vous parlent . . .

Une histoire de cow-boys
et de Peaux-Rouges.
Reconstituez les
événements et donnez
un dénouement à
l'histoire.

Identifiez le romancier
célèbre représenté ici, et
dites ce que vous savez
sur lui et sur ses œuvres.

Roman d'aventure ?
Donnez libre cours à
votre imagination pour
expliquer cet incendie.

Sûrement un roman historique. A quelle époque se passe cette scène? En *England...* quel pays? Reconstituez les événements qui y ont conduit.

Une situation… piquante, avec des personnages inattendus. Reconstituez les événements qui ont bien pu y conduire.

Qu'est-ce qui se passe? Dans quelle sorte de roman pourrait-on trouver cette scène? Qu'est-ce qui suivrait?

Il est en train de l'étrangler

Vous pouvez exprimer sensiblement la même chose avec **d'abord** :

> **D'abord**, dans *L'Etranger*, un télégramme arrive, annonçant la mort de Mme Meursault.
>
> Dans *L'Etranger*, Meursault apprend **d'abord** la mort de sa mère.

Autre exemple :

> **D'abord**, l'auteur situe l'action.
>
> L'auteur **commence par situer** l'action.
>
> L'auteur **commence par un exposé** de la situation.

2. **Puis (et puis)** et **ensuite** sont souvent interchangeables. Ils indiquent qu'une action, ou une idée, ou un événement en suit un autre :

> Dans *L'Etranger*, Meursault commence par apprendre la mort de sa mère. **Puis**, il se rend à l'enterrement, et **ensuite** retourne à Alger.
>
> Dans *L'Etranger*, Meursault apprend d'abord que sa mère est morte. **Ensuite**, après avoir assisté à l'enterrement, il retourne chez lui, et **puis** s'endort, fatigué, mais sans émotion.

3. **Enfin** et **finir par** indiquent tous les deux, généralement, que l'idée, l'action ou l'événement qu'ils précèdent est final :

> Meursault, condamné à mort, commence par se révolter contre l'absurdité du monde, mais ensuite il se résigne, et **finit par** accepter (ou : et **enfin** il accepte) son sort avec sérénité.

Remarquez que, comme c'est le cas pour **commencer par**, vous pouvez employer **finir par** suivi d'un nom aussi bien que d'un infinitif :

> *La Jalousie*, de Robbe-Grillet, **commence par une description de l'extérieur** d'une maison et **finit par une autre description** de la même maison.

4. **Avant (de)** et **après (avoir, être)** :

a. Au lieu de faire simplement une liste d'événements ou d'actions successifs, vous pouvez améliorer votre style et indiquer qu'un événement en **précède** un autre en employant **avant de** + *infinitif* :

> **Avant de partir**, Meursault a demandé deux jours de congé à son patron.

ou **avant** + *nom* :

> **Avant son départ**, Meursault a demandé deux jours de congé à son patron.

b. Pour indiquer, au contraire, qu'un événement, etc... en *suit* un autre employez **après avoir** + *participe passé* (c'est-à-dire, **après** + *infinitif passé*) :

Après avoir pris l'autobus, il s'est endormi.

Après avoir parlé au concierge, il est allé chez le directeur.

c. Dans le cas d'un verbe qui forme ses temps composés avec **être**, l'infinitif passé sera naturellement formé avec **être** :

Après être monté dans l'autobus, il s'est assis et s'est tout de suite endormi.

Après être arrivé à Alger, il est rentré chez lui et s'est couché, mort de fatigue.

d. Vous pouvez aussi employer **après** + *nom* :

Après son arrivée à Alger, il est rentré chez lui et s'est couché, mort de fatigue.

5. Pour récapituler, voyez comment les termes ci-dessus sont employés dans le paragraphe suivant :

L'*Étranger*, de Camus, **commence par l'arrivée** d'un télégramme qui annonce à Meursault la mort de sa mère. Le jeune homme se demande **d'abord** si elle est morte la veille ou bien le jour même, mais **finit par se dire** que cela n'a pas d'importance. Il se met **alors** à faire ses préparatifs de départ pour assister à l'enterrement. **D'abord**, il va demander à son patron de lui accorder deux jours de congé, **puis** il va emprunter une cravate noire à un ami, et **ensuite** prend l'autobus à destination de Marengo. **Après être arrivé**, il se rend tout de suite à l'asile de vieillards. **Avant d'être admis** chez le directeur, il parle au concierge, **puis** celui-ci le conduit à la petite morgue où se trouve le cercueil et le laisse seul. **Enfin**, fatigué par le voyage et la chaleur, Meursault s'endort **après avoir** vainement **essayé** de combattre le sommeil.

B. Rapport entre les événements

Il existe de nombreux termes pour indiquer ces rapports qui varient à l'infini. Vous connaissez déjà probablement beaucoup de ces termes. Nous allons revoir ici brièvement ceux qui sont les plus usités.

1. Cause et effet : **parce que, car, comme, puisque** :

Il a pris l'autobus **parce qu'**il n'avait pas de voiture.

Il a pris l'autobus, **car** il n'avait pas de voiture.

Comme il n'avait pas de voiture, il a pris l'autobus.

Puisqu'il n'avait pas de voiture, il a pris l'autobus.

2. Conséquence : **alors, donc, aussi** :

Il était fatigué, **alors** il s'est endormi.

Il était fatigué, **donc** il s'est endormi.

Il était fatigué, **aussi** s'est-il endormi.

(Remarquez l'inversion du verbe et du sujet après **aussi**.)

3. Restriction : **pourtant, cependant, du moins, en tout cas** :

Meursault venait d'apprendre la mort de sa mère. **Pourtant**, il n'était pas triste.

Meursault venait d'apprendre la mort de sa mère. **Cependant**, il n'était pas triste.

Meursault trouvait Marie jolie et agréable. Pourtant, il ne l'aimait pas. C'est **du moins** ce qu'il lui disait quand elle le lui demandait.

Meursault était étranger à toutes les émotions que l'on considère naturelles. C'est, **en tout cas**, l'impression qu'il donne jusqu'aux dernières pages du livre.

4. Généralisation : **d'ailleurs, de toute façon** :

Il faisait chaud sur la route. **D'ailleurs**, il fait toujours chaud en été en Algérie.

Il faisait chaud sur la route. **De toute façon**, il fait toujours chaud en été en Algérie.

Meursault n'a pas acheté de complet noir. Ce n'était **d'ailleurs** pas nécessaire, car une cravate noire suffisait.

Meursault n'a pas acheté de complet noir. **De toute façon**, ce n'était pas nécessaire, puisqu'une cravate noire suffisait.

POIDS ET MESURES

THE METRIC SYSTEM AND THE
AMERICAN SYSTEM OF MEASUREMENT

Measuring length and distance:

1 centimètre	0.3937 in. (less than 1/2 an in.)
1 mètre	39.37 in. (about 1 yd. and 3 in.)
1 kilomètre	.6213 mi. (about 5/8 of a mi.)
(= 1000 m.)	

Measuring weight:

100 grammes	3.52 oz. (a little less than 1/4 lb.)
500 grammes	17.63 oz. (a little more than 1 lb.)
1000 grammes	35.27 oz. (a little over 2 lbs.)
(= 1 kilo)	

Measuring liquids:

1 litre	1.0567 qt. (just a little over 1 qt.)

Temperatures:

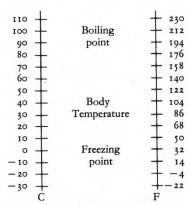

C		F
110		230
100	Boiling	212
90	point	194
80		176
70		158
60		140
50		122
40	Body	104
30	Temperature	86
20		68
10		50
0	Freezing	32
−10	point	14
−20		−4
−30		−22

For practical purposes, and when a quick approximation is more important than absolute mathematical accuracy, people who live in both France and the United States calculate mentally from the following approximations:

1 yard is the rough equivalent of **1 mètre.**
1 foot is roughly **1/3 of 1 mètre** (there are about 3 ft. in **1 m.**)
1 mile is a little less than **2 kilomètres.**
1 lb. is roughly the same as **1 livre.**
2 lbs. are roughly the same as **1 kilo** (10 per cent less, actually)
1 quart is the same as **1 litre.**
1 gallon is the equivalent of **4 litres.**

As for temperatures, remember that human body temperature is 98.6° in the Fahrenheit system and 37° in the Centigrade system. Water freezes at 32° in the Fahrenheit, at 0° in the Centigrade. Water boils at 212° in the Fahrenheit, at 100° in the Centigrade.

LEXIQUE

Words identical in French and English, words with almost identical spelling and the same meaning, and many basic words normally learned in first-year French have been omitted.

A

à at, to, in, by

abat-jour *m.* lampshade

abîmé, -e damaged

abolir to abolish

abonder to abound

abonnement *m.* subscription

abrégé *m.* extract; abbreviated version

abricot *m.* apricot

accessoire *m.* accessory

accompte *m.* down payment

accord *m.* agreement; **d' —** O.K., all right

accorder to make agree

achat *m.* purchase

acheter to purchase, buy

acier *m.* steel

action *f.* action; stock

actualité *f.* current events

actuel, -elle current

actuellement currently, nowadays, now

addition *f.* addition; bill

adresse *f.* address, adroitness, ability

aérien, -ienne air

aéronautique *f.* aeronautics

affaire *f.* affair; business; **mes —s** my things

affecter to affect; put on

afin de in order to

agacer to irritate

agenda *m.* calendar, date book, appointment book

agir (s') to be about

agréable pleasant

agrément *m.* pleasure

ait, aient *3ᵉ pers. subj. prés.* **avoir**

aiguille *f.* needle

ail *m.* garlic

ainsi thus, so; **— de suite** and so on, etc.

air *m.* air, appearance; **le grand —** open spaces; **en plein —** out in the open

aisé, -e easy

ajouter to add

Alger Algiers (capital of Algeria)

aliéné *m.* mentally disturbed person

alimentation *m.* food, nourishment

allée *f.* walk, path

allemand, -e German

Allemagne Germany

aller to go; to be becoming (to); **une robe tout- —** casual dress

alliance *f.* wedding ring

allonger (s') to stretch out, lie down

alors then, so, and so then

amateur *m.* lover (of a hobby, pastime, activity)

ambiance *f.* atmosphere

âme *f.* soul

amener to bring (a person)

amer, -ère bitter; sour

ami *m.* **(amie** *f.***)** friend; **petit —** boy friend; **petite —** girl friend

amical, -e friendly

amoureux, -euse in love

amusant, -e funny

ange *m.* angel

Angleterre *f.* England

année *f.* year

annonce *f.* advertisement; **petites — classées** classified ads

antipathique unlikeable

apercevoir (s') to realize; to perceive

aperitif *m.* cocktail (usually a sweet wine served before meals)

Apollon *m.* Apollo, God of light and beauty (*myth.*)

apparaître to appear

appareil *m.* device, appliance; **— ménager** household appliance; **— photo (graphique)** camera

appel *m.* call

apprendre to learn; to teach; **— par cœur** to memorize

appris (*part. passé* **apprendre**)

approcher (s') de to approach

après after, afterwards; **d'—** according to; judging from

argent *m.* money, silver; **— liquide** cash; **— de poche** spending money

argenterie *f.* silverware

armoire *f.* piece of furniture for

wardrobe; **— pharmaceutique** medicine cabinet

arracher to tear, tear off

arranger (s') to manage

arrestation *f.* arrest

arrêt *m.* stop

arrière *m.* rear; **siège —** rear seat

arriver to arrive; to happen, occur

artériel, -elle of the arteries; **tension —** blood pressure

artichaut *m.* artichoke

article *m.* article; **— de fond** editorial

articulation *f.* joint

artifice *m.* means; clever means

ascension *f.* rise, going up

asile *m.* hospital; rest home, home

aspect *m.* appearance, aspect

asperge *f.* asparagus

aspirateur *m.* vacuum cleaner

assaisonné, -e seasoned

assaisonnement *m.* seasoning

assassinat *m.* murder

asseoir (s') to sit down

asseyez-vous (*2ᵉ pers. pl. impér.* **s'asseoir**) sit down

assez enough

assieds (je m') (*1ᵉʳᵉ pers. sg. prés.* **s'asseoir**) I sit down

assister to be present; to attend

associé, -e partner

assorti, -e matching

astiquer to polish

astronaute *m.* astronaut

atteindre to attain; to overtake; to strike

atteint (*part. passé & 3ᵉ pers. sg. prés. indic.* **atteindre**)

attendre (s') to expect, await

attendrir to soften, make tender

attentat *m.* (criminal) attempt, crime

attentif, -tive attentive

attention *f.* attention

atténué, -e attenuated; weakened

atterrissage *m.* landing

attirer (s') to attract; to draw together

attraper to catch; to scold

aucun, -e (*in negation*: **ne... aucun**) no, not any, none at all

auprès de near, next to

aura (*3e pers. sg. fut. indic.* **avoir**) will have

ausculter to sound; to examine by auscultation

autant as much, so much; **— que** as much as, so much as

autobus *m.* motor bus, city bus (*see* **autocar**)

autocar *m.* motor coach; tour bus, interurban bus

autre other; **d'— part** in addition; on the other hand

autrefois formerly, in other days

avance *f.* advance; **à l'—** in advance

avant before

avantageux, -euse advantageous; financially rewarding

avare stingy, miserly

avarice *f.* avarice, greed

avenir *m.* future

avérer (s') to reveal oneself to be; to turn out to be

avis *m.* opinion

avocat *m.* lawyer

avoir to have; **— en tête** to have in mind; **— à** + *inf.* to have to

avouable avowable, admissible

avouer to confess, admit

azur *m.* azure, blue; **La Côte d'—** the French Riviera

B

baba *m.* kind of rum pastry

bague *f.* jewelled ring

baguette *f.* wand; loaf of bread

baignoire *f.* bathtub; box (at theatre)

bain *m.* bath; **— de soleil** sunbath; **maillot de —** bathing suit, (men's) trunks; **salle de —s** bathroom (not toilet)

baisse *f.* low point, low period, depression; **être en —** to be down

baisser to lower; to go down

banal, -e banal, trite

banc *m.* bench; seat

Bangkok capital of Thailand

barbe *f.* beard

barque *f.* bark, boat

Barreau *m.* Bar (*judic.*)

bas, basse low; **en —** down below

bas *m.* woman's stocking

basse-cour *f.* farmyard

bataille *f.* battle

bateau *m.* boat

bâtiment *m.* building

battre to beat

battu (*part. passé* **battre**) beaten; **les chemins —s** the beaten paths

Baudelaire, Charles (1821–1867), French poet and writer

bavard, -e talkative, gabby

beau, belle handsome, beautiful

bel (*masc. form of* **beau**, *used before word beginning with vowel*) **le — inconnu** the handsome stranger

bestiaux *m.pl.* cattle; **wagon à —** cattle car

bête *f.* beast, animal

bête stupid

beurre *m.* butter

bibelot *m.* trinket, knick-knack

bien well, indeed, certainly; **eh —!** well, then!; **cela m'est — égal** that's really all the same to me

bien des many

bifteck *m*. beefsteak

bijou (*pl.* -oux) *m*. jewel

billet *m*. ticket (boat, ship, plane);
— de banque banknote, bill

biscuit *m*. cracker, cookie

bizarre strange, odd

blague *f*. joke; sans —! no kidding!

blanc, -che white; donner carte —
à qqn. to give someone a free
hand

blesser (se) to hurt oneself

bleu, -e blue; une robe — -roi,
— clair, — marine a royal blue,
light blue, navy blue dress

blond, -e blond; — clair light-
blond; — foncé dark-blond;
— roux red-blond; — platine
platinum-blond; — cendre
ash-blond; — doré golden-
blond

blouse *f*. blouse; smock

blouson *m*. windbreaker jacket

bobo *m*. small hurt, scrape, bump

bœuf *m*. ox, bullock, steer; beef;
filet de — filet, tenderloin of
beef

boisson *f*. drink; — gazeuse
carbonated drink

bon, bonne good; — marché
inexpensive

bonne *f*. maid

bois *m*. wood; forest

bonheur *m*. happiness; porte- —
good-luck piece, charm

Bordeaux *m*. Bordeaux wine

Bosphore *m*. The Bosphorus
(straits between the European
and Asiatic parts of Turkey)

bouchée *f*. mouthful; — à la
reine small puff-pie filled with
chicken and often served as first
course in a meal

boucher *m*. butcher

boucle *f*. buckle; — d'oreille
earring

bouder to sulk

bouderie *f*. sulkiness

bouffant, -e puffed out; une
coiffure — a bouffant hairdo

bougie *f*. candle

bouillir to boil

boulangerie *f*. bakery

bouleverser to overthrow, over-
turn; to upset, shock

Bourgogne *m*. Burgundy wine

bourse *f*. purse; scholarship; La
Bourse the Stock Exchange

bout *m*. end; au — de at the end
of; after

bouteille *f*. bottle

boutique *f*. shop

bouton *m*. button; — de manchette cuff-link

bracelet *m*. bracelet; —-montre
m. wristwatch

bras *m*. arm

bref, brève brief, short

bref in short, to sum up

brioche *f*. kind of sweet roll eaten
for breakfast

brique *f*. brick

broche *f*. brooch, pin

broché, -e paperback (book)

bronzer (se) to tan, get a suntan

brosse *f*. brush; cheveux coupés
en — crew-cut

brouhaha *m*. hubbub, hullaballoo,
commotion, uproar

brûlé, -e burnt, burned

brûler (se) to burn oneself

brûlure *f*. burn

brun, -e brown; brunette (complexion or hair)

brunir to brown, become brown

bureau *m*. desk; office

but *m*. goal, target, object

C

cabinet *m.* (small) room, office;
— **de travail** study; — **de
toilette** dressing room; — **de
médecin** consulting room
cacher to hide
cafard *m.* cockroach; " the blues ";
avoir le — to be blue
calculer to calculate, reckon
Calcutta city in India
camarade *m., f.* buddy, pal,
friend; — **de chambre** roommate
cambriolage *m.* house-breaking;
burglary, theft
campagne *f.* country, countryside;
une journée à la — a day in
the country
canadienne *f.* parka
canapé *m.* sofa, couch
canard *m.* duck
capitale *f.* capital (city)
caravane *f.* house-trailer
cargo *m.* cargo boat, freighter
carie *f.* caries, decay
carillon *m.* chimes
carrière *f.* career; quarry
carte *f.* card; **donner** — **blanche
à qqn.** to give someone a free
hand
carton *m.* cardboard
cas *m.* case; **en tout** —, **dans tous
les** — in any case
casquette *f.* cap
casse-pieds *m.* nuisance, bore;
(*fam.*) pain in the neck
casser to break
casserole *f.* sauce pan, stew pan
cause *f.* cause, reason; case (at
law); **plaider sa** — to plead
one's case, speak in one's own
defense; **une** — **célèbre** a case
that attracts wide attention
causer to talk, chat

cave *f.* basement; wine cellar
ceinture *f.* belt; — **de sûreté**
safety belt
célibataire *m., f.* bachelor; single
person
cendré, -e ash gray; **blond**
— ash-blond
cent one hundred
ce que (*object*), **ce qui** (*subject*)
what; **fais ce que tu veux**
do what you want; **ce qu'il y a
de mieux** the best there is; **en
ce qui concerne...** as far as ...
goes, as far as ... is concerned
ce que = **comme!** how; « **Ce
que je suis content de vous
voir.** » " How happy I am to
see you."
cercueil *m.* coffin
cerfeuil *m.* chervil (an herb)
certes certainly, surely
chacun, -e each one, everyone
chambre *f.* room; — **à coucher**
bedroom; **camarade de** —
roommate
chameau *m.* camel
champ *m.* field; **Les Champs-
Elysées** (*lit.*, " The Elysian
Fields ") name of one of the
largest and most elegant avenues
in Paris
chance *f.* chance, luck; fortune;
avoir de la — to be lucky
chandail *m.* sweater (same as
" tricot ")
chaque each, every
charcutier *m.* pork butcher;
delicatessen owner
charlatan *m.* quack
châtain chestnut; — **foncé** dark
chestnut; — **clair** light chestnut; — **roux** chestnut-red
chauffe-plat *m.* chafing dish

chausser to shoe; **être chaussé de souliers noirs** to be wearing black shoes

chaussette *f.* sock

chaussure *f.* shoe

chauve bald

chef *m.* leader; — **-d'œuvre** masterpiece

cheminée *f.* fireplace; chimney; mantelpiece

chèque *m.* check

cher, -ère dear; expensive; **mon —, ma —** terms of endearment

chercher to seek; to look for

chéri, -e dear, darling

chevalière *f.* man's ring; signet ring

cheveu *m.* a single hair

cheveux *m. pl.* the hair (altogether); **avoir les — roux** to have red hair

chèvre *f.* she-goat

chic stylish, smart, chic

chic *m.* smartness, stylishness; **une coiffure d'un — fou** a terribly smart hair-do

chiffre *m.* figure, number

chignon *m.* bun of hair

chimique chemical

chirurgical, -e surgical

chirurgie *f.* surgery

chirurgien *m.* surgeon

choc *m.* shock, blow

choix *m.* choice; **au —** at one's pleasure

cholestérine *f.* cholesterol

chou *m.* cabbage; **— à la crème** cream-puff

chou (in affected usage) dear, darling, sweet; **un ensemble — comme tout** the cutest little outfit

cicatrice *f.* scar

ciel *m.* sky; heaven

citoyen *m.* citizen

clair *m.* lightness; **— de lune** moonlight

clair, -e clear; light-colored; **blond —** light blond; **châtain —** light chestnut; **avoir le teint —** to be light complexioned; **une couleur —** a light color

clé *f.* key

clientèle *f.* clientele; practice (of doctor); customers (of merchant)

clinique *f.* small private hospital (see explanations in Leçon 8 and Leçon 11)

clochard *m.* bum, tramp, hobo

cocasse funny (but weird), comical, laughable

cochon *m.* pig

code *m.* code; rules, regulations; **— de la route** traffic laws

cœur *m.* heart; **apprendre par —** to memorize; **avoir mal au —** to be nauseated; to be sick to the stomach

coffre *m.* trunk

coiffeur *m.* hairdresser; barber

coiffer (se) to do one's hair, dress one's hair

coiffure *f.* headdress; hair-do

col *m.* collar

colère *f.* anger

collaborer to collaborate

collectionneur *m.* collector

coller to glue; to fail; **être collé à un examen** to fail an examination

collier *m.* necklace

colline *f.* hill

combien how much, how many; **— faites-vous?** How tall are you?

combinaison *f.* combination; slip (article of clothing)

comble *m.* the utmost; the height; **le — de malchance** the height of bad luck

comme like, as; **— d'habitude** as usual

comment how; **— êtes-vous?** What are you like?; **— allez-vous?** How are you?

commentaire *m.* commentary

commentateur *m.* commentator

complément *m.* (grammatical) complement; object

complet *m.* man's suit

complot *m.* plot, conspiracy

comprimé *m.* tablet, pill

compromis *m.* compromise; **faire un —** to compromise

comptant: payer — to pay cash

compte *m.* account (financial); **— en banque** bank account; **— courant** current account

compter to count

compte-rendu *m.* account; report

comptoir *m.* counter; bar

concerner to concern; **en ce qui concerne...** as far as ... goes, so far as ... is concerned

concierge *m., f.* concierge (kind of janitor-superintendent-caretaker-doorman of a building)

conciliant, -e accomodating

concombre *m.* cucumber

concours *m.* competition; competitive examination

concurrence *f.* (business) competition; **faire —** to compete

conduire (se) to behave, conduct oneself; **— d'une certain façon** to behave in a certain way

conduite *f.* conduct, behavior

conférence *f.* lecture; **assister à une —** to attend a lecture

confiance *f.* confidence; **faire — à** to have confidence in, trust in

confier to confide; **se — à qqn.** to trust oneself to someone, confide in someone

confisquer to confiscate

confiture *f.* jam

confondre to confound; to confuse

congé *m.* leave, vacation; **jour de —** day off

congelé, -e frozen

connaissance *f.* knowledge; acquaintance

connaisse (*3e pers. sg. prés. subj.* **connaître**)

connaître to know, be acquainted; **je n'y connais rien** I know nothing about it; **se connaître** to be acquainted

connu (*part. passé* **connaître**); **bien-—** well-known

conseiller to advise, counsel

conseiller *m.* counselor, adviser

consommation *f.* consummation, consumption; drink (in a café)

constater to establish, ascertain, note

construire to construct, build

conte *m.* tale, story; **— de fées** fairy-tale

continu, -e continuous, continual, continuing

contraire *m.* contrary, opposite; **au —** on the contrary

contraste *m.* contrast

contre against; **par —** on the other hand

contrefacteur *m.* counterfeiter; forger

contrefaction *f.* counterfeiting; forgery

contrôler (se) to control oneself

convaincre to convince

convenu, -e agreed, decided

copain *m.* (**copine,** *f.*) friend, buddy, " pal "

coqueluche *f.* whooping cough

coquet, -te smart, stylish; neat

cordon *m.* cord; **— bleu** blue ribbon; first-rate cook or chef; **— de police** police line

corridor *m.* passage, corridor

corps *m.* body; group

corvée *f.* task, chore, drudgery

cosmétique *m.* hair oil (for men)

cosmonaute *m.* cosmonaut, astronaut

costume *m.* outfit; suit

côte *f.* coast; rib; **la — d'Azur** the French Riviera

côté *m.* side; **chacun est parti de son —** each went his own way; **ses bons —** his favorable aspects

côtelette *f.* chop, cutlet

cou *m.* neck

coucher (se) to go to bed, lie down

couler to run; to drip

coup *m.* blow; **— d'œil** glance; **— de soleil** sunburn; **tuer qqn. à —s de hache** to kill someone with an axe; **en mettre un —** to make an extra effort; to work extra hard

coupable *m.* guilty person, culprit

coupe *f.* cut; **un dessin en —** a cutaway drawing

couper to cut; **se faire — les cheveux** to have one's hair cut

coupure *f.* gash, cut

couramment fluently, easily; generally

courant, -e running, current, usual; **c'est la taille la plus —** it's the most usual size

courbature *f.* curve

couronne *f.* crown

courrier *m.* mail, post

cours *m.* course (in school); exchange rate (on stock exchange)

course *f.* race

court, -e short

courtois, -e courteous

courtoisie *f.* courtesy

coussin *m.* cushion

coûter to cost

coûteux -teuse costly, expensive

coutume *f.* custom, habit, way

couturier *m.* (**couturière** *f.*) dressmaker, tailor; fashion designer

couvert *m.* fork and spoon; cover; place at table; **mettre le —** to set the table

couverture *f.* blanket; covering

crabe *m.* crab

crainte *f.* fear

cravate *f.* necktie; **épingle de —** tie pin, tie tack, tie clip

crayon *m.* pencil; **— pour les sourcils** eyebrow pencil

créé (*part. passé* **créer**)

créer to create

crème *f.* cream; custard; **— renversée** custard mold; **— chantilly** whipped cream

crémerie *f.* creamery; dairy

crevette *f.* shrimp

criard, -e loud, raucous; **une couleur —** a garish color

crier to cry, shout, scream; **— fort** to shout loudly

crime *m.* crime (especially murder); **— passionnel** crime of passion

croire to believe

croisière *f.* cruise

croissance *f.* growth

croissant *m.* crescent; crescent-shaped pastry eaten at breakfast

croustillant, -e crisp; crusty

croquis *m.* sketch

cru, -e raw

crustacé *m.* crustacean; shellfish

cuire to cook

cuit (*part. passé* **cuire**)

cuisine *f.* kitchen; cooking

cuisinière *f.* cook; stove, kitchen range; **— à gaz** gas range; **— électrique** electric range

cure *f.* cure, treatment; **faire une — to** take a cure, follow a course of treatment

D

d'abord first, first of all; **tout —** first of all

dactylo *f.* typist

d'ailleurs besides

Dante: Dante Alighieri (1265–1321), Italian poet

débarrasser to get rid of; **—la table** to clear the table

débouché *m.* opening, outlet

debout (*invar.*) upright, standing

début *m.* beginning, start; **au —** in the beginning

décerner to decree, order; to assign; to bestow; to grant, award

décès *m.* death

décevant (*part. prés.* **décevoir**)

décevoir to disappoint

déchirer to tear, rip

décider (se) to make up one's mind

déclamer to recite, declaim

décoller to unglue; to take off (of a plane)

décolleté, -e low-necked, low cut

décoloration *f.* bleaching

déconcerter to disconcert, abash; to upset, frustrate; to confound

découvert (*part. passé* **découvrir**)

découvrir to discover; to uncover, expose

décrire to describe

décrivez (*2ᵉ pers. pl. imper.* **décrire**)

déçu (*part. passé* **décevoir**)

déduire to deduct; to deduce

déduit (*part. passé* **déduire**)

défaut *m.* fault, default; absence; defect, flaw

défense *f.* defense; prohibition; **— DE FUMER** NO SMOKING

déficience *f.* deficiency

défier to defy

définissable definable

définitivement definitely; definitively

défraîchi, -e having lost its newness or freshness; beat-up

déguster to taste; to enjoy

dehors outside (of); **en — de cela** and beyond that

déjeuner to eat lunch or breakfast

délimiter to delimit, demarcate; to define

demande *f.* request; **faire une — d'admission** to make an application for admission

demander to ask, request; **se —** to wonder

démarche *f.* step; approach, advance

déménager to move out (of a house)

demeurer to live, dwell; to stay

dénouement *m.* ending, outcome, result; solution

dentelle *f.* lace

dentier *m.* dental plate; false teeth

dépaysé, -e out of place, out of one's element; not at home, homesick; **se sentir —** not to feel at home; to feel like a fish out of water

dépêcher (se) to hurry, hasten

dépens *m. pl.* cost, expense; **à vos — at your expense; aux — de** at the expense of

dépense *f.* expenditure, expense

dépenser to spend

dépensier, -ière extravagant, fond of spending

dépit *m.* spite; **en — de** in spite of

déplacé, -e out of place

déplacement *m.* moving, changing of place; misplacing

déplacer (se) to move, change place

déplaire to displease

dépliant *m.* pamphlet, folder

déposer to put, put down; **— de l'argent dans un compte** to put money in a bank account

dépourvu, -e deprived of; **au—** without warning

depuis since; **Je suis ici — l'année dernière.** I've been here since last year.; **— que** since

déranger to disturb, bother, trouble; to disarrange, disorder

dernier, -ière last; **en — lieu** last of all

dès = depuis

dès que as soon as

désabusé, -e disillusioned; worldly-wise; blasé

désagréable disagreeable, unpleasant

déshabiller (se) to undress

déshérité, -e disinherited

désordonné, -e disordered, disorderly, untidy

désormais from now on

dessin *m.* drawing; **— en coup** cutaway drawing

dessus on top of, over, above; **ci-—** above this, above joined, above mentioned; **l'auto a passé —** the car ran over (it)

dette *f.* debt

deux two; **un —-pièces** woman's two-piece costume or suit

devenir to become

devenu (*part. passé* **devenir**)

deviens (*1ère & 2e pers. sg. prés. indic.* **devenir**)

deviner to guess

devis *m.* estimate; **établir un —** to draw up an estimate

devoir to ought; to owe

devoir *m.* duty; homework, paper

dévorer to devour; **— un livre** to read a book voraciously, from cover to cover

devra (*3e pers. sg. fut. indic.* **devoir**) will have to

devrais (*1ère & 2e pers. sg. cond.* **devoir**) I ought to

devriez (*2e pers. pl. cond.* **devoir**) you ought to

diable ! heck! hell!

diète *f.* (starvation) diet, lack of food

Dieu *m.* God; **mon —!** my goodness!; **un — grec** a Greek god (handsome young man)

digérer to digest

dinde *f.* (hen) turkey; stupid woman, " goose "

dire to say; **vouloir —** to mean; **à vrai —** to tell the truth

discours *m.* speech, discourse

discutable debatable

disparaître to disappear

disposition *f.* disposition; **avoir des —s pour** to have a talent, an inclination for; **à la — de** at the disposition of

disputer (se) to dispute, argue, quarrel

dissertation *f.* thesis, term paper

distraction *f.* amusement, entertainment

distraire (se) to entertain oneself, amuse oneself

distrait, -e absent-minded

dit (*part. passé* **dire**); **au jour —** on the assigned day

divers, -e diverse, varied, various; **faits —** news items

dixième *m.* one-tenth

dizaine *f.* quantity of ten, about ten

doit (*3e pers. sg. prés. indic.* **devoir**) (he) must

doivent (*3e pers. pl. prés. indic.* **devoir**) (they) must

dominer to dominate

donc therefore, thus; then

donner to give; — **carte blanche à qqn.** to give someone a free hand

doré, -e golden; gilt; **blond —** golden-blond

dormi (*part. passé* **dormir**)

dormir to sleep

dortoir *m.* dormitory room (NOT a residence-hall; *see* note, Leçon 5)

dos *m.* back; verso

Dostoïevsky: Fédor Dostoïevsky (1822–1881), Russian author

dot *f.* dowry

douane *f.* customs

douanier *m.* customs officer

douche *f.* shower

doué, -e gifted, talented; **être — pour** to have a talent for

douillet, -te sensitive to pain

douleur *f.* pain, anguish

doute *m.* doubt; **sans —** no doubt, without a doubt; probably

doux, douce sweet, gentle, soft, tender

drachme *m.* drachma (monetary unit of Greece)

dresser to train; to set up, raise; to prepare; to establish

drogue *f.* drug

droit, -e straight, direct, upright, right; **avoir le nez —** to have a straight nose

droit *m.* right, privilege; law; fee, charge; **Faculté de —** Law school; **Il fait son —** He is studying law; **— d'inscription** membership fee, tuition fee; **avoir — à 20 kilos de bagages** to be permitted to take 44 pounds of baggage; **— de péage** toll (on bridge, road); **— de cité** admission on equal terms; equal rights

E

eau *f.* water; **— de Vichy** Vichy water (type of mineral water drunk in France)

écharpe *f.* scarf

échéance *f.* payment

échelle *f.* scale; ladder

échouer to fail; **— à un examen** to flunk an examination

éclair *m.* kind of French pastry

éclairé, -e lighted, illuminated

éclater to burst, explode; **— de rire** to burst out laughing; **un éclat de rire** a burst of laughter

école *f.* school; **— maternelle** kindergarten; **— primaire** elementary school, grammar school; **— secondaire** secondary school, high school

économe thrifty, sparing

économie *f.* saving; **faire des —s** to save

écossais, -e Scotch, Scottish; **un tissu —** plaid fabric

écosser to shell (peas, etc.)

écouter to listen to; to hear

écrivain *m.* writer

éducation *f.* upbringing (*see* notes Leçons 2 and 3)

effectivement effectively; indeed, in fact

effet *m.* effect; **en —** indeed, in fact

efficace efficient

effrayant, -e frightening, terrifying, alarming

égal, -e equal, even; **d'humeur —** of even temper; **cela m'est —** it's all the same to me

également equally; as well, also

égard *m.* consideration, respect; **à l'— de** with regard to, with respect to

église *f.* Catholic church (*see* **temple**)

électeur *m.* (électrice *f.*) elector, voter

élevé, -e high, elevated

élire to elect

élu (*part. passé* elire)

embellissement *m.* beautification; embellishment, ornament

emménager to move into a house

empêcher to prevent; to hinder

empreinte *f.* print, impression; — digitale fingerprint

emprunter to borrow; — quelque chose à qqn. to borrow something from someone

encadrer to frame

enchanté, -e enchanted; delighted

encore again; still; là — then again, there again

endormir (s') to go to sleep, fall asleep

endroit *m.* place, spot, site, location

enfer *m.* Hell

enfermer to close in, shut in, enclose

enfin at last; last, finally

enflé, -e swollen

enfoui (*part. passé* enfouir)

enfouir to hide; to bury

engager to engage, pledge; to begin, start

enlever to lift up; to take away, take off, carry away, carry off — ses vêtements = se dés-habiller

ennui *m.* boredom

ennuis *m. pl.* problems, trouble; avoir des — to be in trouble

ennuyer (s') to get bored, be bored

ennuyeux -euse boring, tiresome; dull, tedious; un professeur — a boring professor; rendre un sujet — à mourir to make a subject boring to death

enquête *f.* inquiry, investigation; inquest

enrichir to enrich, make rich

enseignement *m.* teaching, education, instruction; être dans l'— to be in the teaching profession

enseigner to teach

ensemble together

ensemble *m.* group of things that go together; outfit

ensuite then, next

entendre to hear; to understand; j'entends dire que I hear that

entendu (*part. passé* entendre); c'est — all right, O.K.; bien —! sure !, of course

enterrement *m.* burial

enterrer to bury

entrain *m.* liveliness, animation

entraîner to drag, draw, carry along or carry away; to produce as a consequence; to bring about; to involve or entail; — des dépenses to cause expenses, bring about expenditures

entrefilet *m.* paragraph, short item (in newspaper)

entreprenant, -e fresh; fast-working

entrepreneur *m.* contractor, builder; — de pompes funèbres undertaker

entretenir to maintain, take care of, keep up

entretien *m.* upkeep, maintenance; conversation; interview

entrevoir to perceive; to catch a glimpse of; to see dimly

envahir to invade

envelopper to envelop, wrap

envie *f.* desire; envy; avoir — de to want; to feel like

environ about, around; approximately

épais, -sse thick

éparpiller to scatter, disperse, spread, strew

épatant, -e wonderful, stunning; marvelous! great!

épice f. spice; flavoring

épicerie f. grocery store

épicier m. (**epicière** f.) grocer

épidemie f. epidemic

épineux, -euse spiny, prickly, thorny

épingle f. pin; — **à cravate** tie pin, tie tack, tie clip

éponge f. sponge; **une serviette-** — bath towel; terry-cloth towel

époque f. epoch, era, time, period

épouser to wed, marry

épousseter to dust off

éprouver to try, test; to feel, experience; to suffer

équilibrer to balance

équipe f. team

escale f. port of call; stop, stopover

escargot m. snail

escroc m. swindler, embezzler, confidence man, crook

escroquerie f. swindling, embezzling

espagnol m. the Spanish language

espèce f. kind, sort, species; — **d'idiot**! you idiot!

espérance f. hope

espion m. spy

espionner to spy

esprit m. mind; spirit; wit (opposed to " humor " in that wit may be malicious, but humor is not); **un homme d'—** a witty man; **avoir de l'—** to be witty; **avoir l'— étroit** to be narrow-minded; **avoir l'— large** to be broad-minded

essayage m. trying on, try-out, trial; **le salon d'—** the fitting room

essayer to try, attempt; to test; to try on, try out

essence f. gas (for motor)

estomac m. stomach

estragon m. tarragon

établir to establish, found; to settle; to set up; — **un devis** to draw up an estimate

étagère f. shelf, set of shelves, bookcase

été m. summer

été (*part. passé* **être**)

éternuer to sneeze

étoffe f. stuff, tissue, cloth

étonner to surprise, astound, astonish, amaze

étourdi, -e scatterbrained

étrangement strangely, oddly, curiously

étranger, -ère foreign; **un —, une —** a foreigner or a stranger; **à l'—** abroad, in a foreign country

étrangler to strangle, choke; **il s'étrangle de fureur** he is choking with rage

être to be

étroit, -e narrow, strait; **avoir l'esprit —** to be narrow-minded

étude f. study; **faire ses —s** to study; to be a student; **une — d'avocat** a lawyer's office

évanouir (s') to faint

événement m. event, happening

évidemment obviously (NOT " apparently ")

évier m. sink (in kitchen, garage, etc.; *see* **lavabo**)

éviter to avoid

excédent m. excess; — **de bagages** overweight charge

excursion f. excursion, outing; — **organisée** organized tour

exemplaire m. copy (of book, magazine)

exigeant, -e demanding, hard to please

extérioriser to express openly, outwardly

F

face *f.* face; front; **faire — à** to face, face up to; **en — de** across from, in front of, facing

fâcher (se) to get angry, annoyed, irritated

facile easy, simple, not difficult; **être — à vivre** to be easy to live with

façon *f.* manner, means, way; fashion; **de toute —** in any case, anyway, anyhow; **sans —(s)** casual; « **Est-ce que ce sera habillé, ou sans façon(s)?** » " Formal dress, or casual? "; **— de vivre** way of life

facture *f.* bill

faculté *f.* faculty; school (in a University), or graduate school; **— de Droit** Law school; **— de Médecine** Medical school; **— des Lettres** School of Letters and Sciences

faible *m.* weak point, weakness; weak person, weakling

faire to make, do; **— face à** to face, face up to, cope with; **— l'idiot** to act like an idiot; **— attention à** to pay attention to; **s'il fait frais** if it is cool out; **rien n'y fait** nothing helps, nothing does any good

faire-part *m.* announcement (of wedding, funeral, etc.)

faisceau *m.* cluster, bundle; bundle of nerves

fait *m.* fact; act, deed; **au —** in fact; **du — que** considering that

fait-divers *m.* miscellaneous item (in newspaper)

fallait (*3e pers. sg. imp.* **falloir**)

falloir (*imperson.*) to be necessary; **il faut** it is necessary

fantaisiste fanciful

fantôme *m.* ghost, phantom

farce *f.* farce, comedy; **grosse —** slapstick

fard *m.* make-up

farder (se) to make up

fauché, -e broke, out of money

faudra (*fut.* **falloir**)

faut (*prés.* **falloir**: *see* **falloir**) **il s'en —** far from it; **peu s'en —** not far from it

faute *f.* fault, defect; error, failing; **c'est de ma —** it's my fault; **sans — without fail; — de** lacking

fauteuil *m.* armchair

fée *f.* fairy; **un conte de —s** a fairy tale; **la Méchante —** the Wicked Fairy

femme *f.* woman; wife; **— de ménage** cleaning woman, daily help

fer *m.* iron; **— à repasser** iron (for ironing clothes); **— à cheval** horseshoe

ferez (*2e pers. pl. fut. indic.* **faire**)

ferme *f.* farm

fermement firmly

fermier *m.* (**fermière** *f.*) farmer

fesse *f.* buttock

fesser to spank

feu *m.* fire; burner (of a stove); **— rouge** red light (traffic signal)

feuilleter to leaf through

feutre *m.* felt; a felt hat

fiançailles *f. pl.* engagement, betrothal; **bague de —** engagement ring

fier, -ère proud; haughty

fièvre *f.* fever, temperature

figurer (se) to imagine; **figurez-vous que** just imagine !

filet *m.* filet; **— de bœuf** filet, tenderloin of beef

fin, -e fine; slender; of good quality; **avoir la taille —** to have a slender waist

finalement last, finally, in the end, at last

financier, -ière financial

fixe fixed; **idée —** obsession

flèche *f.* arrow

flemme *f.* laziness, spring-fever, disinclination to work

flemmingite *f.* an attack of the **flemme**; **— aigüe** acute attack of laziness

fleurir to bloom, flower; to flourish

foie *f.* liver

fois *f.* time, occasion, occurrence

folie *f.* folly, madness, insanity

foncé, -e dark-colored; **blond —** dark-blond; **châtain —** dark-chestnut; **une couleur —** a dark color

fonction *f.* function

fonctionnaire *m.* government employee; civil servant

fond *m.* bottom, base; foundation; back, far end; **— de teint** make-up base; **le — et la forme** the form and the substance; **de — en comble** from top to bottom; **au — de la salle** at the back of the room; **au —, il est honnête** at heart, he is honest; **Au —, cela m'est égal.** When you come right down to it, that's all the same to me.

forcément inevitably, necessarily

formidable fearsome, formidable; wonderful, marvelous, tremendous, great; **c'est —!** that's great!; **c'est un type —** he's a great guy

fort, -e strong; **une — tête** a stubborn person

fort strongly; loudly; very, extremely; **crier —** to shout, cry out

fou, folle crazy, mad; **avoir un mal — à faire qqch.** to have a terrible time trying to do something

fourmi *f.* ant

fouiller to dig; to search

fourrure *f.* fur

frais, fraîche fresh; cool, chilly; new; **s'il fait —** if it is cool out

frais *m.* expenses, cost; **les — d'inscription** tuition (at a university)

franc *m.* monetary unit of France

franchement frankly, freely

frange *f.* fringe; bangs (of hair)

frappant, -e striking; remarkable

frire (*intrans.*) to fry; **faire —** (*trans.*) to fry

frit, -e fried

froisser (se) to crumple, rumple

fromage *m.* cheese

front *m.* forehead, brow; front

fumée *f.* smoke

fumer to smoke; **DEFENSE DE — NO SMOKING**

fusée *f.* rocket

G

gagner to win; to earn; **— sa vie** to earn one's living

gaillard, -e strong, well; healthy, vigorous, hearty

gaîté *f.* gaiety, mirth, cheerfulness

galactique galactic

gamin *m.* boy, youngster, " kid "

gamine *f.* little girl, youngster, kid, brat

garçon *m.* boy; waiter

garde-: **—robe** *f.* wardrobe; **—fou** *m.* guard-rail, hand-rail; parapet (of bridge)

gare *f.* railroad station

gateau *m.* cake

gâter to spoil

gauche left (direction); awkward, clumsy; **à —** on the left, to the left

Gauguin: Paul Gauguin (1848–1903), French painter, lived in Tahiti

gazeux, -euse gaseous, carbonated **boisson —** carbonated drink

gémir to groan, moan

gémissement *m.* moan, groan

gêné, -e embarrassed, ill at ease; troubled, bothered

génie *m.* genius

genre *m.* type, sort, kind; **dans son —** in his way, of his kind

gentil, -lle gentle, noble; kind; pleasing

gigot *m.* leg of mutton; **— d'agneau** leg of lamb

gilet *m.* waistcoat, vest

Givenchy French dress designer

glace *f.* mirror; ice; ice cream

glisser to slip, slide, glide

goinfre *m.* glutton, pig

gorge *f.* throat; neck

gosse *m., f.* kid

goût *m.* taste; **avoir bon —** to have good taste; **un homme de —** a man of good taste

goutte *f.* drop; **—s pour les yeux** eyedrops

grand-chose (pas —) (not) much, (not) a great deal (*usually in negative*)

gratuit, -e free, without charge

grec, grecque Greek

grenat *f.* (*invar.*) maroon; garnet-red

griller to broil, grill; to roast; to toast

grippe *f.* flu, grippe

gris, -e gray

gros, -sse big, fat, stout; **en —** wholesale; approximately; **— farce** farce, slapstick

grosseur *f.* size, bulk, volume

grossier, -ière rude; vulgar

grossièrement roughly, crudely

grossir to enlarge, get bigger, increase, swell; **cette robe grossit** this dress makes one look fat

guère (*negation*), **ne... guère** not much, not many; scarcely

guérisseur *m.* healer, faith-healer; quack, medicine man

guerre *f.* war

guichet *m.* ticket window, box office

guise *f.* manner, way, fashion; **à votre —** as you wish, as you see fit

H*

habillé (*part. passé* **habiller**); « **Est-ce que ce sera — ou sans façon(s) ?** » "Formal dress, or casual?"; **cela fait trop —** that is too dressy

habiller (s') to dress, get dressed

habit *m.* clothes; evening dress, tails

habiter to live in, dwell in, inhabit

habitude *f.* habit, custom; **d'—** usually, ordinarily, generally, customarily; **comme d'—** as usual

habituer (s') to get used to, become accustomed to **(à)**

***haricot** *m.* bean

***hasard** *m.* accident; chance, luck, fortune; hazard, risk; **par —** by accident, by chance

***hausse** *f.* rise, rising, going up; **en —** rising, going up, on the way up

***haut, -e** high; **en —, en bas** up above, down below

hebdomadaire weekly

---

*Words beginning with the so-called "aspirate h" **(h aspiré)** are indicated here by an asterisk (*).

hélas Alas!

hélice *f.* propeller

herbe *f.* grass; herb; weed; — **aromatique** aromatic herb; **en —** budding, incipient

héritier *m.* (**héritière** *f.*) heir (heiress)

heureusement fortunately

heureux, euse happy; lucky

hier yesterday

histoire *f.* history; story; **c'est une autre —** but that's another story, another matter; **— naturelle** natural history; biology

*homard *m.* lobster

honnête honest, upright; courteous, well-bred, polite; decent; **un homme —** an honest man; **un — homme** a gentleman (the seventeenth-century ideal)

honoraires *m. pl.* fee(s), retainer; payment

*honte *f.* shame; **avoir —** to be ashamed

hôpital *m.* hospital (*see* notes and explanation, Leçons 8 and 11)

horaire *m.* schedule, timetable

hôte *m.* host; guest

hôtesse *f.* hostess; **— de l'air** airline stewardess

huile *f.* oil

humeur *f.* humor, temperament; mood, spirits, temper; **de bonne —** in a good mood; **de mauvaise —** in a bad mood; **avoir des sautes d'—** to be moody

humour *m.* humor (laughter); **sens de l'—** sense of humor

I

idée *f.* idea; **— fixe** obsession; **avoir une — fixe = être maniaque; se faire une —**

to get, have, or form an idea

idiot *m.* idiot; **faire l'—** to act like an idiot; **c'est —!** that's ridiculous!

île *f.* island, isle

illisible illegible, unreadable

immeuble *m.* building, apartment building **— de rapport** income-yielding building

immobilier, -ière real estate

imperméable *m.* raincoat, waterproof garment

impoli, -e impolite, rude, uncivil

importer to matter, be important; **cela m'importe** that is important to me; **peu importe que** it doesn't matter that; **n'importe qui** just anybody, anyone at all; **n'importe quoi** just anything, anything at all; **n'importe quel(le)** just any, any at all

impôt *m.* tax, duty; **— sur le revenu** income tax

imprimé (*part. passé* **imprimer**); **un tissu —** printed fabric; **un — ** a print (cloth)

imprimer to print

inattendu, -e unexpected

incolore colorless

inconnu *m.* unknown person, stranger

inconvénient *m.* inconvenience, disadvantage, drawback

incrédule incredulous; unbelieving

incroyable unbelievable

indigner to outrage; rouse to indignation

inefficace ineffective, inefficient

inexploité, -e unexploited, underdeveloped

inexprimé, -e unexpressed, unsaid

infirmière *f.* nurse

infroissable uncreasable, crease-resistant, uncrushable

ingénieur *m.* engineer; **—-conseil** consulting engineer

ingénieux, -euse ingenious, clever

injuste unjust, unfair

inoubliable unforgettable

inoxydable stainless, rustproof; **acier —** stainless steel

inscription *f.* inscription; registration, membership; **frais d'—** tuition fees (at a university)

inscrire to inscribe; to register

inscrit (*part. passé* **inscrire**); **être — pour un cours** to be registered for a course

insistance *f.* insistence, emphasis

insondable unfathomable

installer (s') to install oneself, settle oneself; to settle down, make oneself comfortable

instituteur *m.* (**institutrice** *f.*) elementary school teacher

instruction *f.* education (*see* notes, Leçons 2 and 3)

instruire (s') to be educated formally; to learn

insupportable unbearable, unsufferable

intenter (*used only in legal phrases*); **— un procès, une action** to bring or enter an action; to bring a suit; to institute legal proceedings

interdire to forbid, prohibit

intérêt *m.* interest

interlocuteur, -trice the person you are addressing

internat *m.* internship

interne *m.* boarder; intern

intervenir to intervene, come between

intrigue *f.* intrigue, plot, action

inverse *m.* inverse, opposite, contrary; **en sens —** in the opposite direction

investir to invest

investissement *m.* investment

irrétrécissable unshrinkable

isolé, -e isolated, remote; detached, alone, unique

J

jamais never (*in positive phrase* ever); **ne... jamais** never

jambe *f.* leg

jambon *m.* ham

jardin *m.* garden; **— d'enfants** kindergarten; **— zoologique** zoological garden, zoo

jeter to throw, hurl, cast; **— un coup d'œil** to glance at; **— de la poudre aux yeux de qqn.** to try to impress someone

jeu *m.* game; gambling

jeunesse *f.* youth

jonché, -e be strewn

joue *f.* cheek

jouer to play; to gamble

joueur *m.* player; gambler

jour *m.* day; **au — dit** on the assigned day; **vivre au — le —** to live from day to day, live from hand to mouth; **du — au lendemain** from one day to the next; overnight; at a moment's notice

journalier,-ière daily, everyday; **ouvrier —** worker by the day; **un — = un ouvrier —**

journée *f.* day (length of time); **toute la —** all day long

judiciare judiciary, judicial; **poursuites —s** lawsuit

jumelles *f. pl.* binoculars, field glasses

jument *f.* mare

jupe *f.* skirt; **mini- —** mini-skirt

jus *m.* juice; gravy

juste just, exactly; only; — **à point** exactly right
justement exactly, precisely

K

Karachi capital of Pakistan

L

là there; —**-bas** over there, down there; — **encore** there again, then again; **par** — over here, over there; this way, that way; **par-ci, par-** — here and there
laid, -e ugly
laideur *f.* ugliness
laine *f.* wool; **en** — woollen
laisser to let, allow, permit; — **tomber** to drop; to forget
lait *m.* milk; **café au** — coffee with milk
laitier, -ière milk- (*adj.*), dairy
lampe *f.* lamp, light; — **de chevet** bedside lamp
large wide, broad; **avoir l'esprit** — to be broad-minded
lavable washable
lavabo *m.* bathroom sink (*see* **évier**)
laver to wash; **se** — **les mains, la tête, etc.** to wash one's hands, hair, etc.
lecteur *m.* reader
légal, -e legal, lawful
léger, -ère light, flimsy
légume *m.* vegetable
lentement slowly; carefully
lequel (laquelle, lesquels, lesquelles) which (*see* Leçon 5)
lettre *f.* letter; **à la** — literal, literally
lever (se) to get up, rise, stand
lèvre *f.* lip
licence *f.* license (French university degree roughly equivalent to the B.A.)

lieu *m.* place, spot, location; **avoir** — to take place; **en premier** — in the first place; **en dernier** — last of all
ligne *f.* line
ligue *f.* league, confederation
linge *m.* linen; undergarments
lingerie *f.* woman's undergarments
lire *f.* lira (unit of currency in Italy)
lire to read
lisible legible, readable
livre *f.* pound of weight; — **sterling** pound sterling (monetary unit of Great Britain)
locataire *m., f.* tenant
locution *f.* locution; — **verbale** invariable expression composed of a verb and a noun
logement *m.* housing, lodging, quarters, accommodations
loi *f.* law (*see* **droit**); « **au nom de la** — » in the name of the Law
loin far away, far, distant
lointain, -e far away, distant
louer to rent; to praise
lourd, -e heavy, weighty
lourdeur *f.* heaviness, weightiness
loyer *m.* rent, rent payment
lumineux, -euse luminous, shining
lune *f.* moon
lunettes *f. pl.* glasses; — **de soleil** sunglasses
lycée *m.* French secondary school
lys *m.* lily; **pétale de** — lily petal

M

m. (abbreviation of **mètre,** *see* **mètre**)
machine *f.* machine; — **à écrire** typewriter; — **à laver la vaisselle** dishwasher; — **à calculer** calculating machine
mâchoire *f.* jaw

magnum *m.* magnum (of champagne)

maigre skinny, thin

maigrir to slim down, grow thin, lose weight

maillot *m.* jersey, tights; — **de bain** bathing suit

maison *m.* house, home; — **de repos** rest home; — **de santé** nursing home; — **d'édition** publishing house

maître *m.* master; schoolteacher; — **de maison** master of the household

maîtresse *f.* mistress; schoolteacher; — **de maison** lady of the house

mal *m.* pain; illness; evil, badness; difficulty; — **de mer** seasickness; — **de l'air** air sickness; **j'ai — à la tête, au pied, à l'estomac** my head hurts, my foot hurts, I have a stomach ache; **j'ai — partout** I hurt all over; **il n'y a pas de — à cela** there is no harm in that; **avoir un — fou à faire qqch.** to have a terribly difficult time trying to do something

malade *m., f.* ill person, sick person; patient

maladresse *f.* clumsiness, awkwardness

maladroit, -e clumsy, awkward

malchance *f.* bad luck

malgré in spite of

malheureusement unfortunately

malhonnête dishonest

malle *f.* trunk

manche *f.* sleeve; **La —** the English Channel

manchette *f.* cuff; headline (newspaper); **boutons de —** cufflinks

maniaque maniac; finicky; **être — = avoir une idée fixe**

manifestation *f.* protest, march, riot

Manille *f.* Manila (Capital of the Philippines)

manquer to lack, miss, want; **vous manquez de tact** you have no tact; **il vous manque un bouton** you have a button missing; **vous me manquez** I miss you

manteau *m.* coat

manuel, -elle manual; **travail —** crafts

maquette *f.* scale model

maquiller (se) to make up, put on make-up

marbre *m.* marble

marchand *m.* merchant, dealer; — **de primeurs** produce vendor

marchandise *f.* merchandise, goods

marché *m.* market; **bon —** inexpensive

marcher to walk; to go, function, to work; — **à pied** to walk, go on foot; **vous me faites —** you're pulling my leg; **votre rasoir ne marche pas** your razor isn't working; **ça marche** that's O.K., that's all right, that's going (along) fine

mari *m.* husband

marier to marry someone off; to get married; **un père marie sa fille** a father marries (off) his daughter; **se —** to get married, wed, marry; **Jean-Paul et Annick se marient.** Jean-Paul and Annick get married.

mark *m.* mark (unit of currency in Germany)

marquer to mark; to note; to indicate

marron (*invar.*) brown

martyre *m.* martyrdom; torture, agony

mat, -e mat, unpolished, dull, lustreless, flat (color, surface); **avoir le teint —** to have a mat complexion

matelas *m.* mattress

matériaux *m. pl. (used in engineering or construction)* building materials, construction materials

maternel, -elle maternal, motherly; **école —** kindergarten

matière *f.* material; matter, substance; subject; **table des —s** table of contents

mauvais, -e bad, disagreeable, evil; ill; unpleasant

mauve mauve, lavender

mécanique *f.* mechanics

méchant, -e mean, naughty; nasty; **la — fée** the Wicked Fairy; **CHIEN —** BEWARE OF THE DOG

méchanceté *f.* meanness, nastiness

médecin *m.* doctor

médicament *m.* medication, medicine

meilleur, -e better; best

mélangé, -e mixed, mingled; **un tissu —** a mixed or tweedy fabric

membre *m.* member; limb (of body)

même same, even; **ou —** or even; **quand —** even so, anyway

menaçant, -e threatening, menacing

ménage *m.* household, family; **femme de —** cleaning woman, daily help; **un jeune —** a young couple, newlyweds

ménagère *f.* housewife, housekeeper

mener to conduct; to lead

mensuel, -elle monthly

mériter to merit, deserve, earn

merveilleux, -euse marvelous, wonderful

mésaventure *f.* misadventure, mishap, misfortune

métier *m.* trade, craft, occupation; profession

mètre meter (unit of measurement equivalent to 39.36 inches)

métrique metric; **système —** metric system of measurement

mettre to put, place; **se — en colère** to get angry

meuble *m.* item of furniture; **—s** furniture

meubler to furnish, provide with furniture

meurtre *m.* murder, slaying

meurs (*1ère pers. sg. prés. indic.* **mourir**)

meurtrier, -ière murderous

mi- (*particle*) half-; **cheveux —-longs** medium-long hair

miette *f.* crumb

mieux better; best; **ce qu'il y a de —** the best thing; **faire de son —** to do one's best; **tant —** so much the better

migraine *f.* migraine headache

milieu *m.* middle, center; environment; **au —** in the middle; **au beau —** right in the middle

mille-feuilles *m.* kind of many layered French pastry, " Napoleon "

mince slim, thin

mine *f.* mine; appearance, aspect; **avoir bonne —** to look good; **avoir mauvais —** to look poor; **— d'or, de cuivre, d'étain** gold mine, copper mine, tin mine

miroir *m.* mirror

mise *f.* putting, placing, setting; setting-up, set-up; **— au point** perfecting; **— en plis** hair set

misère *f.* misery; unhappiness, misfortune; poverty

mitraillette *f.* sub-machine gun

mitrailleuse *f.* machine gun

mobile *m.* motive, cause, reason; **— du crime** motive for the crime

moche bad, ugly

mode *f.* fashion; **être à la —** to be up to date, in style

modelage *m.* modeling clay-modeling

moëlle *f.* marrow; **— épinière** spinal cord

moitié *f.* half; **— café, — lait** half coffee, half milk

moment *m.* moment, instant; minute; **en ce —** right now, at this moment

monde *m.* world; **tout le —** everybody, everyone

monokini *m.* topless bathing suit

monotone monotonous, dull, boring

montant *m.* amount, sum of money

monter (se) to rise, reach, get up to; **ses dépenses se montent à cinq millions** his expenses add up to five million

montre *f.* watch; **un bracelet- —** wrist watch

montrer to show, point out, indicate

moquer (se) to make fun of; to tease

moral, -e moral; **principes moraux** moral principles

morceau *m.* piece, part

mosaïque *f.* mosaic work

mot *m.* word

mouchoir *m.* handkerchief

mourir to die; **un sujet ennuyeux à —** a deathly boring subject

moustique *m.* mosquito

mouton *m.* sheep, lamb

moyen, -enne middle, average, medium; half-way; **le — Age** the Middle Ages

moyen *m.* means, manner, way, method; **trouver — de faire qqch.** to find a way, a means of doing something; **vivre selon ses —** to live according to one's means, according to one's income

moyenne *f.* mean, average

mûr, -e mature, ripe

musée *m.* museum

N

naissance *f.* birth

napoléon *m.* kind of French pastry

nappe *f.* tablecloth

nature natural, plain; **thé —** plain tea; **café —** black coffee

naturel, -elle natural; of or pertaining to nature; **histoire —** natural history; biology

nausée *f.* nausea

nébuleuse *f.* nebula; **la — d'Andromède** the Andromeda nebula

nécessaire *m.* necessary thing, indispensable thing; **— de toilette** woman's toilet kit

négligé (*part. passé* **négliger**); **une tenue —** a disorderly or untidy appearance

négliger to neglect

nerf *m.* nerve; **toute leur porte sur les —** everything gets on their nerves

nerveux, -se nervous, energetic

nettoyer to clean, clean up; **— un vêtement à sec** to dryclean a garment

neuf, neuve brand new

neutre neuter, neutral

nez *m.* nose; **avoir le — droit, courbé, aquilin** to have a straight, curved, acquiline nose

niveau *m.* level, degree; **— de vie** standard of living

noce *f.* wedding, marriage **voyage de —(s)** honeymoon trip

nom *m.* noun; name (esp. family name; *see* **prénom**); — **de jeune fille** maiden name

nommer to name; to appoint

non no, not; — **plus** nor, neither, not … either

note *f.* note; bill

notion *f.* notion, concept, idea

nouvelle *f.* short story; —**s** news

nuance *f.* shade; slight difference; suggestion, hint

nuit *f.* night; **passer une — blanche** to stay up all night

numéro *m.* number; numeral; issue (newpaper or magazine)

O

obligatoire compulsory; necessary

occasion *f.* occasion; bargain, deal; **d'—** second-hand

occidental, -e Western, occidental

occuper (s') to occupy oneself (with); to take care (of)

œuf *m.* egg

œuvre *f.* work (*see* Leçon 12)

offrir to offer

ombre *f.* shadow; shade; — **pour les paupières** eye shadow

on *impersonal pron.* "one," "they," "people," "we" *or, depending on context, may replace as subject, all other personal pronouns:* je, tu, il, elle, nous, vous, ils, elles

ondulé, -e waved, wavy; **coiffure** — wavy hair

ONU (Organisation des Nations Unies) U. N. (United Nations)

or *m.* gold; **des bijoux en —** gold jewelry; **une mine d'—** a gold mine

ordonnance *f.* prescription; **le pharmacien exécute l'—** the pharmacist fills the prescription

ordonné, -e tidy, in order, neat

ordonner to prescribe; to order

oreille *f.* ear; **des boucles d'—s** earrings

oreillons *m.pl.* mumps

orgueilleux, -euse proud, haughty

oser to dare

OTAN (Organisation du Traité de l'Atlantique Nord) N. A. T. O. (North Atlantic Treaty Organisation)

oublier to forget

ours *m.* bear

outre beyond **en —** moreover

ouvrage *m.* work (*see* Leçon 12)

ouvreuse *f.* usherette

P

page *f.* page; — **de garde** end-paper, flyleaf; **à la —** up to date

paille *f.* straw

pain *m.* bread

paix *f.* peace

pâlir to grow pale, become pale

palper to feel, examine by touching

panier *m.* basket; — **percé** spendthrift

pantalon *m.* (pair of) pants, trousers

paon *m.* peacock; **vaniteux comme un —** as vain, as proud, as a peacock

Papeete capital of Tahiti

papier *m.* paper; — **peint** wallpaper

par by, through, by means of; — **contre** on the other hand; — **là** over here, over there; this way, that way (*see* **là**)

paraissent (*3ᵉ pers. pl. prés. indic.* **paraître**)

paraître to appear; to come out;
les revues paraissent the
magazines come out, are
issued

paralysie *f.* paralysis

parapluie *m.* umbrella

parcourir to run through

pardessus *m.* overcoat, topcoat

pareil, -eille like, alike, similar;
the same; such as

paresse *f.* laziness

paresseux, -euse lazy

parfait, -e perfect; **le plus-que-
parfait** the pluperfect

parfois sometimes, occasionally

parier to bet, to wager

parole *f.* word, speech; faculty
of speaking; **donner, passer
la — à qqn.** to give the
floor to someone, let someone
talk

parquet *m.* floor; flooring

pars (*1ère pers. sg. prés. indic.*
partir)

part *f.* part, portion, share; place;
d'autre — in addition; on the
other hand; **à —** apart from;
nulle — no place, nowhere;
quelque — someplace, somewhere; **de la — de** on behalf
of; **faire-—** announcement (of
wedding, funeral, etc.

parti *m.* party; position, choice,
course; advantage, profit;
tirer — de to get something
out of, profit from; **prendre
— ** to take sides ; **c'est du —
pris** that is a fixed prejudice;
that is rank obstinacy

particulier *m.* a private person,
individual; **entre —s**
privately

partie *f.* part; **faire — de** to be
a part of; to belong to

partir to leave, go away

partisan *m.* partisan, backer,
supporter, follower

partout everywhere, all over

paru (*part. passé* **paraître**)

passer to pass (on); to give;
— la parole à qqn. to give
someone the floor, let someone
speak; **se —** to happen, occur;
Qu'est-ce qui s'est passé?
What has happened?; **Que se
passe-t-il?** What is going on?;
se — de (qqn., qqch.) to get
along without (someone,
something); **je peux m'en —**
I can do without it; I do not
need it

passionnant, -e exciting,
fascinating, absorbing, thrilling

pastille *f.* cough drops; lozenge

pâte *f.* paste; **— dentifrice** tooth
paste; **—s** (*pl.*) pasta (spag-
hetti, etc.)

pâtisserie *f.* pastry; pastry shop

patrimoine *m.* patrimony

patrouille *f.* patrol

patte *f.* paw, hoof, foot (of an
animal)

paupière *f.* eyelid; **ombre pour
les —s** eye shadow

pays *m.* country, nation; region

peau *f.* skin; **— de chat** cat skin

pêche *f.* peach

pédagogie *f.* pedagogy, teaching,
education

pédiatre *m.* pediatrician

peindre to paint

peine *f.* pain; difficulty; **à —**
hardly, barely, scarcely; almost;
with difficulty

peint (*part passé* **peindre**);
papier — wallpaper

peintre *m.* painter; artist

pèlerinage *m.* pilgrimage

pendant during; **— que** while,
as long as

pendentif *m.* pendant (worn around the neck)

pensée *f.* thought

pente *f.* slope, incline; **en —** sloping, on a slope

percé (*part. passé* **percer**); **panier —** spendthrift

percer to pierce, make a hole in

percuter to strike or tap lightly and sharply; to sound

perdant *m.* loser, losing party

perdre to lose; **se —** to be lost, get lost; to lose oneself

perds (*Ière pers. sg. prés. indic.* **perdre**)

perfectionner to perfect, improve

perruque *f.* wig, hairpiece

persil *m.* parsley

personnage *m.* character (in a play, book, etc.)

personne *f.* person; **ne… —** nobody, no one; **je ne connais — I** don't know anybody; **— ne connaît** nobody knows

perte *f.* loss

pesanteur *f.* weight, gravity, heaviness

pèse (*3e pers. sg. prés. indic.* **peser**)

peser (se) to weigh (oneself); **Je pèse 75 kgs.** I weigh 165 pounds.

peseta *f.* unit of currency in Spain

pétale *f.* petal; **— de lys** lily petal

petit, -e small, little, tiny; **— déjeuner** breakfast; **—s annonces classées** classified ads.

peur *f.* fear; **avoir —** to be afraid, frightened; **faire — à qqn.** to frighten or scare someone

peut (*3e pers. sg. prés. indic.* **pouvoir**)

pèze *m.* money, cash (*slang*)

pièce *f.* piece, part; room (in a building); stage play; **— de monnaie** coin; **un deux- — s** a woman's two-piece suit

pied *m.* foot; base; **se remettre sur —** to get back on one's feet

pilule *f.* pill

piquer to sting, prick; to puncture

piqûre *f.* sting, prick; shot

pitié *f.* pity, compassion; **faire — à qqn.** to arouse someone's pity, compassion; **vous me faites —** I feel sorry for you; **avoir — de qqn.** to have mercy or pity on someone

placard *m.* closet, cupboard

place *f.* place, position; seat; plaza, square; **sur —** on the spot

placement *m.* placement; **— d'argent** investment

plage *f.* beach

plaider to plead, argue (a case at law); **— sa cause** to plead one's own case, speak in one's own behalf

plaie *f.* wound

plaindre to pity, feel sorry for; **se —** to complain

plaire to please; **— à qqn.** to be attractive to someone; **Cette chose me plaît.** I like this thing.; **Vous plaisez-vous en France?** Are you happy in France? Are you enjoying yourself?; **Plaît-il?** "Excuse me? Pardon me?" (when you do not hear clearly, or have not understood what someone is saying or has said); **s'il vous plaît (s.v.p.)** please

plaisanterie *f.* joke; **mauvaise —** practical joke

plaisir *m.* pleasure, enjoyment;
par — for fun, for enjoyment;
rien que pour le — just for
the fun of it

plan *m.* plan; blueprint

plat *m.* plate; course, dish; **—
résistance** principal dish,
main course

plat, -e flat; **coiffure —** flat hair-
do; **chaussure à talon —** flat-
heeled, low-heeled shoe

plateau *m.* plateau; tray; shelf

platine *m.* platinum; **blond —**
platinum blonde

plâtre *m.* plaster; plaster cast;
être dans un — to be in a cast

pleurer to cry, weep

pleurnicher to whine, whimper

pleuvait (*imp.* **pleuvoir**)

pleuvoir (*imperson.*) to rain; **il
pleut** it is raining; **il pleuvait**
it was raining

pli *m.* fold, crease, wrinkle, wave
mise en —s a hair set

plomber: — une dent to fill a
tooth

plupart *f.* most;
la — des most of,
the majority of; **pour la —** for
the most part

plus more, most; **le plus-que-
parfait** the pluperfect
tense; **en —** in addition,
moreover

plusieurs several

poids *m.* weight

point *m.* point; period (*punct.*);
à — just right; done to a turn

pointilleux, -euse fastidious,
finicky

poire *f.* pear

pois *m. pl.* peas; dots; **petits —**
peas; **une cravate à —** a polka-
dot tie

poisson *m.* fish

poitrine *f.* chest, breast

poivre *m.* pepper

poli, -e polite, well-behaved

pomme *f.* apple; **— de terre**
potato

pompier *m.* fireman

ponctué, -e punctuated

pont *m.* bridge; deck of a ship

porte- carrying; **—-bonheur** *m.*
charm; lucky piece

portant (*part. prés.* **porter**); **être
bien —** to be comfortable, in
good health

portée *f.* reach, range; **à la — de
la main** close at hand,
close by

porter to carry; **pret-à-—** ready-
to-wear; **tout leur porte sur
les nerfs** everything gets on
their nerves; **se —** to be (in
health); **se bien —** to be in
good health, be well; **se mal —**
to be in poor health, be ill

poser to place, lay; to stand; to
lean; to set; to put

poste *f.* the post office

pot *m.* pot; **découvrir le — aux
roses** to find out the secret;
to discover the truth

poudre *f.* powder, dust; **— à
canon** gunpowder; **jeter de la —
aux yeux de qqn.** to try to
impress somebody; to put
up a false front

poulain *m.* colt

poulet *m.* chicken

poupe *f.* poop (of a ship), stern

pour for; **— cent** percent; **le
— et le contre** the pro and
con

pourboire *m.* tip

pourcentage *m.* percentage

pourrait (*3ᵉ pers. sg. cond.* **pouvoir**)
(he) could, would be able to

pourrez (*2ᵉ pers. pl. fut. indic.*
pouvoir) (you) will be able to
pourront (*3ᵉ pers. pl. fut. indic.*
pouvoir) (they) will be able to
poursuite *f.* pursuit, chase
—**s judiciaires** lawsuit
pouvait (*3ᵉ pers. sg. imp. indic.*
pouvoir) (he) could, was able to
pouvoir to be able
précolumbien, -ienne pre-
Columbian
premier, -ière first; **en — lieu** in
the first place
prendre to take; — **parti** to take
a stand; to take sides; come to
a decision, make a choice (*see*
parti)
prénom *m.* first name, given
name
préparatifs *m. pl.* preparations
près near, nearby; **à peu —**
almost, nearly
prescrire to prescribe
prescrit (*part. passé* **prescrire**)
présent *m.* present; **à —** at present
presque almost, nearly, practically
pression *f.* pressure
prêt *m.* loan
prétendu, -e so-called
(*see* **soi-disant**)
prétentieux, -ieuse pretentious,
conceited, show off
prêter to lend
preuve *f.* proof; **faire — de** to
give proof of; to show,
exhibit, display,
prévenant, -e attentive, kind,
thoughtful, considerate
prévenir to forewarn, inform; to
forestall, anticipate
prévienne (*3ᵉ pers. sg. prés. subj.*
prévenir)
prévoir to foresee, anticipate
prévu, -e planned, arranged;

specified
prier to pray; to beg; to ask; **je
vous en prie = s'il vous plaît**
("you're welcome" in answer
to **merci**)
principal, -e principal, main;
important; **proposition —** main
clause; **la — = la proposition —**
pris (*part. passé* **prendre**; *see* **parti**)
privation *f.* privation, hardship;
deprivation, loss
priver (se) to deprive oneself, do
without
prix *m.* value; cost, price; prize,
reward
procès *m.* law suit;
intenter un — to bring suit;
to bring an action
procès-verbal *m.* traffic ticket
prochain, -e next; following,
coming
proche near, nearby; close, close
by
procurer (se) obtain (for oneself),
get (for oneself)
profiter to profit, benefit
projeter to project, plan, contem-
plate; to think of
pronominal, -e pronominal (said
of a verb conjugated with a
reflexive pronoun, whether truly
reflexive or not)
propos *m.* subject, matter;
purpose, resolution; **à —** by the
way; **à — de** on the subject of
proposition *f.* proposition; clause
(grammar); — **principale** main
clause; — **subordonnée**
dependent clause
propre proper, clean; one's own;
une chambre — a clean room;
ma — chambre my own room
propriétaire *m., f.* proprietor;
owner

protéger to protect, defend

provenir to result, arise (from), come (from), originate (in, at)

proviennent (*3ᵉ pers. pl. prés. indic.* **provenir**)

provision *f.* provision, store, stock, supply; **—s** (*pl.*) provisions, food, supplies

pu (*part. passé* **pouvoir**)

publier to publish

puis then, next

puisque since, because

puisse (*1ère ou 3ᵉ pers. sg. prés. subj.* **pouvoir**)

punir to punish

punition *f.* punishment

Q

qualifier to qualify; to describe

quand when; **— je vous verrai, je vous dirai...** When I see you, I shall tell you ...; **— même** even so

quant à as to, as for

quatre-vingts eighty; **quatre-vingt-un** eighty-one; **quatre-vingt-dix** ninety; **quatre-vingt-onze** ninety-one; **quatre-vingt-dix-neuf** ninety-nine

quel, quelle what, which; **n'importe quel sujet** any subject at all

quelconque any whatsoever, any at all; **pour une raison —** for whatever reason; **une femme très —** a very ordinary woman

quelque a, some, any

quelques some, a few

quelquefois sometimes, occasionally

quelque part somewhere

quelqu'un someone, somebody; anyone, anybody

qu'est-ce que = **comment, comme; Qu'est-ce que je suis content de te voir!** How happy I am to see you!

querelle *f.* quarrel, spat

quereller (se) to quarrel, argue, dispute

querelleur, -euse quarrelsome

quitter to quit, leave, go away from; to desert

quoi what; **En — consiste...?** What does ... consist of? What is...?; **A — reconnaît-on...?** By what does one recognise...? How can you tell...?; **— qu'il en soit** whatever the case may be

quotidien, -ienne daily, everyday

R

raconter to tell, relate, recount

radiographie (*abbrev.* **radio**) *f.* X-ray; fluoroscopy; radiography

radis *m.* radish

raie *f.* part (in hair)

raisin *m.* grape; **— sec** raisin; **une grappe de —s** a bunch of grapes

raison *f.* reason, cause; **avoir —** to be right

rangée *f.* row, line, array

ranger to arrange; to put away, put aside; to tidy up

rappeler (se) to recall, remember, recollect

rapport *m.* connection, relation, yield, profit, return; **par — à** in reference to, in relation to; **le — d'une action en bourse** the yield on a stock, the return on a stock

rapporter to bring back, bring in; **— de l'argent** to earn money

raser (se) to shave

rasoir *m.* razor; **— de sûreté** safety razor; **— électrique** electric shaver

rattacher to attach, bind

ravissant, -e lovely, delightful

ravitaillement *m.* grocery shopping

rayé, -e striped

rayon *m.* shelf; department (in a a store); radius (of a circle); ray (of light); field (of action)

réaction *f.* reaction; **avion à —** jet airplane

réaliser (se) to realize; to materialize; to come about, happen

recette *f.* recipe

recevoir to receive; to entertain

recherche *f.* research, investigation, search; **faire des —s** to do research

récit *m.* story, tale, narrative

réconforter to comfort; to cheer up

reçu (*part. passé* **recevoir**); **être — à un examen** to pass an examination

recueil *m.* collection (of poems, stories, etc.)

rédacteur *m.* editor

réel, -lle real, actual; **le — et l'irréel** the real and the unreal, reality and unreality

réfléchi, -e reflective; reflexive

réfrigerateur *m.* refrigerator

regarder to watch, look at; to regard, concern; **Cela ne vous regarde pas.** That is none of your business.

régime *m.* diet; rule, government; **suivre un —** to be on a diet

règle *f.* rule, regulation; ruler

règlement *m.* ruling, regulation; "rules and regulations"; settling, settlement

régler to settle; to regulate; **— l'addition** to pay the bill

rein *m.* kidney; **—s** (*pl.*) kidneys; loins, back

reine *f.* queen; **bouchée à la —** pastry shell filled with chicken, often eaten as a first course

rejeter to reject; to throw away; **— un projet de loi** to reject or vote down a bill

rejoindre to rejoin, reunite; to get hold of, get in contact with

renverse *f.* reverse, reversal; **à la — backwards; tomber à la —** to fall over backwards

répandu, -e spread out, widespread, scattered

reparler to speak again, talk again

répartition *f.* distribution

repas *m.* meal

repasser to iron (clothes); **— une chemise** to iron a shirt; **fer à —** iron (for ironing clothes)

reportage *m.* reporting

repos *m.* rest, repose, relaxation

représentation *f.* representation, performance

reprocher to reproach; to blame; **— qqch. à qqn.** to reproach somebody for something

reproduire to reproduce

résultat *m.* result, outcome, effect

rétablir to reestablish

rétablissent (*3ᵉ pers. pl. prés. indic.* **retablir**)

retard *m.* delay, tardiness, lateness; **être en —** to be late; **arriver en —** to arrive late

retenu, -e held back, retained; detained

retirer (se) to withdraw; to draw back; to retire

retraite *f.* retirement; retirement-pay; withdrawal; **prendre sa —** to retire (from business, etc.)

réussi (*part. passé* **réussir**)

réussir to succeed, make a success (of); be successful (in); **J'ai réussi à trouver…** I succeed in finding…; **Le coiffeur n'a pas réussi la couleur de ses cheveux.** The hairdresser did not get the color of her hair just right.

revanche *f.* revenge; the opposite; **en —** on the other hand

réveil *m.* awakening; **—-matin** *m.* alarm clock

réveiller (se) to awaken, wake up

revendre to resell, sell again

revenu *m.* income, revenue; **l'impôt sur le —** income tax

rêver to dream; to daydream

reverrez (*2e pers. pl. fut. indic.* **revoir**)

revêtu, -e dressed, clothed, clad; **une dame — d'un modèle Givenchy** a lady wearing a Givenchy model

révision *f.* revision, review, correction; **— d'une leçon** review of a lesson

revoir to see again; to review, revise, correct

revue *f.* magazine, review, journal

rhume *m.* cold; **— de cerveau** head cold; **attraper un —** to catch a cold

ri (*part. passé* **rire**); **J'ai bien —.** I had a good laugh.

riait (*3e pers. sg. imp. indic.* **rire**); **il —** he was laughing

rideau *m.* (**-aux** *pl.*) curtain; **le — de Fer** the Iron Curtain

rien nothing; **je ne sais —** I don't know anything; **— ne vous empêche** nothing is preventing you; **— n'y fait** nothing does any good; **ça ne fait —** it does not matter; that's all right; **— que pour le plaisir** just for the fun of it

rigoureux, -euse rigorous; strict; severe

rigueur *f.* rigor, hardness, severity, strictness; **de —** obligatory, compulsory, necessary; **à la —** if need be, at the worst, in a pinch

rinçage *m.* rinse

rire *m.* laugh, laughter, laughing; **un éclat de —** a burst of laughter

rire to laugh; **éclater de —** to burst out laughing; **pince-sans- —** tongue-in-cheek

risque *m.* risk, hazard; **courir des —s** to run risks, take chances

rissolé, -e browned (in cooking)

robe *f.* dress, robe, gown; **une — tout-aller** a casual dress **— de chambre** dressing gown, bathrobe

robinet *m.* water faucet, tap

roi *m.* king; **couleur bleu- —** (*invar.*) royal blue color

roman *m.* novel; **— policier** detective novel, mystery novel; **anti- —** anti-novel

romancier *m.* (**romancière** *f.*) novelist

romanesque romantic, sentimental (*see* **romantique**)

romantique Romantic (of or pertaining to the Romantic movement in art and literature, 18th and 19th centuries) (*see* **romanesque**)

rose *f.* rose; **découvrir le pot aux —s** to find out the secret; to get to the bottom of things

rôti *m.* roast; **— de bœuf** roast beef

rôtir to roast

roue *f.* wheel

rouge *m.* red; **— à lèvres** lipstick; **un bâton de — à lèvres** a lipstick

rougeole *f.* measles

rougir to redden, become red; to blush; **— au soleil** to sunburn; **— de honte** to blush for shame

rouler to roll; to go, move (said of a wheeled vehicle); to travel (in a wheeled vehicle, esp. an automobile)

roux, rousse red-haired

rubrique *f.* rubric, heading; **— mondaine** society page (of a newspaper)

S

sablé *m.* sort of butter cookie

sabler to spread with sand and gravel

sac *m.* sack, bag, pocketbook; **— à main** handbag, purse; **— de couchage** sleeping bag

sadique sadistic

sage good, well-behaved; **soyez —** be good, be quiet

St.-Emilion St.-Emilion (wine)

Sainte-Sophie *f.* the museum of Hagia Sophia (Santa Sophia) in Istanbul

salaire *m.* salary, wages, pay

sale dirty, filthy

salissant, -e easily soiled, liable to get dirty or soiled

salle *f.* room; **— de classe** classroom; **— de séjour** living room, family room; **— à manger** dining room; **— de bains** bathroom (for bathing—NOT toilet)

salon *m.* living room, parlor, salon, family room

Salut! Hi!

sanctionner to sanction, approve; ratify; to grant official recognition to; to penalize

sang *m.* blood; **une prise de —** blood test

sans without; **— façon(s)** casually, informally; « **Habillé ou — façon(s)?** » "Formal dress, or casual?"

santé *f.* health; **maison de —** nursing home; **À votre —!** Here's health! (the usual toast on informal occasions)

sardonique sardonic; ironic

sari *m.* costume worn by women in India

sauce *f.* sauce, gravy; dressing; **— mousseline** a light white sauce

saucisse *f.* sausage, frankfurter, wiener

saucisson *m.* dry sausage; salami

saumon *m.* salmon

saura (*3ᵉ pers. sg. fut. indic.* **savoir**); **il —** (he) will know; **Mon mari saura-t-il me trouver?** Will my husband know where to find me?

saute *f.* jump, leap; spring; **avoir des —s d'humeur** to be moody; **— une partie du journal** to omit, skip a part of the newspaper

sauvage wild, untamed; **des fleurs —s** wildflowers

savant *m.* scientist, scholar

savoir to know (a fact); to know how

savourer to taste, savor, enjoy

scolaire scholarly; school-, of or pertaining to school; **la rentrée** — the first day of school; **l'année** — the school year

sec, sèche dry; sharp; **nettoyer qqch. à** — to dryclean; **le nettoyage à** — drycleaning; **être à** — = **être fauché**

sel *m.* salt; **son grain de** — his two cents' worth

semaine *f.* week; **fin de** — weekend (but *note*: **dans huit jours** in a week; **dans quinze jours** in two weeks)

semestre *m.* semester

sens *m.* sense, meaning; direction; **le bon** — common sense, good sense; **dans ce** — in this sense, with this meaning; **en ce** — in this direction; **en** — **inverse** in the opposite direction

sensiblement appreciably, pretty much, to some degree

sentir (se) to feel; **se** — **bien** to feel well; **se** — **mal** to feel unwell, ill; **se** — **en pleine forme** to feel fine, in great shape

sera (*3ᵉ pers. sg. fut. indic.* **être**); **il** — (he) will be

serviette *f.* towel; napkin; briefcase; **une** — **-éponge** bath towel, terry cloth towel; — **de table** table napkin; — **de classe** briefcase

servir (se) de to use

seul, -e alone, lonely, only

seulement only

short *m.* (pair of) shorts

si if, whether

sien, sienne (his) own, (her) own; (*reflex. poss. adj. and pron.*)

signal *m.* signal, sign, signal light; — **lumineux** lighted sign

signalement *m.* description

signaler to indicate, signal, show, mark; to describe; point out

signe *m.* sign, mark

simplet, -ette rather simple; artless, naïve

sinon if not

slip *m.* (man's) bathing suit; (man's) undershorts

smoking *m.* dinner jacket; tuxedo

socquette *f.* (ankle) sock

soi oneself, himself (*reflex. pron. used with the indef. pron.* **on**); — **-même** oneself, himself, — **-disant** (*see*: **prétendu**) so-called

soie *f.* silk; **une robe en** — a silk dress

soigneusement carefully, with care

soir *m.* evening, night; **il est six heures du** — it is six P.M., six at night

soirée *f.* evening; evening party; **toute la** — all evening long, the whole evening

sois (*2ᵉ pers. sg. prés. subj. et 2ᵉ pers. sg. imper.* **être**) be; **Ecoute, chéri,** — **raisonnable!** Come on, darling, be reasonable!

soit (*2ᵉ pers. sg. prés. subj.* **être**) be; **soit... soit...** either ... or ...; **Soit! Ainsi soit-il!** So be it!

soixante sixty; — **-et-un** sixty-one; — **-dix** seventy; — **-et-onze** seventy-one; — **-dix-neuf** seventy-nine

sole *f.* sole (fish); **filet de** — **meunière** boned sole with butter and lemon sauce

soleil *m.* sun; **coup de** — sunburn; **bain de** — sun bath; **lunettes de** — sunglasses

somme *f*. total, sum, amount (of money); **en —** in short, to sum up

sonner to sound; to ring (of bell); **on entend — midi** the bells strike twelve, strike noon

sorcier *m*. (**sorcière** *f*.) sorcerer, magician (sorceress, witch)

sorti *f*. sortie, going-out, exit; **— INTERDITE** NO EXIT; **les — du soir** (occasions of) going out in the evening

sortir to go out, exit, leave

souci *m*. care, worry, anxiety; problem, trouble; **sans — d'argent** without having to worry about money

souffrait (*3e pers. sg. imp. indic.* **souffrir**); **il —** (he) was suffering

souffrir to suffer

souhaiter to wish (something) (for someone)

soulager to soothe, comfort; to lighten the burden of; to relieve, alleviate; to ease, allay, assuage

soulier *m*. shoe; **—s à talons hauts** high-heeled shoes

soupçonner to suspect

soupirer to sigh

sourcil *m*. eyebrow; **crayon pour les —s** eyebrow pencil

souris *f*. mouse

sous-vêtements *m. pl.* undergarments; underwear; **— d'homme = le linge** ; **— de femme = la lingerie**

soutenir to sustain, uphold, support; to endure, bear; to keep, maintain

soutenu (*part. passé* **soutenir**)

souvenir (se) to remember, recall, recollect

souvenir *m*. memory, remembrance, recollection; keepsake, memento, souvenir

souvent often

souverain, -e sovereign; **le remède —** sovereign remedy, cure-all, sure-fire cure

spectacle *m*. spectacle, entertainment

spirituel, -elle witty, spiritual

stage *m*. period of probation, of instruction; period of work and study (as apprentice); **faire un — chez I.B.M.** to work (as a trainee for a short period) with I.B.M.

statut *m*. statute, ordinance, rule; constitution; status, condition

subordonné, -e subordinate, secondary; **proposition —** dependent clause

substantif *m*. substantive, noun

succéder (se) to follow (one another); to succeed one another

sucer to suck

sucre *m*. sugar; **la canne à —** sugar cane; **la betterave à —** sugar beet

sud *m*. south; **Amérique du —** South America

suffisant, -e sufficient, enough; satisfactory

suffire (*imperson.*) to be sufficient, be enough

suffit (*3e pers. sg. prés. indic.* **suffire**) it is enough; **il — de vous rappeler** it suffices that you remember; **Il — que vous soyez à l'heure.** I ask only that you be on time.; **il — d'une goutte de poison pour...** one drop of poison is enough to ...

suggérer to suggest

suit (*3e pers. sg. prés. indic.* **suivre**)

suite *f*. (act of) following, pursuit; continuation, following-up; succession, sequel; result, issue, aftermath; series, sequence; consequence; consistency, coherence; **tout de —** at once, right away, immediately

suivant following, according to; in accordance with; in the direction of

suivre to follow, pursue; **— un cours** to take a course

sujet *m.* subject, matter; **au — de** on the subject of

supprimer to suppress, put down, to cut out; **— les desserts, les gâteaux** to avoid desserts and cakes

sur on; **— place** on the spot

surmené, -e overworked, overtired

surprendre to surprise, take by surprise

surtout above all, especially, particularly

sympathie *f.* liking, attraction for

sympathique likeable; attractive

système *m.* system; **— métrique** metric system

T

tache *f.* spot, stain; **— de rousseur** freckle

taché, -e spotted, stained

tâcher to try, attempt, endeavor

taille *f.* height; size; measurement; waist; **être de — moyenne** to be of medium height; **Quelle est votre —?** What is your size? What size do you take?; **faire 1 m. 50 de tour de —** to measure 1 m. 50 around the waist; **tous ces plis à la —** all these pleats around the waist

tailleur *m.* tailor; (ladies' tailored) suit

Tais-toi! (*impér. 2ᵉ pers. sg.* **se taire**) " Shut up! "

taire (se) to be quiet, keep quiet

talon *m.* heel; **avoir l'estomac**

dans les **—s** to be ravenously hungry; to be starved; **des — hauts** high heels; **des — plats** low heels, flat heels

tandis que whereas, while

tant so much, so many; **— mieux** so much the better; **— pis** so much the worse

tapis *m.* carpet, rug

tarif *m.* tariff; rate, price; fare (in bus, taxi, etc.)

tas *m.* pile, heap; bunch, whole lot; **on a des — de choses à se dire** we have lots and lots of things to talk about

taureau *m.* bull

teint *m.* complexion; **avoir le — clair** to have a light complexion; **avoir le — mat** to have an olive complexion; **fond de —** make-up base

teinture *f.* dye, tint, tinting

tel, telle such, such a; **une — chose** such a thing; **sujets —s que** subjects such as; **M. Untel** Mr. So-and-So

tellement so, so much

témoin *m.* witness; **— oculaire** eyewitness

temple *m.* Protestant church; temple (*see* **église**)

tendre soft, tender, gentle; **une couleur —** a pastel color

tenez! why! hey! hold on!

tenir to hold, keep; to guard; to have; **— ses affaires en ordre** to keep one's affairs in order; **se —** to be; to stay; to spend time; **se — au courant** to keep oneself informed, keep oneself up to date

tension *f.* tension; pressure; **— artérielle** blood pressure

tentant, -e tempting, attractive, seductive

tenter to tempt, attract; to try, attempt, essay

tenté, -e tempted, attracted

tente *f.* tent

tenture *f.* drape, drapery; wall-hanging; tapestry

tenue *f.* manner, bearing, carriage; behavior; deportment; appearance; dress, outfit; **une — soignée** a neat appearance; **une — négligée** a shabby appearance; **— de cérémonie** full-dress, ceremonial dress; **un officier en grand —, en petite —** an officer in dress uniform, undress uniform

terrain *m.* terrain, ground; lot, parcel of land

terre *f.* earth, ground, soil; **par —** on the ground, on the floor

testament *m.* will; testament

tête *f.* head; top, summit; **une forte —** a stubborn person

thon *m.* tuna

thym *m.* thyme

tien, tienne your, yours (*familiar*)

tiens! hold on! hey! why!

timbre *m.* stamp

tiraillement *m.* tugging, pulling

tirer to drag, draw; pull, pull out; to extract; **— une citation d'un texte** to take a quotation from a text; **— sa montre de sa poche** to take one's watch out of one's pocket; **— un livre à 20.000 exemplaires** to print 20,000 copies of a book; **— parti de la situation** to take advantage of the situation; **— la langue** to stick out one's tongue

tiroir *m.* drawer

tissu *m.* tissue; cloth, stuff; **un vêtement en —** a cloth garment

toile *f.* linen; linen cloth; canvas; **un pantalon de —** linen trousers

toit *m.* roof, rooftop; **— ouvrable** sun-roof (on an automobile)

tomber to fall; to drop

ton *m.* tone; tone of voice; shade; **elle affecte un — désabusé** she puts on a sophisticated tone of voice

tort *m.* wrong; injury; **avoir —** to be wrong, be mistaken; **à — et à travers** helter-skelter, higgledy-piggledy; **dépenser à — et à travers** to spend money right and left

tôt early, soon

toucher to touch; to reach; **— de l'argent** to receive a sum of money; **— un chèque** to cash a check; **en — un mot à qqn.** to mention something to someone

toujours always, forever

tour *f.* tower; **— d'ivoire** ivory tower; **J'aurai l'air d'une —.** I'll look as big as a house.

tour *m.* turn; tour; **— de poitrine** bust measurement; **— de taille** waist measurement; **— de hanches** hip measurement; **— de France** the Tour de France (bicycle race around the country which takes place annually in summer); **jouer un — à qqn.** to play a trick on someone

tourne-disque(s) *m.* turntable, record player

tournure *f.* turn; development

tousser to cough

tout, -e each, every, entire, whole, all; **tous, toutes** (*pl.*) all; **tous les deux, toutes les deux** both of them (you, us); **tous les trois** all three of them (you, us); **de —**

façon in any case; **en — cas** in any case; **dans — les cas** in any case

tout all, entirely; altogether; **— de suite** right away, at once, immediately; **une robe — -aller** a casual dress

tracer to trace

traduire to translate

train *m.* train; **être en — de faire qqch.** to be in the act of doing something

traîner to drag, pull, haul; to drag along, drag out; to go on (very slowly); **une maladie qui — depuis 40 ans** an illness that has been hanging on for forty years

traitement *m.* treatment; fixed salary calculated on a yearly basis

traiter to treat

traître *m.* **traîtresse** *f.* traitor

travail *m.* work, labor; job, employment

travailleur, -euse hard-working

trempé (*part. passé* **tremper**); **être — jusqu'aux os** to be drenched to the bones

tremper to dip; to soak, steep; to drench, wet thoroughly

trésor *m.* treasure

tribunal *m.* (*pl.* **-aux**) court, tribunal

tricot *m.* knit; a knitted garment, especially a sweater; **un — = un chandail**; **vêtements en —** knitted garments

tricoter to knit

trimestre *m.* trimester; quarter

triste sad, unhappy; unfortunate

tromper (se) to make a mistake; **se — de nom** to get mixed up on the name, make a mistake in names

trouble *m.* trouble, disorder; worry, anxiety; problem; **—s de la personnalité** personality problems

trouver to find, come upon; to consider; **Comment trouvez-vous ça?** What do you think of this?

tuer to kill

type *m.* type, sort; guy, fellow, man, character; **un drôle de —** a funny character

U

uni (*part. passé* **unir**); **un tissu —** a solid color cloth; **les Etats-—s** the United States; **les Nations- —es** the United Nations

unir to join, unite, bring together

urbain, -e urban; urbane

usé (*part. passé* **user**); **vêtements —s** worn-out clothing

user to wear out, wear down, wear away; to use up; **— de** to use, employ

usurier *m.* (**usurière** *f.*) usurer, moneylender

V

va (*3ᵉ pers. sg. prés. indic.* **aller**); **Ça —? = Ça marche?**

vacances *f. pl.* vacation; **passer les —** to spend the vacation; **partir en —** to go on vacation; **les grandes —** the summer vacation

vaisselle *f.* dishes **faire la —** to wash the dishes, do the dishes

Valéry: Paul Valéry (1871–1945), French author and poet

vallée *f.* valley

valeur *f.* value, worth, cost

valoir to be worth; to have value; to cost; **— mieux** to be better; **il vaudrait — consulter un médecin** it would be better to see a doctor; **— la peine** to be worth it

Van Gogh: Vincent Van Gogh (1853–1890), Dutch painter, lived in the South of France

vaniteux, -euse vain, conceited; **— comme un paon** vain as a peacock

vanter (se) to boast, brag

varicelle *f.* chicken pox

varier to vary; to change; to be variable

variole *f.* smallpox

vaut (*3ᵉ pers. prés. indic.* **valoir**); **il —** it is worth; **Combien — cette maison?** How much is this house worth? How much does this house cost?; **il — mieux** it is better

veau *m.* calf; veal

velours *m.* velvet; **une robe en —** a velvet dress

venez (*2ᵉ pers. plur. prés. indic.* **venir**)

venir to come; **— de** + *infinitive* to have just; **je viens de voir** I have just seen; **je venais d'entendre** I had just heard

vente *f.* sale; **— réclame** special sale; advertised sale

verbal, -e verbal; **locution —** (*invar.*) expression composed of a verb and a noun

vérité *f.* truth, verity

Verne: Jules Verne (1828–1905), French science fiction writer

verrai (*1ᵉʳᵉ pers. sg. fut. indic.* **voir**) I will see

verront (*3ᵉ pers. pl. fut. indic.* **voir**) they will see

veste *f.* sport jacket, sport coat (*see* **veston**)

vestibule *m.* vestibule; passageway; corridor

Vésuve *m.* Mount Vesuvius

vêtement *m.* garment, article of clothing; **—s** garments, articles of clothing, clothes; **mettre ses —s = s'habiller**; **enlever ses —s = se déshabiller**

vêtu, -e dressed, clothed, clad; **— de noir** dressed in black

veuillez (*imper.* **vouloir**); **— me suivre = suivez-moi, s'il vous plaît**; **veulent** (*3ᵉ pers. pl. prés. indic.* **vouloir**) they want

vie *f.* life

vieillard *m.* elderly person, old man

vieille (*see* **vieux**)

vieillesse *f.* old age

vieux, vieil, vieille old, aged; **mon —, mon petit —** terms of affection or comradeship; kid, dad, old man

vif, vive alive, lively; bright; clear, sharp; **une couleur —** a bright color

vilain, -e ugly, nasty; bad, unpleasant

vinaigre *m.* vinegar

violet, -ette purple

virgule *f.* comma

vis (*1ᵉʳᵉ pers. sg. prés. indic.* **vivre**) I live

vison *m.* mink

vital, -e vital

vivant, -e living, alive, lively

Vive! Viva! Long live…! Hurrah for…!

vivre to live; to be alive; **être facile à —** to be easy to live with; **une façon de —** a way of life

vogue *f.* fashion, style; **la — des talons plats** the new style of flat-heeled shoes

voie *f.* way, road, path, track; roadbed, roadway; direction

voir to see; **— à la page onze** see page eleven

voisin, -e neighboring, nearby, near, next, next-door

voisin *m.*, (**voisine** *f.*) neighbor

voiture *f.* car, automobile; **— de chemin de fer** railway car

voix *f.* voice; vote; **à haute —** aloud, in a loud voice; **élu par 385 — contre 79** elected by 385 votes to 79

vol *m.* theft, robbery; stealing; flight; **— à main armée** armed robbery

volaille *f.* fowl, poultry

volant *m.* wheel, steering wheel; **tenir le —** to drive; **prendre le —, se mettre au —** to take the wheel; to drive

volet *m.* shutter, blind

volonté *f.* will; **bonne —** goodwill; **puissance de —** will power

volontiers willingly, gladly, freely

volubile talkative

voudrais (*1ère pers. sg. cond.* **vouloir**); **je — bien vous y voir** I'd just like to see you

voudrait (*3e pers. sg. cond.* **vouloir**)

vouloir to wish, want, desire; **— dire** to mean; **je veux dire** I mean; that is; **Qu'est-ce que ça veut dire?** What does that mean?

voyant, -e gaudy, loud, garish

voyons (*1ère pers. pl. impér.* **voir**); **— donc!** Come now! Let's see now!

vrai, -e true, real, genuine; correct; **c'est —?** Is that so?; **à — dire** as a matter of fact

vraiment truly, really; in truth, indeed

vue *f.* sight, view; **en —** in sight, in view

W

W.C. toilet; water closet

wagon *m.* railroad car; carriage; **— restaurant** dining car; **— -lit** sleeping car

Y

yaourt *m.* yogurt

yé-yé far out, avant-garde, rock and roll style (from "yeah yeah" often heard in rock and roll songs)

Z

zut! darn! damn! nuts! phooey!